SÉRIE COMENTÁRIOS BÍBLICOS
JOÃO CALVINO

Evangelho segundo João

Vol. 2

C168e Calvino, João, 1509-1564
v. 2   O evangelho segundo João / João Calvino ; [prefácio de Franklin Ferreira ; tradução de Valter Graciano Martins]. – São José dos Campos, SP : Fiel, 2015.

336 p. ; 21cm. – (Comentários bíblicos. O evangelho segundo João ; v. 2)
Tradução de: Calvin's commentaries: the gospel according to John.
Inclui referências bibliográficas.
ISBN 978-85-8132-219-3

1. Bíblia. João - Comentários. I. Título. II. Ferreira, Franklin. III. Martins, Valter Graciano. III. Série.

CDD: 226.5

Catalogação na publicação: Mariana C. de Melo – CRB07/6477

Evangelho Segundo João - Volume 2
Série Comentários Bíblicos
João Calvino

Título do Original: *Calvin's Commentaries: The Gospel Accordind to John*

Edição baseada na tradução inglesa de T. A. Smail, publicada por Wm. B. Eerdmans Publishing Company, Grand Rapids, MI, USA, 1964, e confrontada com a tradução de John Pringle, Baker Book House, Grand Rapids, MI, USA, 1998.

•

Copyright © Editora Fiel 2013
Primeira Edição em Português 2015
Reimpressão: 2016

Todos os direitos em língua portuguesa reservados por Editora Fiel da Missão Evangélica Literária

PROIBIDA A REPRODUÇÃO DESTE LIVRO POR QUAISQUER MEIOS, SEM A PERMISSÃO ESCRITA DOS EDITORES, SALVO EM BREVES CITAÇÕES, COM INDICAÇÃO DA FONTE.

A versão bíblica utilizada nesta obra é a Revista e Atualizada da Sociedade Bíblica do Brasil (SBB)

•

Diretor: James Richard Denham III
Editor: Tiago J. Santos Filho
Tradução: Rev. Valter Graciano Martins
Revisão: Paulo César Valle
Capa: Edvânio Silva
Diagramação: Rubner Durais
ISBN: 978-85-8132-219-3

FIEL
Editora

Caixa Postal 1601
CEP: 12230-971
São José dos Campos, SP
PABX: (12) 3919-9999
www.editorafiel.com.br

Sumário

Capítulo 12
- Versículos 1 a 8 9
- Versículos 9 a 15 15
- Versículo 16 a 19 24
- Versículos 20 a 26 26
- Versículos 27 a 33 32
- Versículos 34 a 36 39
- Versículos 37 a 41 41
- Versículos 42 a 46 46
- Versículos 47 a 50 52

Capítulo 13
- Versículos 1 a 7 57
- Versículos 8 a 11 60
- Versículos 12 a 17 64
- Versículos 18 a 20 67
- Versículos 21 a 29 72
- Versículos 30 a 35 77
- Versículos 36 a 38 83

Capítulo 14
- Versículos 1 a 7 87
- Versículos 8 a 14 94
- Versículos 15 a 18 99
- Versículos 19 a 20 102
- Versículos 21 a 24 104

Versículos 25 a 28 108
Versículos 29 a 31 112

Capítulo 15
Versículos 1 a 6 117
Versículos 7 a 11 122
Versículos 12 a 15 127
Versículos 16 a 21 130
Versículos 22 a 27 138

Capítulo 16
Versículos 1 a 7 145
Versículos 8 a 15 150
Versículos 16 a 20 160
Versículos 21 a 24 164
Versículos 25 a 28 169
Versículos 29 a 33 174

Capítulo 17
Versículos 1 a 5 179
Versículos 6 a 11 185
Versículos 12 a 13 191
Versículos 14 a 19 194
Versículos 20 a 23 198
Versículos 24 a 26 203

Capítulo 18
Versículos 1 a 6 207
Versículos 7 a 9 210
Versículos 10 a 14 212
Versículos 15 a 18 216
Versículos 19 a 24 218
Versículos 25 a 27 221

Versículos 28 a 32 222
Versículos 33 a 36 226
Versículos 37 a 40 230

Capítulo 19
   Versículos 1 a 6 235
   Versículos 7 a 11 237
   Versículos 12 a 16 243
   Versículos 17 a 22 247
   Versículos 23 a 24 251
   Versículos 25 a 27 252
   Versículos 28 a 30 255
   Versículos 31 a 37 259
   Versículos 38 a 42 265

Capítulo 20
   Versículos 1 a 9 271
   Versículos 10 a 15 277
   Versículos 16 a 18 281
   Versículos 19 a 23 287
   Versículos 24 a 29 298
   Versículos 30 a 31 305

Capítulo 21
   Versículos 1 a 14 309
   Versículos 15 a 19 314
   Versículos 20 a 25 323

Capítulo 12

[12.1-8]
Portanto, seis dias antes da páscoa, Jesus foi para Betânia, onde estava Lázaro, que falecera, e a quem ele ressuscitara dos mortos. Fizeram-lhe, pois, ali uma ceia, e Marta servia,[1] e Lázaro era um dos que estavam sentados à mesa com ele. Então Maria, tomando uma libra de unguento de nardo puro, de grande valor, ungiu os pés de Jesus, e lhe enxugou os pés com seus cabelos; e a casa encheu-se com o perfume do unguento. Então um de seus discípulos, Judas Iscariotes, filho de Simão, que estava para traí-lo, disse: Por que não se vendeu esse unguento por trezentos denários, e não se deu aos pobres? Ora, ele disse isso não porque se preocupava com os pobres, mas porque era ladrão e tinha a bolsa, e tirava tudo o era posto nela. Jesus, pois, disse: Deixai-a em paz; ela guardou isso para o dia de meu sepultamento. Porque sempre tendes os pobres convosco, porém a mim nem sempre me tendes.

1. Jesus foi para Betânia. Notamos que seu juízo era tão precipitado que imaginaram que Cristo *não viria à festa*[2] [Jo 11.56]; e isso nos lembra que não devemos ser tão apressados, não aguardando paciente e tranquilamente a chegada do tempo que nos é desconhecido. Ora, Jesus foi para Betânia para que dali pudesse, três dias depois, ir

---

1 "Et Marthe servoit à table" – "e Marta servia à mesa."
2 "Ne viendroit point à la fete."

para Jerusalém. Certamente, ele pretendia dar a Judas tempo e lugar adequados para traí-lo, a fim de apresentar-se preparado para ser sacrificado, no tempo designado; porquanto não ignorou o que estava para acontecer, porém voluntariamente se entregou ao sacrifício. Tendo **ido para Betânia seis dias antes da páscoa**, permaneceu ali quatro dias. O que pode facilmente inferir-se de Mateus e Marcos. João não declara em que dia lhe ofereceram o banquete ou quando foi ungido por Maria, mas parece provável que o mesmo ocorreu não muito depois de sua chegada ali. Há quem pense que a unção mencionada por Mateus [26.7] e Marcos [14.3] é diferente da que se faz menção aqui. É evidente que estão equivocados. Têm sido levados a adotar tal ponto de vista em decorrência de um cálculo de tempo, porque os dois evangelistas [Mt 26.2; Mc 14.1], antes de relatarem que Cristo fora ungido, falam de um lapso de *dois dias*, entretanto a solução é fácil e pode ser feita de duas formas: João não diz que Cristo foi ungido no primeiro dia de sua chegada, de modo que isso poderia ter ocorrido quando já se preparava para partir. Contudo, como eu já disse, há outra conjetura que é mais provável: que ele tenha sido ungido um ou dois dias antes de sua partida, pois é indubitável que Judas havia feito uma barganha com os sacerdotes antes que Cristo enviasse dois de seus discípulos com o fim de prepararem a páscoa.[3] Ora, no mínimo um dia deve ter mediado. Os evangelistas acrescentam que *ele buscava uma oportunidade conveniente para entregar Cristo* [Mt 26.16], depois de haver recebido o suborno. Portanto, depois de mencionar *dois dias*, acrescentam a história da unção e por fim inserem na narrativa o que aconteceu primeiro. E a razão é que, depois de haver narrado as palavras de Cristo, *Sabei que depois de dois dias o Filho do homem será traído* [Mt 26.2], agora acrescentam – o que fora previamente omitido – de que maneira e em que ocasião ele foi traído por seu discípulo. E assim há uma perfeita concordância no relato de sua unção em Betânia.

---

3 "Pour faire apprester la Pasque."

2. Fizeram-lhe, pois, ali uma ceia. Mateus [26.7] e Marcos [14.3] dizem que ele então ceou na casa de Simão, o leproso. João não faz menção de casa, porém mostra com bastante clareza que a ceia lhe foi oferecida em algum outro lugar, e não na casa de Lázaro e Marta, porquanto ele diz que *Lázaro era um dos se sentavam com ele à mesa*, isto é, um dos que foram convidados juntamente com Cristo. Tampouco constitui qualquer contradição o registro de Mateus e Marcos de que a *cabeça* de Cristo foi ungida, enquanto João registra que *seus pés* foram ungidos. A prática usual era ungir *a cabeça*, e por essa conta Plínio a considera um exemplo de luxo excessivo alguém ungir os tornozelos. Os três evangelistas concordam nisso: Maria não ungiu a Cristo aspergindo, mas derramando sobre ele boa quantidade de unguento. O que João fala sobre *os pés* equivale a isto: que todo o corpo de Cristo, da cabeça aos pés, foi ungido. Há uma ampliação na palavra *pés*, a qual aparece mais plenamente no que se segue, quando ele diz que Maria *enxugou seus pés com seus cabelos.*

3. E a casa se encheu com o perfume do unguento. Esse não era um simples líquido extraído do *nardo indiano*, e, sim, um composto de muitas substâncias odoríferas; e por isso não surpreende que *toda a casa tenha se impregnado com o perfume.*

4. Então um de seus discípulos disse. Em seguida vem a queixa de Judas, a qual Mateus [26.8] atribui indiscriminadamente aos *discípulos*, e Marcos [14.4], a *algum* dentre eles. Mas é costumeiro nas Escrituras aplicar-se a muitos, valendo-se de uma metonímia, o que pertence a um ou a uns poucos. Quanto a mim, porém, penso ser provável que a censura tenha procedido somente de Judas, e que os demais se deixaram induzir, dando-lhe seu assentimento. porquanto os murmuradores, bafejando uma chama, facilmente acendem em nós uma variedade de disposições. E, mais especialmente, visto que somos extremamente propensos a formar juízos desfavoráveis, as calúnias prontamente nos influenciam. Mas a credulidade que o Espírito de Deus reprova nos apóstolos constitui uma advertência para não nos deixarmos, tão facilmente e com tanta credulidade, dar ouvidos às declarações caluniosas.

5. Por que não se vendeu esse unguento por trezentos denários? Uma libra de unguento ordinário, nos conta Plínio, não custava mais de dez denários; mas o mesmo Plínio diz que o maior preço do melhor unguento era de trezentos e dez denários. Ora, o evangelista concorda que esse era um unguento caríssimo, e por isso Judas estaá certo em avaliar uma libra como equivalente a *trezentos denários* – soma essa que, segundo a computação de Budæus, equivale a cinquenta *livres* do dinheiro francês. E, como quase todo gênero de luxúria envolve excesso e superfluidade, quanto maior fosse o gasto de dinheiro mais plausível razão tinha Judas de reclamar; como se ele quisesse dizer: "Tivesse Maria gasto menos, teria ela granjeado alguma justificativa; mas agora, visto que, numa questão de menor importância, ela gastou uma vasta soma de dinheiro, não trouxe ela grande prejuízo aos *pobres*, que poderiam ter granjeado um volume muito maior de alívio? Portanto, o que ela fez não admite nenhuma desculpa."

6. Porque ele era ladrão. Os demais apóstolos, não movidos de má disposição, porém irrefletidamente, condenaram Maria. Judas, porém, recorre a um plausível expediente em prol de sua impiedade, ao pôr os *pobres* em evidência, a despeito de não nutrir qualquer preocupação por eles. Por esse exemplo somos instruídos sobre o desejo de possuir algo que nutre uma besta tão horrível: a perda daquilo que Judas vê esboroar-se sem uma oportunidade de roubá-lo o incita a uma fúria tal, que não hesita em trair a Cristo. E, provavelmente, no que ele disse sobre os pobres sendo defraudados, não só fala falsamente a outros, mas igualmente se vangloriava intimamente, como os hipócritas costumam fazer; como se o ato de trair a Cristo fosse um erro trivial, pelo qual se esforçava em obter compensação pela perda que sofrera. Aliás, ele tinha apenas uma razão para trair a Cristo: recuperar de alguma forma aquilo que deixara escapar de suas mãos, pois foi a indignação inflamada nele, ante o lucro que perdera, que o levou a fomentar o desígnio de trair a Cristo.

É surpreendente que Cristo houvera escolhido, como tesoureiro, uma pessoa desse gênero, a qual ele bem sabia ser *um ladrão*. Pois que outro desígnio havia senão o de pôr em suas mãos uma corda para se estrangular? Um mero mortal não pode dar nenhuma outra resposta além desta: que os juízos divinos são um abismo profundo. No entanto, a ação de Cristo não deve ser vista como uma regra ordinária para confiarmos o cuidado dos pobres, ou qualquer coisa sacra, a uma pessoa perversa e ímpia. Porquanto Deus estabeleceu uma lei aos que forem chamados a governar a Igreja e a outros ofícios e a essa lei não temos a liberdade de violar. Com Cristo o caso era bem outro: sendo ele a Sabedoria de Deus, propiciou uma oportunidade, em sua predestinação secreta, na pessoa de Judas.

7. Deixai-a em paz. Ao ordenar Cristo que deixassem Maria *em paz*, ele mostra que eles agiam com impropriedade e de forma injusta, perturbando seus vizinhos sem uma razão plausível e promovendo um distúrbio por nada. A resposta de Cristo apresentada pelos outros evangelistas é mais extensa; porém o significado é o mesmo. A *unção*, na qual Judas vê falha, é defendida com base no fato de que ela serviria para seu sepultamento. Cristo, pois, não a aprova como um serviço ordinário, nem como um serviço que deva ser comumente praticado na Igreja; pois fosse sua intenção que se realizasse diariamente um ofício desse gênero, teria dito algo a mais em vez de falar dele em conexão com seu sepultamento. Deus certamente não aprova a ostentação externa. Mais ainda: percebendo que a mente humana é assim tão propensa a observâncias carnais, ele frequentemente nos ordena que sejamos sóbrios e moderados no uso delas. Portanto, são intérpretes ridículos aqueles que inferem da resposta de Cristo que o culto que agrada a Deus é aquele que envolve altos custos e magnificência, pois ele, acima de tudo, justifica Maria com base no fato de haver ela lhe prestado um serviço extraordinário, o qual não deve ser considerado como regra perpétua para o culto divino.

Ela guardou isso para o dia de meu sepultamento. Ao dizer ele que o unguento fora *guardado*, sua intenção era dizer que ele não foi casualmente derramado, mas visando a um tempo determinado para sua ocorrência, pois somos informados que algo fora *guardado*, o qual foi mantido em estoque para ser apresentado no devido tempo e no lugar certo. É certo que, se alguém, num período anterior, o houvera cumulado com petiscos caríssimos, ele não o teria tolerado. Ele afirma, porém, que Maria não fez isso como algo costumeiro, mas a fim de cumprir seu último dever para com ele. Além disso, a unção de corpos não era naquele tempo uma cerimônia vazia, mas, ao contrário, um símbolo espiritual, com o intuito de pôr diante de seus olhos a esperança da ressurreição. As promessas eram ainda obscuras; Cristo ainda não ressuscitara, o qual é com razão designado como *as primícias dos que dormem* [1Co 15.20]. Os crentes, pois, necessitam de tais auxílios que os conduzam a Cristo, que ainda se acha ausente; e, consequentemente, a *unção* de Cristo não era, naquele momento, supérflua, porquanto logo foi sepultado e foi então *ungido* como se já estivesse deitado no túmulo. Os discípulos não estavam ainda cônscios desse fato, e Maria inquestionavelmente foi de súbito movida a fazer, sob a direção do Espírito de Deus, o que previamente não tencionava fazer. Cristo, porém, aplica à esperança de sua ressurreição o que tão seriamente reprovava, a fim de que a utilidade que ele lhes ressaltou nessa ação[4] os levasse a renunciar a opinião precipitada e ímpia que haviam formado a seu respeito. Uma vez que a vontade de Deus era que a infância de seu antigo povo fosse guiada por tais exercícios, nos dias atuais seria tolice tentar a mesma coisa; tampouco isso se faria sem dirigir um insulto a Cristo que tem dissipado tais sombras pelo esplendor de sua vinda. Mas como sua ressurreição não havia introduzido ainda o cumprimento das sombras da lei, era oportuno que sua ressurreição fosse adornada com uma cerimônia externa. O perfume de sua ressurreição agora tem suficiente eficácia, sem o nardo e os unguentos de preço tão elevado, para vivificar o mundo inteiro. Lembremo-nos, porém, que ao julgar as ações dos homens fiquemos com a decisão exclusiva de Cristo, diante de cujo tribunal um dia estaremos.

---

4   "A fin que l'utilité laquelle il leur monstre en ce faict les retire du jugement chagrin et pervers qu'ils en faisoyent."

8. Porque os pobres sempre os tendes convosco. Devemos observar o que já ressaltei, ou, seja: que aqui expressamente se extrai uma distinção entre a extraordinária ação de Maria e o serviço diário que se deve a Cristo. Portanto, os que desejam servir a Cristo por meio de ostentação caríssima e esplêndida agem como símios; como se Cristo aprovasse o que foi feito uma vez e não proibisse que o mesmo se repetisse. **Mas a mim nem sempre me tendes.** Ao dizer que seus discípulos nem sempre o teriam, faz referência àquele tipo de presença a que o culto carnal e as honrarias de alto custo se ajustam bem. Pois quanto a sua presença conosco pela graça e poder de seu Espírito, por sua habitação em nós, e também por alimentar-nos com sua carne e sangue, nada tem a ver com observâncias corporais. De todas as cerimônias pomposas que os papistas têm inventado para o culto de Cristo, tolamente nos dizem que ele lhes outorgou, enquanto ele publicamente as rejeita. Ao dizer que *os pobres estão sempre conosco*, ainda que, ao dizer isso, reprove a hipocrisia dos judeus, contudo aprendemos desse fato uma doutrina mui proveitosa, a saber: que as esmolas, por meio das quais as carências dos pobres são minimizadas, são sacrifícios aceitáveis e de aroma suave a Deus, e que qualquer outro tipo de gastos no culto divino é impropriamente admitido.

[12.9-15]

Então uma grande multidão dos judeus soube que ele estava ali, e foram, não só por causa de Jesus, mas também para que pudessem ver Lázaro, a quem ele ressuscitara dos mortos. Ora, os principais sacerdotes deliberaram matar também a Lázaro; porquanto muitos dos judeus, por causa dele, iam e criam em Jesus. No dia seguinte, uma grande multidão que fora à festa, ouvindo que Jesus ia a Jerusalém, tomaram ramos de palmeiras e saíram-lhe ao encontro, e clamavam: Hosana, bendito o Rei de Israel que vem em nome do Senhor. E Jesus, tendo achado um jumentinho, sentou-se sobre ele, como está escrito: Não temas, ó filha de Sião; eis que teu Rei vem assentado sobre a cria de uma jumenta.

9. Então uma grande multidão dos judeus soube que ele estava ali. Quanto mais se aproximava a morte de Cristo, tanto mais se fazia necessário que seu nome fosse universalmente celebrado, a fim que ele [seu nome] se tornasse uma preparação para uma fé ainda mais forte em sua morte. Mais especialmente, o evangelista relata que o recente milagre da ressurreição de Lázaro granjeara grande celebridade. E como Cristo revelou nele uma notável prova de sua Deidade, Deus tencionava que o mesmo contasse com muitas testemunhas. Ao dizer que *eles foram não só por causa de Jesus*, mas também por causa de Lázaro, como se lhe outorgassem essa marca de honra em particular, mas para que pudessem contemplar a espantosa exibição do poder de Cristo em Lázaro.

10. Ora, os principais sacerdotes deliberaram matar também a Lázaro. Certamente era pior do que a insana fúria entregar à morte aquele que manifestamente fora levantado dentre os mortos pelo poder divino. Mas tal é o espírito de aturdimento com que Satanás atormenta os perversos, que sua demência não conhece limites, ainda que Deus apresente o céu, a terra e o mar para fazer-lhes oposição. Porque essa perversa deliberação é assim descrita com o propósito de nos informar que os inimigos de Cristo chegaram a uma obstinação tão extrema, não por equívoco nem por tolice, mas por furiosa perversidade, ao ponto de nem mesmo se esquivarem de declarar guerra contra Deus; e também com o propósito de nos informar que o poder de Deus foi contemplado na ressurreição de Lázaro não de uma forma indistinta, já que a impiedade não podia engendrar nenhum outro método de bani-lo da lembrança, senão perpetrando um vil e medonho homicídio em um homem inocente. Além disso, visto que Satanás labora com seu máximo empenho para totalmente sepultar, ou pelo menos em alguma medida obscurecer, as obras de Deus, é nosso dever devotar-nos diligentemente a uma meditação contínua sobre elas.

12. No dia seguinte, uma grande multidão. Essa entrada de Cristo é mais detalhadamente narrada pelos outros evangelistas [Mt 21.1; Mc 11.1; Lc 19.29]; aqui, porém, João abarca os principais pontos. Em primeiro lugar, devemos ter em mente o desígnio de Cristo, a saber: que ele foi a Jerusalém espontaneamente com o intuito de oferecer-se à morte, pois era necessário que sua morte fosse voluntária, porque a ira de Deus só podia ser aplacada por meio de um sacrifício de obediência. E na verdade ele bem sabia qual seria o resultado; mas antes que fosse arrastado à cruz, ele deseja ser solenemente reconhecido pelo povo como seu Rei; não só isso, mas publicamente declara que é avançando rumo à morte que ele dá início a seu reinado. Mas, ainda que sua aproximação fosse celebrada por uma vasta multidão de pessoas, contudo permaneceu ignorado por seus inimigos até que, mediante o cumprimento das profecias, o que depois veremos em seu próprio lugar, ele provou que era o genuíno Messias; pois ele não queria omitir nada que pudesse contribuir para a plena confirmação de nossa fé.

Uma grande multidão que foi à festa. E assim os estranhos eram mais dispostos a cumprir o dever de render o devido respeito ao Filho de Deus do que os cidadãos de Jerusalém, os quais deveriam, antes, ter sido um exemplo a todos os demais, pois tinham os sacrifícios diários; o templo estava sempre diante de seus olhos e isso deveria ter acendido em seus corações o profundo desejo de buscar a Deus. Eles também eram os mais excelentes mestres da Igreja, e *ali* estava o santuário da luz divina. Portanto, há neles uma manifestação de ingratidão excessivamente execrável que, depois de terem sido educados em tais exercícios desde os tempos mais remotos, rejeitam ou desprezam o Redentor que lhes fora prometido. Mas este fato tem prevalecido em quase todas as épocas, a saber: que quanto mais perto e mais familiar Deus se torna aos homens, mais ousadamente os homens desprezam a Deus.

Em outros homens que, tendo deixado seus lares, se congregaram para celebrar a festa, observamos muito maior ardor, ao ponto de inquirirem sofregamente sobre Cristo; e ao ouvirem que ele está entrando na cidade, saem a seu encontro e se congratulam com ele. E, no entanto, não se pode duvidar que foram assim instigados pela ação secreta do Espírito a buscá-lo. Não lemos que isso fosse feito em alguma ocasião anterior, mas visto que os príncipes terrenos convocam seus súditos pelo soar de uma trombeta ou por um pregoeiro público, quando saem com o fim de tomar de seu reino, assim Cristo, através da ação de seu Espírito, congregou seu povo para que pudessem aclamá--lo como seu Rei. Quando a multidão quis fazê-lo Rei, enquanto estava no deserto [Jo 6.15], ele se esgueirou secretamente para o monte, pois naquele tempo não sonhavam com nenhum outro reino senão com um sob o qual pudessem ficar bem nutridos à semelhança do gado. Portanto, Cristo não podia admitir nem partilhar com esse desejo néscio e absurdo, sem negar-se e sem renunciar o ofício que o Pai lhe outorgara. Mas agora ele reivindica para si o reino tal como recebera do Pai. Prontamente reconheço que o povo que saiu a encontrá-lo não estava bem familiarizado com a natureza desse reino; Cristo, porém, olhava para o futuro.Ele nada permitiu que se fizesse que não se adequasse a seu reino espiritual.

13. Tomaram ramos de palmeiras. A palma era o emblema da vitória e da paz entre os povos antigos, porém costumavam empregar os *ramos de palmeira* quando outorgavam o poder régio a alguém, ou quando humildemente suplicavam o favor de um conquistador. Aquelas pessoas, porém, parecem ter tomado em suas mãos *ramos de palmeira* como um emblema de alegria e regozijo ao receberem um novo rei.

E clamavam: Hosana. Com esta expressão testificavam que reconheciam a Jesus Cristo como sendo o Messias, o qual desde muito foi prometido aos pais, e da parte de quem a redenção e a salvação deviam ser esperadas. Pois o Salmo [118.25] donde se extraiu essa exclamação foi composto em referência ao Messias com este propósito: para que todos os santos aspirassem contínua e ardentemente essa vinda e o recebessem com a máxima reverência quando ele se manifestasse. Portanto, é provável, ou, melhor, pode-se inferir com certeza, que esta oração foi frequentemente usada pelos judeus e, consequentemente, estivesse nos lábios de todas as pessoas, de modo que o

Espírito de Deus pôs as palavras nos lábios⁵ daqueles homens quando desejavam uma chegada próspera ao Senhor Jesus e foram escolhidos por ele como arautos para que testificassem que Cristo havia chegado. O termo *hosana* é composto de duas palavras hebraicas, e significa: *Salva, eu te imploro*. De fato os hebreus o pronunciam de uma forma distinta (הוֹשִׁיעָ־נָא), *hoshiana*;⁶ mas geralmente sucede que a pronúncia das palavras é corrompida quando são transferidas para um outro idioma. Contudo os evangelistas, ainda que escrevessem em grego, intencionalmente mantiveream a palavra hebraica a fim de expressar mais plenamente que a multidão empregou a forma ordinária de oração, a qual outrora foi empregada por Davi; e depois, por uma sucessão ininterrupta de eras, foi recebida pelo povo de Deus e peculiarmente consagrada com o propósito de abençoar o reino do Messias.⁷ O mesmo propósito tem as palavras que imediatamente seguem: **Bendito é o Rei de Israel que vem no nome do Senhor**; pois esta é também uma jubilosa oração em prol da felicidade e venturoso êxito daquele reino do qual depende a restauração e a prosperidade da Igreja de Deus.

Mas como Davi naquele Salmo parece falar de si mesmo em vez de Cristo, devemos antes de tudo resolver esta dificuldade e a tarefa nem mesmo será difícil. Sabemos com que propósito o reino foi estabelecido nas mãos de Davi e de sua posteridade e tal propósito era que ele seria um prelúdio do reino eterno que estava para se manifestar no tempo próprio. E não era necessário que Davi confinasse sua atenção em si mesmo; e o Senhor, por meio dos profetas, sempre ordena a todos os piedosos a volverem seus olhos para uma pessoa distinta de Davi.⁸ Assim, pois, tudo o que Davi cantou acerca de si mesmo é justamente em referência àquele Rei que, em conformidade com a promessa, se levantaria da semente de Davi para ser o Redentor.

---

5   "Et pourtant le Sainct Esprit mettoit les mots en la bouche des hommes, quand ils ont ainsi souhaitté heureuse venue au Seigneur Jesus."
6   Veja-se *Harmony of the Evangelists*, vol. ii. p. 451.
7   "Le royaume du Messias."
8   "De jetter leurs yeux ailleurs qu'à David."

Devemos, porém, extrair dela uma admoestação proveitosa, pois se somos membros da Igreja, o Senhor nos convoca a nutrir o mesmo desejo que ele queria que os crentes sob a lei nutrissem, a saber: que devemos desejar de todo nosso coração que o reino de Cristo floresça e prospere; e não só isso, mas que demonstremos isso em nossas próprias orações. A fim de imprimir-nos maior coragem quando oramos, é mister que observemos que ele nos prescreve as palavras. Ai de nós, pois, em nossa indolência, se extinguirmos, através de nossa tibieza, ou apagarmos através de nossa indiferença, aquele ardor que Deus ensina. Saibamos, pois, que as orações que oferecemos pela diretriz e autoridade de Deus não serão inutilmente. Contanto que não sejamos indolentes nem cedamos ao cansaço quando orarmos, porque ele será o fiel guardião de seu reino, para defendê-lo por seu invencível poder e proteção. Não obstante, ainda que permaneçamos entorpecidos e inativos,[9] a majestade de seu reino será firme e infalível; mas quando – como é o caso – ele é menos próspero do que deveria ser, ou, melhor, cai em decadência, assim como percebemos se dar nos dias atuais, terrivelmente disperso e devastado, isso inquestionavelmente provém de nossa falha. E quando se vê apenas uma leve restauração, ou quase nenhuma, ou quando ele avança lentamente, atribuamos tudo isso a nossa indiferença. Pedimos a Deus diariamente *que seu reino venha* [Mt 6.10], mas raramente, uma pessoa em cem de fato o deseja. Portanto, com justiça nos privamos da mesma bênção divina que não nos cansamos de pedir.

Somos também ensinados por esta expressão que é tão-somente Deus quem preserva e defende a Igreja, pois ele nada reivindica para si mesmo, nem nos ordena a dar-lhe algo senão o que é propriamente seu. Portanto, embora ele guie nossa língua, oramos para que ele preserve o reino de Cristo, reconhecemos que, para que este reino permaneça em um estado próprio, Deus mesmo é o único que outorga a salvação. Aliás, ele emprega os labores dos homens com esse pro-

---

9 "Endormis et oisifs."

pósito, porém dos homens a quem sua própria mão preparou para tal tarefa. E, ainda que ele faça uso de homens para o avanço e manutenção do reino de Cristo, cada coisa é iniciada e completada, através da agência deles, por Deus somente, através do poder de seu Espírito.

Que vem no nome do Senhor. Antes de tudo devemos entender o que está implícito nesta frase: *vir no nome do Senhor*. Aquele que não se apresenta temerariamente nem falsamente assume a honra, mas, sendo devidamente chamado, tem a diretriz e autoridade de Deus para suas ações, *vem no nome de Deus*. Este título pertence a todos os verdadeiros servos de Deus. Um profeta que, guiado pelo Espírito Santo, honestamente entrega aos homens a doutrina que recebera do céu, *vem no nome de Deus*. Um rei, por cuja mão Deus governa seu povo, *vem no* mesmo *nome*. Mas como o Espírito do Senhor repousou sobre Cristo, e ele é *a Cabeça de todas as coisas* [Ef 1.22], e todos quantos ele tem ordenado a governar sobre a Igreja estão sujeitos a sua autoridade, ou melhor, são mananciais a fluírem dele como a Fonte, ele, com razão, afirma que *vieram no nome de Deus*. Tampouco é apenas pela suma posição de sua autoridade que ele excede aos demais, mas porque Deus se nos manifesta plenamente nele; pois *nele habita corporalmente a plenitude da Deidade*, no dizer de Paulo [Cl 2.9]; e ele é *a imagem viva* de Deus [Hb 1.3]; e, em suma, é o verdadeiro *Emanuel* [Mt 1.23]. Portanto, é por um direito especial que se diz que ele *veio no nome do Senhor*, porque por meio dele Deus se manifestou plenamente, e não parcialmente, como fizera previamente por meio dos profetas. Devemos, pois, começar com ele como a Cabeça, quando desejamos abençoar os servos de Deus.

Ora, visto que os falsos profetas arrogantemente se vangloriam *no nome de Deus*, e se escudam nessa falsa pretensão, devemos suprir uma sentença oposta na oração, a saber: que o Senhor os disperse e os destrua. E assim não podemos bendizer a Cristo sem maldizer o papa e aquela sacrílega tirania que ele suscitou contra o Filho de Deus.[10] É

---

10 "Contre le Fils de Dieu."

verdade que ele esbraveja suas excomunhões contra nós, com grande violência, como se as mesmas fossem raios, porém não passam de meras bolhas de ar,[11] e por isso devemos ousadamente desprezá-las. Ao contrário, o Espírito Santo aqui nos dita uma terrível maldição, e que a mesma mergulhe o papa no mais profundo inferno com sua pompa e esplendor. Nem é necessário que haja algum bispo ou pontífice[12] a pronunciar maldição contra ele, visto que Cristo uma vez outorgou esta autoridade aos pequeninos, quando aprovou *seu clamor no templo, e cantaram: Hosana ao Filho de Davi, como relatam os outros evangelistas* [Mt 21.15, 16].

14. E tendo Jesus achado um jumentinho. Esta parte da história é mais minuciosamente relatada pelos outros evangelistas que nos contam que Cristo *enviou dois de seus discípulos* em busca de um jumento [Mt 21.1; Mc 11.1; Lc 19.29]. João, que foi o último escritor dentre todos os evangelistas, considerou ser suficiente anotar sucintamente a substância do que foi relatado pelos demais. E por esse motivo ele deixa fora muitas circunstâncias. Uma aparente contradição ante a qual muitas pessoas ficam perplexas é mui facilmente removida. Ao dizer Mateus que Cristo sentou-se sobre *a jumenta e sua cria*, devemos ver isso como uma sinédoque.[13] Há quem imagina que ele sentou-se antes sobre a jumenta, e em seguida sobre sua cria; e desta conjetura laboram uma alegoria, dizendo que ele primeiramente sentou-se sobre o povo judeu, o qual desde muito se acostumara a suportar o jugo da lei, e em seguida subjugou os gentios, como um *jumentinho* não domesticado que nunca tinha carregado um cavaleiro.[14] Mas a verdade cristalina é que Cristo cavalgou um jumento que fora trazido juntamente com sua mãe; e com isso concordam as palavras do profeta que, através de uma repetição muito frequente entre os hebreus, expressa

---

11 "Vessies pleines de vent."
12 "Quelque Evesque ou Pontiffe."
13 "C'est une façon de parler qui comprend quelques fois le tout pour une partie, ou une partie pour le tout." – "É uma forma de expressão que às vezes põe o todo pela parte ou a parte pelo todo."
14 Veja-se *Harmony of the Evangelists*, vol. ii. p. 448.

a mesma coisa duas vezes com palavras diferentes. *Sobre um jumento,* diz ele, *e sobre a cria de uma jumenta que estava sob o jugo* (ὑποζυγίου). Nosso evangelista, que busca a brevidade, deixa fora a sentença anterior e cita somente a última. Os próprios judeus se veem constrangidos a expor a predição de Zacarias [9.9] que naquele tempo se cumpriu como uma referência ao Messias, mas ao mesmo tempo nos ridicularizam por nos deixarmos seduzir *pela sombra de um jumento*[15] ao ponto de dar a honra do Messias ao filho de Maria. Mas bem diferentes são os testemunhos sobre os quais repousa nossa fé. E de fato, quando dizemos que Jesus é o Messias, não começamos dizendo que ele entrou em Jerusalém sentado sobre um jumento, pois nele se ostentava uma glória como a que pertence ao Filho de Deus, como já vimos no primeiro capítulo deste Evangelho; e foi principalmente em sua ressurreição que seu poder divino foi magnificamente exibido. Não devemos, porém, desprezar esta confirmação de que Deus, por sua prodigiosa Providência, exibiu naquela entrada, como num palco público, o cumprimento daquilo que Zacarias havia predito.

15. Não temas. Nestas palavras do profeta, como citadas pelo evangelista, devemos observar, em primeiro lugar, que nunca a tranquilidade é restaurada em nossas mentes, ou o temor e tremor banidos delas, exceto quando temos consciência de que Cristo reina entre nós. As palavras do profeta, assim, são diferentes; pois ele exorta os crentes a cultivarem entusiasmo e regozijo. Aqui, porém, o Evangelista descreve a maneira como nossos corações exultam com verdadeiro júbilo. Isso se dá quando é removido aquele temor com o qual todos nós seríamos atormentados até que, estando Deus reconciliado, obtenhamos aquela paz que emana da fé [Rm 5.1]. Este benefício, pois, vem a nós através de Cristo, que, espatifa o jugo do pecado, cancela a culpa e abole a morte, libertando-nos da tirania de Satanás. Livremente, nos gloriamos, confiando na proteção de nosso

---

15 *A sombra de um jumento,* ὄνου σκιὰ, *asini umbra,* era uma frase adverbial entre os gregos e os romanos.

Rei, já que aqueles que são postos sob sua guarda não devem temer perigo algum. Não que vivamos isentos de temor, ao longo de toda nossa vida terrena, mas porque a confiança, fundada em Cristo, se ergue superior a tudo mais. Ainda que Cristo estivesse a uma imensa distância, contudo o profeta exortou os piedosos daquele tempo a que nutrissem entusiasmo e regozijo, porque Cristo haveria de vir. "Eis que", disse ele, "teu Rei virá; portanto, não temas." Agora que ele já veio, a fim de que nos regozijemos em sua presença, devemos contender mais vigorosamente contra o temor, para que, livres de nossos inimigos, pacificamente e com intenso júbilo honremos ao nosso Rei.

Filha de Sião. O profeta se dirigiu a Sião em seu próprio tempo, porque ela era a habitação e morada da Igreja. Agora, Deus arrebanhou para si uma Igreja do mundo inteiro, mas esta promessa é peculiarmente dirigida aos crentes que se submetem a Cristo, para que reinem neles. Ao descrever Cristo como "a cavalgar um jumento", significa que seu reino em nada será comum, com a pompa, esplendor, riqueza e poder do mundo e era oportuno que isto se tornasse conhecido mediante uma manifestação externa, para que todos se assegurassem plenamente de que isto [o reino] é espiritual.

[12.16-19]

Seus discípulos, porém, não entenderam isto no princípio mas quando Jesus foi glorificado, então se lembraram de que isto estava escrito dele e que isto lhe fizeram. A multidão, pois, que estava com ele quando Lázaro foi chamado da sepultura, testificava que ele o ressuscitara dentre os mortos. Por isso a multidão lhe saiu ao encontro, porque tinham ouvido que ele fizera este sinal. Disseram, pois, os fariseus entre si: Vedes, que nada aproveitais? Eis que toda a gente vai após ele.

16. Seus discípulos não entenderam isto no princípio. Como a semente não nasce tão logo é lançada na terra, assim o resultado das obras de Deus não é imediatamente percebido. Os apóstolos são os servos de Deus para o cumprimento da profecia, porém não entendem o que estão fazendo. Ouvem o grito da multidão, o qual não eram sons confusos, mas uma saudação distinta a Cristo na qualidade de Rei, porém não percebem qual é seu objetivo ou seu significado. Para eles, pois, não passa de uma exibição sem sentido, até que o Senhor, após sua gloriosa ressurreição, abre seus olhos.

Ao dizer que por fim eles **se lembraram de que isto estava escrito dele**, o Evangelista ressalta a causa de tão grosseira ignorância, a qual precedeu o conhecimento deles. Isso se deu porque, naquele tempo, não tinham a Escritura como seu guia e instrutor a dirigir suas mentes na formação de conceitos justos e acurados; porque somos cegos até que a Palavra de Deus abra caminho aos nossos passos e não basta que a Palavra de Deus resplandeça em nós, se o Espírito também não iluminar nossos olhos, os quais, de outro modo, seriam cegos em meio à mais clara luz. Foi depois de sua ressurreição que Cristo outorgou a seus discípulos esta graça, porque ainda não havia chegado à plenitude do tempo, quando o Espírito outorgaria suas riquezas em grande profusão, até que ele fosse recebido na glória celestial, como já vimos quando comentamos João 7.39.

Instruídos por este exemplo, aprendamos a formar nosso juízo de cada coisa que se relaciona a Cristo, não com base em nossas próprias emoções carnais, mas com base na Escritura. Além disso, recordemos que é um favor especial do Espírito instruir-nos de maneira gradual, para que não sejamos estúpidos em considerar as obras de Deus.

Interpreto a expressão, "se lembraram de que isto estava escrito dele, e que isto lhe fizeram", desta maneira: "*Então*, pela primeira vez, ocorreu aos discípulos que Cristo não fizera estas coisas temerariamente, e aqueles homens não foram empregados em divertimento ocioso, mas que toda esta transação havia sido regulada pela providência de Deus, porque aquelas coisas que *foram escritas* se cumpririam necessariamente"; de modo que as palavras foram assim arranjadas:

"Eles lhe fizeram estas coisas, de acordo com o que estava escrito acerca dele."

17. A multidão testificava. Uma vez mais, ele reitera o que havia dito: que muitas pessoas, perplexas pela notícia de tão grande milagre, saíram ao encontro de Cristo. A razão pela qual saíram em multidões é que o rumor de que Lázaro fora restaurado à vida se divulgava por toda parte. Portanto, tinham boas razões de atribuir ao Filho de Maria a honra do Messias, já que se tornara notório que ele possuía um poder tão extraordinário.

19. Vedes, que nada aproveitais? Com estas palavras eles se deixam instigar por uma fúria ainda maior, pois isso pode ser considerado como uma censura de sua indolência, como se quisessem dizer que a razão pela qual o povo se revoltava e seguia a Cristo se devia à sua própria e excessiva indolência e covardia. Esta é a vereda pela qual os homens sem esperança costumam transitar, quando se acham em preparação para tentativa em medidas extremas. E se os inimigos de Deus perseveram tão obstinadamente no que é mau, então devemos preparar-nos muito mais para um empreendimento justo.

[12.20-26]

Ora, havia alguns gregos, entre os que tinham subido a adorar no dia da festa. Estes, pois, dirigiram-se a Filipe, que era de Betsaida da Galileia, e rogaram-lhe, dizendo: Senhor, queríamos ver a Jesus. Filipe foi dizê-lo a André, e então André e Filipe o disseram a Jesus. E Jesus lhes respondeu, dizendo: é chegada a hora em que o Filho do homem há de ser glorificado. Na verdade, na verdade vos digo que, se o grão de trigo, caindo na terra, não morrer, fica ele só; mas, se morrer, dá muito fruto. Quem ama sua vida perdê-la-á, e quem neste mundo odeia sua vida, guardá-la-á para a vida eterna. Se alguém me serve, siga-me; e, onde eu estiver, ali estará também meu servo. E, se alguém me servir, meu Pai o honrará.

20. Ora, havia alguns gregos. Não creio que estes eram gentios ou incircuncisos, porque logo depois afirmam que *vieram para adorar*. Ora, as leis romanas proibiam estritamente, e os cônsules e outros magistrados puniam severamente, caso se descobrisse que alguma pessoa havia abandonado o culto de seu país nativo e abraçado a religião judaica. Aos judeus, porém, que se achavam dispersos por toda a Ásia e Grécia, se permitia que cruzassem o mar com o propósito de oferecer sacrifícios no templo. Além disso, aos judeus não se permitia que se lhes associassem no culto solene oferecido a Deus, porquanto criam que o templo, os sacrifícios e eles mesmos seriam assim profanados. Mas, ainda que fossem descendentes dos judeus, contudo, como residiam em região remota para além do mar, não nos surpreendamos se o Evangelista os introduz como estrangeiros e não familiarizados com as ocorrências que tomavam lugar naquele tempo em Jerusalém e em regiões adjacentes. O significado, pois, é que Cristo foi recebido como Rei, não só pelos habitantes da Judéia, os quais vieram das vilas e cidades *para a festa*, mas que a notícia chegara também aos homens que viviam além-mar, e que vieram de países distantes *com o fim de adorar*. Também poderiam ter feito isto em sua própria pátria, aqui, porém, João descreve o *culto* solene, o qual era acompanhado por sacrifícios. Pois ainda que a religião e o temor de Deus não se confinassem ao templo, contudo em nenhum outro lugar lhes era permitido oferecer sacrifícios a Deus, tampouco a Arca do Testemunho estava em outro lugar que não fosse o emblema da presença de Deus. Cada homem cultuava a Deus diariamente em sua própria casa e de uma maneira espiritual, mas os santos sob a lei eram igualmente obrigados a fazer profissão de culto e obediência externos,[16] tais como descritos por Moisés, comparecendo no templo na presença de Deus. Esse foi o desígnio para o qual as festas foram determinadas. E se aqueles homens empreenderam tão longa e dispendiosa viagem, enfrentando grande inconveniência, e não sem riscos pessoais, para que não tratas-

---

16 "De service et obeissance exterieure."

sem com indiferença a profissão externa de sua piedade, que apologia podemos agora apresentar, se não testificarmos, em nossas próprias casas, que cultuamos o Deus verdadeiro? O culto que pertencia à lei de fato chegou ao fim, mas o Senhor deixou à sua Igreja o Batismo, a Ceia do Senhor e a oração pública, para que os crentes se envolvessem em tais exercícios. Portanto, se os desprezarmos, isso seria prova de que nossa aspiração à piedade é excessivamente formal e frio.

21. Estes, pois, dirigiram-se a Filipe. É uma indicação de reverência o fato de não terem se dirigido a Cristo, mas nutrem o desejo de concretizá-lo através de *Filipe*, pois a reverência sempre gera modéstia. A inferência que os papistas extraem disto, de que devemos invocar os santos falecidos,[17] para que sejam nossos advogados junto a Cristo e junto ao Pai, é tão ridícula que nem carece de refutação.

Os gregos se dirigem a *Filipe*, enquanto ele está presente, e rogam; onde está a semelhança com aqueles que dirigem suas orações aos santos falecidos, de quem se acham separados?[18] Mas, tais são os frutos da presunção humana, quando ela uma vez se permite ir além dos limites da Palavra de Deus. A invocação aos santos foi temerariamente fabricada pelos papistas, partindo de seus próprios cérebros e agora, a fim de escudar-se por detrás de um falso pretexto emprestado da Palavra de Deus, corrompem a Escritura e a rasgam em pedaços e sem qualquer escrúpulo a expõem a vergonhosos escárnios.

23. É chegada a hora. Muitos explicam isto como sendo uma referência à morte de Cristo, porque por meio dela se manifestou a glória de Cristo, de modo que, em sua opinião, Cristo agora declara que é chegado o tempo de sua morte. Eu, ao contrário, o vejo como uma referência à publicação do evangelho; como se ele quisesse dizer que o conhecimento dele logo se difundiria por lugares distantes e raros do mundo. Assim ele queria satisfazer a expectativa que sua morte poderia excitar em seus discípulos, pois ele mostra que não há razão para que a coragem deles deva desfalecer, porque a doutrina do evangelho

---

17 "Les sainctes trespassez."
18 "Qui addressant leurs oraisons aux sainctes trespassez, desquels ils sont separez?"

seria, não obstante, proclamada por todo o mundo. Ainda, para que esta contemplação de sua paixão logo depois não se desvanecesse, ao ser condenado à morte, pendurado na cruz, e, finalmente, sepultado, ele lhes dá a primeira informação e advertência de que a ignomínia de sua morte não serviria de obstrução à sua glória. Para este propósito, ele emprega uma comparação ainda mais apropriada.

24. Se o grão de trigo, caindo na terra, não morrer [se não apodrecer], **fica ele só** [seca e não produz fruto]. Mas a morte da semente contém o benéfico efeito de vivificá-la, para que venha a produzir fruto. Em suma, Cristo compara sua morte à semeadura, a qual, à primeira vista, tende à destruição do *trigo*, mas ela é a causa de um aumento muito mais profuso. Ainda que esta admoestação fosse especialmente necessária naquele momento, é também de utilidade contínua na Igreja. E, em primeiro lugar, devemos começar com a Cabeça. Aquela terrível aparência de desgraça e maldição, que transparece na morte de Cristo, não só obscurece sua glória, mas a remove totalmente de nossa vista. Não devemos, pois, restringir nossa atenção tão-somente em sua morte, mas devemos também considerar o fruto que foi produzido por sua gloriosa ressurreição.[19] Assim, nada haverá que obstrua sua glória de exibir-se por toda parte. Dele [a Cabeça] devemos em seguida descer aos membros, pois não só cremos que na morte perecemos, mas também que nossa vida é uma sorte de morte contínua [Cl 3.3]. Portanto, seremos destruídos, a menos que sejamos sustentados por aquela consolação que Paulo põe diante de nós: se nosso homem exterior se desfizer, o homem interior é renovado dia-a-dia [2Co 4.16].

Quando, pois, os santos forem angustiados por várias aflições; quando se virem oprimidos pelas dificuldades de sua situação; quando enfrentarem a fome, ou a nudez, ou a doença; quando se virem assaltados pelos opróbrios; quando parecer que a cada momento são quase tragados pela morte, que considerem incessantemente que esta é uma semeadura que, no devido tempo, produzirá fruto.

---

19 "Sa resurrection glorieuse."

25. Quem ama sua vida perdê-la-á. À doutrina, Cristo junta uma exortação, pois se morrermos com o fim de produzir *fruto*, devemos pacientemente permitir que Deus nos mortifique. Mas, como ele extrai um contraste entre o amor à vida e o ódio em deixá-la, devemos entender o que significa *amar* e *odiar a vida*. Mas aquele que, desprezando a *vida*, avança corajosamente rumo à morte, lemos que este *odeia a vida*. Não que devamos absolutamente odiar a vida, a qual é justamente reputada como a mais sublime bênção de Deus, mas porque os crentes devem de bom grado reputá-la em segundo plano, quando ela os retarda de se achegarem a Cristo. Como um homem que quando deseja apressar-se em alguma questão, sacode de seus ombros um fardo pesado e desagradável. Em suma, amar esta vida por si só não é errôneo, contanto que a vivamos apenas como peregrinos, mantendo nossos olhos sempre fixos em nosso alvo. Pois o verdadeiro limite de *amar a vida* é quando continuamos nela na medida em que ela agrade a Deus, e quando estamos preparados a deixá-la tão logo ele nos ordene, ou, para expressá-lo numa só palavra, quando a carregamos, por assim dizer, em nossas mãos e a oferecemos a Deus como um sacrifício. Quem quer que leve sua aspiração pela presente vida para além deste limite, *destrói sua vida*; isto é, ele a consigna à ruína eterna. Pois o verbo *destruir* (ἀπολέσει) não significa *perder*, ou enfrentar a perda de algo valioso, mas devotá-lo à destruição.

Sua alma. Normalmente sucede que a palavra ψυχή, *alma*, é expressa pela *vida*. Há quem a considere, nesta passagem, no sentido de a sede dos afetos; como se Cristo quisesse dizer: "quem se apega em demasia aos desejos de sua carne destrói sua alma." Mas essa é uma interpretação forçada e a outra é mais natural, a saber, que aquele que desconsidera sua própria vida lança mão do melhor método de desfrutá-la eternamente.

Neste mundo. Tornando o significado ainda mais claro, a frase, *neste mundo*, que é expressa apenas uma vez, deve ser reiterada duas vezes, de modo que o significado vem a ser: "Não se apropria do método próprio de preservar sua vida quem a ama *neste mundo*." E, assim, quem se apega ao mundo em demasia, por sua própria iniciativa se priva da vida celestial, da qual não podemos ser herdeiros de qualquer outro modo senão sendo estranhos e forasteiros *neste mundo*. A consequência é que qualquer pessoa, quanto mais ávida esteja de sua própria segurança, mais distante fica do reino de Deus, isto é, da verdadeira vida.

E quem neste mundo odeia sua alma [vida].[20] Eu já sugeri que esta expressão é usada em termos comparativos, porque devemos desprezar a *vida* na medida em que ela nos impede de vivermos para Deus, pois se a meditação sobre a vida celestial fosse o sentimento prevalecente em nossos corações, o mundo não teria qualquer influência em deter-nos. Daqui também obtemos uma resposta àquela objeção que se poderia impor-nos: "Muitas pessoas, movidas de desespero, ou por outras razões, e principalmente pela exaustão da vida, se matam; e, no entanto, não diremos que tais pessoas se acham providas de sua própria segurança, enquanto outras se apressam para a morte pelo impulso da ambição, as quais também se precipitam na ruína."[21] Aqui, porém, Cristo fala expressamente daquele ódio ou menosprezo por esta vida evanescente, da qual os crentes derivam, mas da contemplação de uma vida superior. Consequentemente, quem não olhar para o céu ainda não aprendeu de que maneira a vida deve ser preservada. Além disso, esta última cláusula foi adicionada por Cristo com o fim de imprimir terror nos que nutrem profundo desejo pela vida terrena, pois se nos deixarmos deglutir pelo amor ao mundo, de modo que não consigamos esquecer-nos facilmente dele, é impossível irmos viver no céu. Visto, porém, que o Filho de Deus[22] nos desperta de modo tão veemente, seria o cúmulo da estupidez dormir o sono da morte.

26. Se alguém me serve. Para que a morte não nos seja excessivamente amarga e desagradável, Cristo nos convida, por seu exemplo, a

---

20 "Qui odit animam suam" – "Qui hait sa vie" – "aquele que odeia sua vida."
21 "Lesquels se precipitent bas a une ruine eternelle par leur ambition" – "quem precipita na ruína eterna por sua ambição."
22 "Le Fils de Dieu."

nos submetermos a ela de bom grado e certamente nos envergonharemos de recusar a honra de sermos seus discípulos. Mas, em nenhuma outra condição ele nos admite ao seu número, exceto a de seguirmos a vereda que ele puser diante de nós. Ele nos conduz ao modo de sofrermos a morte. A amargura da morte é, portanto, mitigada, e em alguma medida se torna agradável, quando tivermos, em comum com o Filho de Deus, a condição de nos submetermos a ela. Tão longe está de ser próprio nos esquivarmos de Cristo por conta da cruz, que devemos antes desejar a morte por sua causa. Para o mesmo propósito, confusa é a afirmação que imediatamente segue: "e onde eu estiver ali estará também meu servo." Pois ele demanda que seus servos não recusem submeter-se à morte, rumo à qual eles o veem ir adiante deles como um exemplo, pois não é certo que o servo tenha algo à parte de seu senhor. O tempo futuro, *será* (ἔσται), é expresso por *para que ele seja*, segundo o costume do idioma hebraico. Outros o consideram como uma consolação, como se Cristo prometesse aos que não se importam em morrer com ele, que seriam participantes de sua ressurreição. Mas o primeiro ponto de vista, como eu já disse, é mais provável, pois em seguida ele adiciona a consolação: que o Pai não deixará os servos de Cristo sem galardão, aqueles que foram seus companheiros tanto na vida quanto na morte.

[12.27-33]
Agora minha alma está perturbada; e que direi eu? Pai, salva-me desta hora? Mas para isto vim a esta hora. Pai, glorifica teu nome. Então veio uma voz do céu que dizia: Já o tenho glorificado, e outra vez o glorificarei. Ora, a multidão que ali estava, e que a ouvira, dizia que havia sido um trovão. Outros diziam: Um anjo lhe falou. Respondeu Jesus, e disse: Não veio esta voz por amor de mim, mas por amor de vós. Agora é o juízo deste mundo; agora será expulso o príncipe deste mundo. E eu, quando for levantado da terra, todos atrairei a mim. E dizia isto, significando de que morte havia de morrer.

27. **Agora minha alma está perturbada.** Esta declaração a princípio parece diferir amplamente do discurso precedente. Ele havia exibido extraordinária coragem e magnitude por exortar seus discípulos a não só enfrentarem a morte, mas de bom grado e entusiasmo a desejarem, sempre que necessário; e agora, ao esquivar-se da morte, ele confessa sua covardia. Contudo, nesta passagem nada existe que não esteja em perfeita harmonia, como todo crente bem sabe de sua própria experiência. Se os homens desdenhosos se riem disto, não carece que nos admiremos, pois isto não pode ser compreendido senão pela prática.

Além disso, era muitíssimo útil e mesmo necessário para nossa salvação que o Filho de Deus tivesse a experiência de tais emoções. Em sua morte, devemos principalmente considerar sua expiação, pela qual ele apaziguou a ira e maldição de Deus, o que ele não poderia ter feito sem assumir sobre si nossa culpa. Portanto, a morte que ele enfrentou teria sido saturada de horror, visto que não podia oferecer satisfação por nós sem sentir, em sua própria experiência, o terrível juízo de Deus; e daí, chegamos a conhecer mais plenamente a enormidade do pecado, pelo qual o Pai celestial demandou tão terrível punição de seu Filho unigênito. Saibamos, pois, que a morte não foi para Cristo um esporte e divertimento, senão que ele suportou os mais severos tormentos por nossa conta. Nem era impróprio que o Filho de Deus fosse atribulado desta maneira, pois a natureza divina, estando oculta, e nem exercendo sua força, ou ainda, estava em repouso, a fim de propiciar uma oportunidade de fazer expiação. Mas Cristo mesmo estava vestido, não só de nossa carne, mas também de emoções humanas. Nele, sem dúvida, tais emoções eram voluntárias, pois ele temia, não movido de constrangimento, mas porque, de sua livre vontade, se submeteu ao temor. E, no entanto, devemos crer que não foi com pretensão, e sim de fato e na realidade, que ele temia; ainda que diferisse dos demais homens neste aspecto: que ele tinha todas as suas emoções reguladas pela obediência à justiça de Deus, como já dissemos em outro lugar.

Há também outra vantagem que isto nos proporciona. Se o medo da morte não tivesse ocasionado nenhuma inquietude no Filho de Deus,[23] qual de nós teria imaginado que seu exemplo era aplicável ao nosso caso? Pois não nos foi dado morrer sem o senso de pesar, mas quando descobrimos que ele não tinha em si a dureza da pedra ou do ferro,[24] recobramos o ânimo para segui-lo, e a fraqueza da carne, que nos faz tremer ante a morte, não nos impede de nos tornarmos os companheiros de nosso General na luta contra ela.

E que direi eu? Aqui vemos, ante nossos olhos, o quanto nossa salvação custou ao Filho de Deus. Quando ele foi reduzido a tal extremo de angústia, que não achava palavras para expressar a intensidade de sua tristeza, nem mesmo resolução como homem ele lança mão da oração, a qual é seu único recurso restante, e roga que fosse poupado da morte. Uma vez mais, percebendo também que, pelo eterno propósito de Deus, ele fora designado a ser um sacrifício pelos pecados, subitamente corrige aquele desejo que sua pródiga dor arrancara dele, e estende sua mão, por assim dizer, a fazer-se recuar, para que aquiescesse inteiramente na vontade de seu Pai.

Nesta passagem, devemos observar cinco passos. No primeiro, ele faz uma queixa, a qual prorrompe de veemente tristeza. No segundo, ele sente que necessita de um remédio, e, a fim de não ser esmagado pelo temor, indaga a si mesmo o que deveria fazer. No terceiro, ele vai ao Pai e roga-lhe que o liberte. No quarto, ele se retrata do desejo, que bem sabe ser inconsistente com sua vocação, e escolhe antes sofrer tudo do que deixar de cumprir o que seu Pai lhe impusera. No último, ele fica satisfeito só com a glória de Deus, esquece tudo mais e atribui a si, nenhum valor.

Mas é possível que se conclua ser inconveniente que o Filho de Deus declare temerariamente um desejo do qual imediatamente se retrataria, a fim de obedecer a seu Pai. Prontamente admito: isto constitui a loucura da cruz, a qual constitui ofensa aos homens orgulhosos.

---

23 "Lê Fils die Dieu."
24 "Une durete de pierre et de fer."

mas quanto mais o Senhor da glória se humilha, tanto mais eminente é a manifestação de seu infinito amor por nós. Além disso, devemos recordar o que eu já declarei: que os sentimentos humanos, dos quais Cristo não estava isento, eram nele puros e livres de pecado. A razão é que foram guiados e regulados em obediência a Deus; pois não há nada a impedir Cristo de nutrir medo natural da morte e ainda assim desejar obedecer a Deus. Isto é válido em vários aspectos; e daí ele corrigir-se, dizendo: **Por esta causa eu vim para esta hora**. Pois ainda que licitamente ele pudesse nutrir medo da morte, contudo, considerando a razão pela qual ele fora enviado, e o que seu ofício de Redentor demanda dele, então apresenta a seu Pai o medo oriundo de sua natural disposição, a fim de que o mesmo fosse subjugado, ou, melhor, sendo subjugado, ele se prepara livre e espontaneamente para executar a ordem de Deus.

Ora, se os sentimentos de Cristo, que eram livres de todo e qualquer pecado, tinham de ser restringidos desta maneira, com quanta solicitude devemos aplicar-nos a este alvo, visto que os numerosos afetos que emanam de nossa carne são em nós tantos inimigos de Deus! Que os santos, pois, perseverem em fazer a si mesmos, até que tenham negado a si mesmos.

É preciso observar-se ainda que devemos restringir não só aqueles afetos que são diretamente contrários à vontade de Deus, mas também aqueles que obstruem o progresso de nossa vocação, ainda que, em outros aspectos, não sejam perversos ou pecaminosos. Para tornar isto mais plenamente evidente, devemos colocar na posição mais nobre a vontade de Deus; na segunda, a vontade humana, pura e íntegra, tal como Deus outorgou a Adão, e tal como havia em Cristo; e, última, a nossa, a qual se acha infectada pelo contágio do pecado. A vontade de Deus é a norma, à qual cada coisa que é inferior deve sujeitar-se. Ora, a vontade pura da natureza por si só não se rebelará contra Deus; o homem, porém, ainda que fosse totalmente formado em retidão, encontraria muitas obstruções, a menos que ele sujeite a Deus seus afetos. Cristo, portanto, tinha apenas uma batalha a enfrentar, a qual era fazer cessar o temor que naturalmente sentia, tão logo percebeu que o prazer de Deus era contrário. Em contrapartida, temos uma dupla batalha; porquanto ainda temos de lutar contra a obstinação da carne. A consequência é que os combatentes mais valentes nunca vencem sem que sejam antes feridos.

Pai, salva-me desta hora. Esta é a ordem que tem de ser mantida, sempre que formos angustiados pelo medo, ou oprimidos pela tristeza. Nossos corações devem ser instantaneamente elevados a Deus. Pois não existe nada pior ou mais injurioso do que nutrir interiormente o que nos atormenta; como vemos uma grande parte do mundo consumida por tormentos ocultos, e todos quantos não recorrem a Deus são justamente punidos por sua indolência, jamais recebendo qualquer alívio.

28. Pai, glorifica teu nome. Com estas palavras ele testifica que prefere a *glória do Pai* a todas as demais coisas, e inclusive negligencia e desconsidera sua própria vida. E a verdadeira norma de todos os nossos desejos é buscar a glória de Deus de tal maneira que todas as demais coisas deem lugar a ela, pois ela deve ser reputada por nós como uma rica recompensa, levando-nos a suportar pacientemente tudo o que é vexatório ou desagradável.

Já o tenho glorificado. É como se ele quisesse dizer: consumarei o que comecei; pois Deus "nunca deixa imperfeita a obra de suas mãos", no dizer do Salmo 138.8. Mas, como o propósito de Deus é prevenir o escândalo da cruz, ele não só promete que a morte de Cristo seria gloriosa, mas também menciona com enaltecimento os numerosos ornamentos com que ele já a havia adornado.

29. Um trovão. Era realmente monstruoso que a multidão ali reunida não fosse mobilizada por tão evidente milagre. Alguns são tão insensíveis, que ouvem como que sons confusos aquilo que Deus distintamente havia pronunciado. Outros, são menos impassíveis, mas, mesmo assim, eliminam muito da majestade da voz divina, pretendendo que "era um anjo que falava". Mas, a cada dia pratica-se a mesma coisa; pois Deus fala no evangelho com suficiente clareza, no qual também se exibe o poder e energia do Espírito, os quais serviriam para abalar céu e terra; contudo muitos se deixam afetar tão pouco pela doutrina, como se ela apenas procedesse de um homem mortal, e outros consideram a Palavra de Deus como sendo confusa e bárbara, não passando da voz de um trovão.

Surge, porém, uma questão: Aquela voz soou do céu sem qualquer proveito ou vantagem? Minha resposta é que, o que o Evangelista aqui descreve à multidão pertence só a uma parte dela; pois havia alguns além dos apóstolos que não a interpretaram tão erroneamente. Mas o Evangelista tencionava ressaltar sucintamente o que comumente se faz no mundo, e é o que faz a maioria dos homens: embora ouçam a Deus, não o compreendem, ainda que ele fale clara e distintamente.

30. Não veio esta voz por amor de mim. Não tinha Cristo necessidade de ser fortalecido, ou o Pai cuidava menos dele do que de nós? Mas devemos atentar bem para este princípio. Como foi por nossa causa que Cristo se vestiu de nossa carne, assim todas as bênçãos que ele recebeu do Pai foram outorgadas também por nossa causa. Além disso, é também verdade que "a voz veio do céu" por causa do povo, pois Cristo não carecia de um milagre externo. Além disso, existe aqui uma reprovação indireta: que os judeus são surdos como pedras à voz de Deus; pois visto que Deus fala *por causa deles*, não pode haver escusa para sua ingratidão, quando não inclinam seus ouvidos.

31. Agora é o juízo deste mundo. O Senhor agora, como se já houvesse logrado sucesso na contenda, se gloria de haver obtido vitória não só sobre o medo, mas também sobre a morte, pois ele descreve, em termos sublimes, a vantagem de sua morte, a qual poderia ter chocado seus discípulos com consternação. Há quem veja a palavra *juízo* (πρίσις) como que denotando *reforma*; e, outros, como que denotando *condenação*. Eu concordo mais com os primeiros que a explicam no sentido de que *o mundo* deve ser restaurado a uma ordem própria; pois a palavra hebraica מִשְׁפָּט, *mishpat*, que é traduzida por *juízo*, significa um estado bem ordenado. Agora sabemos que fora de Cristo nada existe *no mundo* além de confusão; e ainda que Cristo já houvesse começado a erigir o reino de Deus, sua morte era o começo de uma condição bem regulada e a plena restauração do mundo. No entanto, é preciso ainda observar que este arranjo próprio não pode ser estabelecido *no mundo* até que o reino de Satanás seja antes destruído, até que a carne, e tudo quanto se opõe à justiça de Deus, seja reduzido a nada. Por fim, a renovação *do mundo* deve ser precedida pela mortificação. Por conseguinte, Cristo declara: **Agora será expulso o príncipe deste mundo.** Pois a confusão e deformidade são oriundas disto: que, enquanto Satanás usurpar o domínio tirânico, a iniquidade se prolifera por toda parte. Portanto, quando Satanás for *expulso, o mundo* será rechaçado de sua revolta e colocado sob a obediência ao governo de Deus. Pode-se indagar como Satanás foi *expulso* pela morte de Cristo, visto que ele não cessa de continuamente deflagrar guerra. Minha resposta é que tal *expulsão* não deve limitar-se a algum breve período de tempo, mas é uma descrição daquele memorável efeito da morte de Cristo que se manifesta diariamente.

32. E eu, quando for levantado. Segue-se o método pelo qual *o juízo* será conduzido: Cristo, sendo *levantado* na cruz, congregará a si todos os homens a fim de que os eleve da terra ao céu. O Evangelista diz que Cristo ressaltou a maneira de sua morte, e, portanto, o significado indubitavelmente é que a cruz seria como uma carruagem, por meio da qual ele transportaria todos os homens, em sua própria companhia, para seu Pai. É possível que se conclua que naquele momento ele foi arrebatado da terra, não mais tendo qualquer interesse em comum com os homens, mas ele declara que iria de uma maneira bem diferente, a ponto de *atrair* a si os que estavam fixos na terra. Ora, ainda que faça alusão à forma de sua morte, contudo, em termos gerais, ele quer dizer que sua morte não seria uma divisão a separá-lo dos homens, mas que ela seria um meio adicional de os *arrebatar* da terra para o céu.

Todos atrairei a mim. A palavra *todos*, empregada por ele, deve ser entendida como uma referência aos filhos de Deus, os quais pertencem ao seu rebanho. No entanto, concordo com Crisóstomo que afirma que Cristo usou o termo universal, *todos*, porque a Igreja tinha de ser congregada igualmente dentre os gentios e judeus, segundo aquele dito: "haverá um só pastor e um só rebanho" [Jo 10.16]. A antiga tradução latina traz: "*Atrairei* todas as coisas a mim"; e Agostinho afirma que devemos lê-la dessa maneira; mas a concordância de todos os manuscritos gregos deve ser-nos de maior peso.

[12.34-36]
Respondeu-lhe a multidão: Nós temos ouvido da lei que o Cristo permanece para sempre; e como dizes tu que convém que o Filho do homem seja levantado? Quem é esse Filho do homem? Disse-lhes, pois, Jesus: A luz ainda está convosco por um pouco de tempo. Andai enquanto tendes luz, para que as trevas não vos apanhem; pois quem anda nas trevas sabe para onde vai. Enquanto tendes luz, crede na luz, para que sejais filhos da luz. Jesus disse estas coisas e, retirando-se, escondeu-se deles.

34. Temos ouvido da lei. Indubitavelmente, a intenção era criticar as palavras de Cristo de maneira maligna; e, por isso, sua malícia os cega para que nada percebam em meio a mais clara luz. Dizem que Jesus não deve ser considerado o Cristo, porque ele disse que morreria, enquanto *a lei* atribui ao Messias perpetuidade. Como se ambas as afirmações não fossem expressamente feitas *na lei* de que Cristo morreria, e que depois seu reino floresceria até os confins do mundo. Mas lançam mão da segunda cláusula e fazem dela um pretexto de calúnia. A origem de seu erro foi que julgaram o esplendor do reino do Messias em conformidade com seus conceitos carnais; em consequência disso, rejeitam a Cristo só porque ele não correspondeu à sua tola noção. Sob o termo *a lei*, eles abarcam também os Profetas; e o tempo presente, *permanece*, é usado em concordância com o idioma hebraico, em vez do tempo futuro, *permanecerá*.

Quem é esse Filho do homem? Esta é uma pergunta que embute censura, como se essa sucinta refutação vencesse a Cristo tão completamente, que ele já não tivesse o que dizer.²⁵ Isto mostra quão arrogante era sua ignorância; pois é como se quisessem dizer: "Vai agora, e te vanglorias de que és o Cristo, já que tua própria confissão prova que nada tens a ver com o Messias."

35. A luz está ainda convosco por um pouco de tempo. Ainda que nesta réplica o Senhor os admoeste brandamente, contudo, ao mesmo tempo, os reprova de modo incisivo; pois os acusa de fecharem os olhos contra *a luz*, e, ao mesmo tempo, ameaça que, antes que anelem pela luz, esta será removida deles. Ao dizer que, "ainda por um pouco de tempo", há alguma *luz* restante, ele confirma o que já foi dito sobre sua morte, pois ainda que por *luz* ele não tenha em vista sua presença física, e sim seu evangelho, contudo faz alusão à sua partida, como se quisesse dizer: "quando eu tiver partido, não cessarei de ser *luz*, e assim minha glória não será diminuída através de vossas trevas." Ao dizer que "a luz está ainda convosco", indiretamente ele os reprova por fecharem seus olhos e expulsarem a luz e assim declara que não merecem resposta à sua objeção, porque, de iniciativa própria, buscam oportunidade de se induzirem ao erro.

Andai enquanto tendes luz, para que as trevas não vos apanhem. Esta afirmação, de que *a luz* não seguirá brilhando neles senão "por um pouco de tempo", se aplica igualmente a todos os incrédulos, pois a Escritura promete que aos filhos de Deus nascerá o *Sol da Justiça* [Ml 4.2], e jamais se porá. "Nunca mais te servirá o sol para luz do dia nem com seu resplendor a lua te iluminará, mas o Senhor será tua luz perpétua, e teu Deus, tua glória" [Is 60.19].

Mas todos devem *andar* cautelosamente, porque o desprezo da luz é seguido de trevas. Esta é também a razão pela qual noite tão espessa e escura desceu sobre o mundo por tantos séculos. Isso ocorreu porque havia tão poucos que se dignassem a andar em meio ao esplendor da sabedoria celestial; pois Cristo nos iluminou com seu evangelho a fim de podermos seguir a vereda da salvação, à qual ele

---

25 "Comme si Christ demeuroit confus, sans avoir plus que dire."

nos encaminhou. Por esta razão, aqueles que não se valem da graça de Deus extinguem, quanto está em seu poder, a luz que lhes é oferecida. **Pois quem anda nas trevas não sabe para onde vai.** Para abalá--los com uma preocupação ainda mais profunda, ele lhes lembra quão miserável é a condição dos que, vivendo destituídos de luz, nada fazem senão vaguear sem rumo ao longo de todo o curso de sua vida. Pois não podem dar sequer um passo sem que se arrisquem a cair inclusive na destruição. Agora, porém, Cristo declara que vivemos *em trevas*, a menos que ele resplandeça em nós. Daí inferirmos qual é o valor da sagacidade da mente humana, quando ela se faz o único guia e instrutor à parte de Cristo.

36. Crede na luz. Ele os exorta a que retenham, mediante a fé, a posse *da luz*, pois ele dá o título, "filhos da luz", aos que, como genuínos herdeiros, desfrutam dela até o fim.

Estas coisas disse Jesus. É possível que nos sintamos surpresos por ele haver se afastado deles, quando eram tão ávidos em recebê-lo; mas, dos demais Evangelistas pode-se inferir facilmente que o que aqui lemos se relaciona com os adversários que ardiam com inveja em virtude do santo zelo dos bons e sinceros discípulos. Pois os estrangeiros, que saíram ao encontro de Cristo, o seguiam até o templo, onde ele encontrou-se com os santos e com a multidão dos habitantes da cidade.

[12.37-41]
E, ainda que tivesse feito tantos sinais diante deles, não criam nele; Para que se cumprisse a palavra do profeta Isaías, que diz: Senhor, quem creu em nossa pregação?[26] E a quem foi revelado o braço do Senhor? Por isso não podiam crer, então Isaías disse outra vez: Cegou-lhes os olhos, e endureceu-lhes o coração, a fim de que não vejam com os olhos, e compreendam no coração, e se convertam. Isaías disse isto quando viu sua glória e falou dele.

---

26 "Qui a creu a nostre ouye, ou, parole?" – "Quem creu em nossa notícia, ou, *discurso*?"

37. E, ainda que tivesse feito tantos sinais. Para que ninguém se sentisse conturbado ou perplexo ante o fato de Cristo haver sido desprezado pelos judeus, o Evangelista remove este escândalo, mostrando que ele era sustentado por claros e indubitáveis testemunhos, os quais provavam que se devia dar crédito a ele e à sua doutrina, mas que os cegos não visualizavam a glória e o poder de Deus, os quais eram publicamente exibidos em seus milagres. Portanto, antes de tudo, devemos crer que não se devia a Cristo o fato de os judeus não depositarem nele sua confiança, visto que, por meio de muitos milagres, testificava profusamente quem ele era e que por isso era injusto e muitíssimo disparatado que a incredulidade deles diminuísse a autoridade dele. Mas, como esta mesma circunstância pode levar muitas pessoas a inquirirem ansiosas e perplexas como os judeus chegaram a tão profunda estupidez, que o poder de Deus, ainda quando visível, não produzisse neles nenhum efeito, João avança mais e mostra que a fé não provém das faculdades ordinárias dos homens, mas é um dom de Deus, inusitado e extraordinário, e que isto foi predito concernente a Cristo desde os tempos mais remotos, a saber, que bem poucos creriam no evangelho.

38. Para que se cumprisse a palavra do profeta Isaías. João não tem em vista que a predição repousava necessariamente nos judeus, pois Isaías [Is 53.1; Rm 10.16] nada mais declarou senão o que o Senhor lhe revelara dos secretos tesouros de seu propósito. Aliás, isso teria sucedido, ainda que o profeta nada falasse a respeito, mas, como os homens não teriam conhecimento do que acontecesse, se Deus não o testificara pelos lábios do profeta, o Evangelista, na predição, põe diante de nossos olhos, como num espelho, que de outro modo pareceria aos homens obscuro e quase inacreditável.

Senhor, quem creu? Esta sentença contém duas cláusulas. Na primeira, Isaías, tendo começado a falar de Cristo, prevendo que tudo o que ele proclama concernente a Cristo, e tudo o que mais tarde se fará conhecido através dos apóstolos, em geral será rejeitado pelos judeus, exclama, como que aturdido ante algo tão estranho e monstruoso: "Senhor, quem creu em nossa notícia", ou, em nosso discurso?[27]

---

27 "Qui eroira a nostre ouye, ou, a nostre parole?"

E a quem foi revelado o braço do Senhor? Nesta segunda cláusula ele assinala a razão porque são poucos, e essa razão é que os homens não o obtêm por sua própria força, e Deus não ilumina a todos sem distinção, mas que outorga a graça de seu Espírito Santo a uns poucos.[28] E se entre os judeus a obstinada incredulidade de muitos não se tornou um obstáculo aos crentes, ainda que fossem de número bem reduzido, o mesmo argumento deveria persuadir-nos, em nossos dias, a não nos envergonharmos do evangelho, ainda que este tenha poucos discípulos. Mas, antes de tudo, devemos observar a razão que se agrega: que o que faz os homens crentes não é sua sagacidade pessoal, mas a revelação de Deus. A palavra *braço*, sabe-se bem, denota *poder*. O profeta declara que *o braço de Deus*, que está contido na doutrina do evangelho, jaz oculto até que *se revele*, e, ao mesmo tempo, testifica que nem todos, indiscriminadamente, são participantes desta *revelação*. Daí se segue que muitos são deixados em sua cegueira, destituídos de luz interior, porque, "ouvindo, não ouvem" [Mt 13.13].

39. Por isso não podiam crer. Isto é algo ainda mais abrupto; porque, se as palavras fossem tomadas em seu sentido natural, a via era obstruída contra os judeus, e o poder de crer foi removido deles, porque a predição do profeta os destinou à cegueira, antes mesmo que determinassem qual a escolha fariam. Minha resposta é que não há nisto nenhum absurdo, se nada podia acontecer diferente do que Deus havia previsto. Mas é preciso observar que a mera presciência divina por si só não é a causa dos acontecimentos. Ainda que, nesta passagem, não devamos considerar tanto a presciência divina quanto sua justiça e vingança. Pois Deus declara não o que ele contempla do céu, o que os homens fazem, mas o que ele mesmo fará; e que ele ferirá os perversos com aturdimento e estupidez, e assim tomará vingança em sua obstinada perversidade. Nesta passagem, ele realça a causa mais próxima e inferior pela qual Deus tenciona que sua palavra, que em sua própria natureza é salutar e vivificante, seja destrutiva e letal

---

28 "A bien peu ae gens."

para os judeus. Isso se deu porque eles o mereciam por sua obstinada perversidade. Era impossível que escapassem desta punição, porque Deus uma vez decretara dar-lhes uma mente réproba, e converter-lhes a luz de sua palavra em trevas profundas. Pois é neste aspecto que esta última predição difere da anterior, a saber, que na passagem anterior o profeta testifica que ninguém crê, a não ser aqueles a quem Deus, por sua graça soberana, ilumina por seu próprio beneplácito, cuja razão não aparece; pois visto que todos estão igualmente arruinados, Deus, por sua vontade,, distingue de outros aqueles a quem ele vê ser conveniente distinguir. Mas, na última passagem, ele fala da dureza pela qual Deus tem punido a perversidade de um povo ingrato. Aqueles que não atentam para estes passos se equivocam e confundem as passagens da Escritura que são bem diferentes umas das outras.

40. Cegou-lhes os olhos e endureceu-lhes o coração. A passagem é tomada de Isaías 6.9, onde o Senhor adverte o profeta, dizendo que o labor que ele gasta na instrução não levará a nenhum outro resultado senão em fazer o povo pior. Antes de tudo ele diz: "Vai, e dize a este povo: Ouvindo, ouvis, e não ouvis; como se quisesse dizer: "Eu te envio a falar aos surdos." Em seguida ele agrega: "Endurece o coração deste povo" etc. Com estas palavras ele tem em vista que sua intenção é fazer de sua palavra uma punição aos réprobos, a fim de fazê-los totalmente cegos, e para que sua cegueira os mergulhe em trevas ainda mais profundas. Este é um terrível juízo de Deus, quando esmaga os homens pela luz da doutrina, de tal maneira que os priva de todo entendimento; e quando, mesmo por meio daquilo que é sua única luz, ele derrama trevas sobre eles.

Mas, é preciso observar-se ser acidental à Palavra de Deus o fato de ela *cegar* os homens; pois nada pode ser mais inconsistente do que não haver diferença entre verdade e falsidade, que o pão da vida se converta em peçonha mortífera, e que a medicina agrave a doença. Mas isto deve ser atribuído à perversidade humana, a qual converte a vida em morte. É preciso observar-se ainda que algumas vezes o Senhor, de sua própria iniciativa, cega as mentes dos homens, privando-as de juízo e entendimento; algumas vezes isso provém de Satanás e dos falsos profetas, quando as embrutecem por meio de suas imposturas; algumas vezes quando também se faz isso por meio de seus ministros, quando a doutrina da salvação lhes é injuriosa e mortífera. Mas, conquanto os profetas labutem fielmente na obra de instrução, e confiem ao Senhor o resultado de seu labor, ainda que não sejam bem sucedidos como gostariam, não devem desistir ou dar vazão ao seu desânimo. Ao contrário, que fiquem satisfeitos em saber que Deus aprova seu labor, ainda que este seja inútil aos homens, e que mesmo *o aroma* da doutrina, que os perversos convertem para si próprios em algo mortífero, "é bom e agradável a Deus", como testifica Paulo [2Co 2.15].

Na Escritura, algumas vezes **o coração** é expresso pela sede dos afetos; aqui, porém, como em muitas outras passagens, ele denota o que se denomina a parte intelectual da alma. Moisés fala com o mesmo propósito: "Deus não vos tem dado um coração para entender" [Dt 29.4].

A fim de que não vejam com os olhos. Lembremo-nos de que o profeta fala dos incrédulos, os quais já haviam rejeitado a graça de Deus. É certo que todos continuariam sendo assim por natureza, se o Senhor não convertesse para obediência àqueles a quem elegera. A princípio, pois, a condição dos homens é igual e a mesma; mas, quando os réprobos se rebelam, de iniciativa própria e movidos por sua própria perversidade contra Deus, se sujeitam à vingança dele, pela qual, sendo entregues a uma mentalidade reprovável, se precipitam continuamente, mais e mais, para sua própria destruição. Portanto, é por sua própria culpa se Deus não decide convertê-los, porquanto eles foram a causa de seu próprio desespero. Por estas palavras do profeta, somos ainda instruídos sucintamente sobre qual é o princípio de nossa conversão a Deus. Isso se dá quando ele ilumina os corações, os quais têm vivido afastados dele, na medida em que eram mantidos nas trevas de Satanás, mas, ao contrário, tal é o poder da luz divina, que ela nos atrai a si mesma e nos forma na imagem de Deus.

E eu os cure. Em seguida ele adiciona o fruto da conversão, a saber, *a cura*. Com estas palavras, o profeta tem em vista a bênção de Deus e a condição próspera, bem como o livramento de todas as misérias que emanam da ira de Deus. Ora, se isto sucede aos réprobos, contrariando a natureza da Palavra, devemos atentar bem para o contraste implícito no uso oposto dela, ou seja, que o propósito para o qual a Palavra de Deus é pregada é para que ela nos ilumine ao verdadeiro conhecimento de Deus, para converter-nos a Deus e reconciliar-nos com ele, a fim de que sejamos felizes e abençoados.

41. Isaías disse isto. Para que os leitores não pensem que esta predição foi citada inoportunamente, João declara expressamente que o profeta não foi enviado como mestre a uma única geração; mas que a glória de Cristo lhe fora exibida, para que fosse testemunha daquelas coisas que se concretizariam sob seu reinado. Ora, o Evangelista toma por admitido que Isaías viu a glória de Cristo e disso infere que Isaías acomoda sua instrução ao estado futuro do reino de Cristo.

[12.42-46]

Apesar de tudo, até muitos dos principais creram nele; mas não o confessavam por causa dos fariseus, para não serem expulsos da sinagoga. Porque amavam mais a glória dos homens do que a glória de Deus. E Jesus clamou, e disse: Quem crê em mim, crê, não em mim, mas naquele que me enviou. E quem me vê a mim, vê aquele que me enviou. Eu sou a luz que veio ao mundo, para que todo aquele que crê em mim não permaneça nas trevas.

42. Não obstante, muitos dentre os próprios líderes creram nele. O murmúrio e ferocidade dos judeus, ao rejeitarem a Cristo, elevou-se a tal nível de insolência que era possível que se concluísse que todo o povo, sem exceção, havia conspirado contra ele. Mas o Evangelista diz que, em meio à demência geral da nação, havia muitos que eram de uma mente sã. Aliás, esse era um notável exemplo da graça de

Deus; porque, quando a impiedade uma vez chega a prevalecer, ela se torna uma sorte de praga universal, afetando com seu contágio cada parte do corpo. Portanto, é um dom notável e uma graça especial de Deus quando, em meio a um povo tão corrupto, encontram-se alguns que permanecem impolutos. E mesmo agora percebemos no mundo a mesma graça de Deus, pois ainda que a impiedade e menosprezo por Deus se proliferem por toda parte, e ainda que uma vasta multidão de seres humanos promova furiosas tentativas com o intuito de exterminar completamente a doutrina do evangelho, contudo esse encontra alguns lugares de asilo; e assim a fé tem o que se pode chamar seus portos ou lugares de refúgio, para que ela não seja inteiramente banida do mundo.

A palavra é ainda enfática; porque, na ordem dos governantes, existia tão profundo e inveterado ódio pelo evangelho, que raramente se poderia crer que se pudesse encontrar em seu meio um único crente. Tão mais profunda admiração se deve ao poder do Espírito de Deus que penetrava onde não havia nenhuma abertura, ainda que não fosse um vício, peculiar a uma única geração, que os governantes fossem rebeldes e desobedientes a Cristo; porquanto honra, riqueza e alto escalão geralmente são acompanhados pelo orgulho. A consequência é que aqueles que, inchados de arrogância, raramente se reconhecem como sendo homens, por isso não se deixam subjugar com facilidade e com humildade voluntária. Todos quantos, pois, que mantêm uma elevada posição no mundo, se porventura são sábios, olharão com suspeita para sua posição, não permitindo que ela seja um entrave em seu caminho. Quando o Evangelista diz que havia muitos, isto não deve ser entendido como se constituíssem a maioria ou mesmo a metade; porque, quando comparados com os outros que constituíam um número mui vasto, eram poucos; mas, mesmo assim, eram muitos, quando vistos separadamente.

Por causa dos fariseus. Pode-se imaginar que ele fala incorretamente, ao separar a fé da confissão; pois é com o coração que cremos para a justiça, e é com a boca que fazemos confissão para a salvação

[Rm 10.10], e é impossível que a fé, que uma vez tenha sido acesa no coração, não arroje suas chamas. Minha resposta é que ele realça aqui quão fraca era a fé dos que eram tão mornos, ou, melhor, frios. Em suma, João tem em vista que abraçaram a doutrina de Cristo, porque bem sabiam que ela provinha de Deus, mas que não possuíam uma fé vívida, ou uma fé tão vigorosa como deveriam ter; pois Cristo não concede a seus seguidores um espírito de medo, e sim de firmeza, para que ousada e destemidamente confessem o que têm aprendido dele. Entretanto, não creio que ficaram em total silêncio, mas como sua *confissão* não era suficientemente pública, o Evangelista, em minha opinião, simplesmente declara que não faziam uma confissão de sua fé, pois o tipo próprio de confissão era a declaração pública de que eram discípulos de Cristo. Que ninguém, pois, se gabe, se em algum aspecto oculta ou dissimula sua fé por medo de incorrer no ódio dos homens; porque, por mais odioso que seja o Nome de Cristo, aquela covardia que nos impele a nos esquivarmos, um mínimo sequer, da confissão dele, não admite escusa.

Deve-se observar ainda que os *líderes* [principais] têm menos rigor e firmeza, porque a ambição quase sempre reina neles, a qual é a mais escravizadora de todas as disposições e, para expressá-lo numa só palavra, pode-se dizer que as honras terrenas são cadeias de ouro que prendem um homem para que o mesmo não consiga cumprir seu dever com liberdade. Por esta conta, as pessoas que são postas numa condição inferior e humilde devem suportar sua sorte com maior paciência, porquanto estão, ao menos, isentas de muitas redes nocivas. Não obstante, os grandes e nobres devem lutar contra sua elevada posição, para que esta não os embarace de se submeterem a Cristo.

João afirma que eles tinham medo dos *fariseus*; não que os demais escribas e sacerdotes permitissem livremente que algum homem se denominasse discípulo de Cristo, mas porque, sob a semelhança de zelo, cruelmente ardiam no íntimo com mais intensa ferocidade. O zelo, na defesa da religião, é uma excelente virtude, mas se adicionar-lhe a hipocrisia, não pode haver praga mais danosa. Tanto mais solícitos devemos ser em rogar ao Senhor que nos guie pela regra inerrante de seu Espírito.

Para não serem expulsos da sinagoga. Isto era o que os impedia: o medo da desgraça; pois teriam sido *expulsos da sinagoga*. Daí vemos quão grande é a perversidade dos homens, a qual não só corrompe e avilta a melhor das ordenanças de Deus, mas as convertem em destrutiva tirania. A excomunhão deveria ter sido o tendão da santa disciplina, para que a punição fosse prontamente infligida, se alguma pessoa menosprezasse a Igreja. Mas os problemas atingiram um ponto tal, que todo aquele que confessasse pertencer a Cristo era banido da sociedade dos crentes. De igual modo, nos dias atuais, o papa, a fim de exercer o mesmo tipo de tirania, falsamente pretende o direito de exercer a excomunhão, e não só troveja com cega fúria contra todos os santos, mas tudo faz para descer Cristo de seu trono celestial; e, no entanto não hesita manter com impudência o direito da sacra jurisdição, com a qual Cristo adornou sua Igreja.

43. Porque amavam mais a glória dos homens. O Evangelista declara expressamente que aqueles homens não eram guiados por alguma superstição, mas apenas diligenciavam em evitar a desgraça entre os homens; pois se a ambição tinha maior influência sobre eles do que o temor de Deus, segue-se que não era um fútil escrúpulo da consciência que os fazia inquietos. Ora, que os leitores observem quão grande ignomínia se contrai diante de Deus, mediante a covardia dos que, movidos pelo medo de serem odiados, dissimulam sua fé diante dos homens. Pode alguma coisa ser mais tola, ou, melhor, pode algo ser mais bestial do que preferir o fútil aplauso dos homens ao juízo de Deus? Mas ele declara que todos quantos se esquivam do ódio dos homens, quando a fé pura deve ser confessada, se deixam assenhorear por este tipo de demência. E com razão, pois o apóstolo, ao aplicar a inabalável firmeza de Moisés, diz que ele permaneceu firme, como se visse aquele que é invisível [Hb 11.27]. Com estas palavras ele tem em vista que, quando alguma pessoa fixa seus olhos em Deus, seu coração se torna invencível e totalmente incapaz de ser movido. Donde, pois, provém a efeminação[29] que nos leva a ceder à insidiosa hipocrisia, senão porque, aos olhos do mundo, todos os nossos sentidos se embrutecem? Pois uma genuína visão de Deus dissiparia instantaneamente toda a névoa da riqueza e honras. Longe, pois, com aqueles que consideram uma negação indireta de Cristo como sendo um escândalo trivial, ou, como costumam chamá-lo, um pecado venial! Porque, ao contrário, o Espírito Santo declara que isto é mais vil e monstruoso do que se o céu e a terra fossem misturados.

Amar a glória dos homens significa, nesta passagem, o anseio pelo desfrute de reputação entre os homens. O Evangelista, pois, tem em vista que aqueles homens eram tão devotados ao mundo, que aspiravam mais o aplauso dos homens do que o agrado de Deus. Além disso, ao acusar deste crime os que negavam a Cristo, ao mesmo tempo ele mostra que a excomunhão, da qual os sacerdotes usavam e abusavam, contraria a tudo o que era direito e lícito e era destituída de qualquer valor ou eficácia. Saibamos, pois, que todas as excomunhões que o papa ora vocifera contra nós não passam de mero terror imaginário a amedrontar crianças,[30] já que estamos plenamente convictos, em nossas próprias consciências, que ele nada mais almeja senão desviar-nos de Cristo.

44. E Jesus clamou. O objetivo de Cristo, nesta afirmação, é encorajar seus seguidores a uma inabalável firmeza da fé; mas contém também uma reprovação implícita, pela qual ele tencionava corrigir esse perverso temor. O *clamor* expressa veemência, pois ele não é uma doutrina simples, mas uma exortação tencionada a excitá-los mais poderosamente. A afirmação equivale a isto: que a fé em Cristo não se apóia em algum homem mortal, e sim em Deus; pois ela não acha em Cristo outra coisa senão o que é divino; ou, melhor, ela contempla Deus em sua face. Daí ele inferir que é tolice e irracional que a fé seja oscilante ou nutra dúvida, pois é impossível oferecer maior insulto a Deus do que não confiar em sua verdade. Quem, pois, extrai o

---

29 "D'ou vient don ela delicatesse?"
30 "Ne sont qu'espouvantemens de petits enfants."

devido proveito do evangelho? Porventura não é aquele que deposita nele tal confiança, crendo em Deus, e não nos homens, que serena e firmemente contende contra todas as maquinações de Satanás. Se, pois, rendermos a Deus a honra que lhe é devida, aprenderemos a permanecer firmes na fé, não só quando o mundo é abalado, mas inclusive quando Satanás perturba e subverte tudo o que se encontra debaixo do céu.

Quem crê em mim, crê não em mim, mas naquele que me enviou. Lemos que "os crentes creem não em Cristo", quando não fixam toda sua atenção em sua aparência humana. Comparando-se com o Pai, ele nos convida a visualizar o poder de Deus; pois a fraqueza da carne não tem em si mesma qualquer solidez. Quando, mais tarde, o encontramos exortando os discípulos a que *cressem nele*, será num sentido diferente, porque naquela passagem, Deus não é contrastado com o homem, mas Cristo é apresentado com todos os seus dons e graças,[31] os quais devem ser suficientes para a edificação de nossa fé.

45. E quem me vê. O verbo *ver* é aqui tomado por *conhecimento*; porque, com vistas a dar verdadeira e plena tranquilidade às nossas consciências, as quais de outro modo estariam constantemente sujeitas a várias agitações, ele nos remete ao Pai. A razão pela qual a estabilidade da fé é sólida e estável é que ela é mais forte que o mundo e está acima do mundo.[32] Ora, quando Cristo é verdadeiramente conhecido, a glória de Deus resplandece nele, para que sejamos plenamente persuadidos de que a fé que temos nele não depende do homem, mas que ela se fundamenta no Deus eterno; pois ela parte da carne de Cristo para sua Deidade. E, se é assim, ela deve não só estar fixada perpetuamente em nossos corações, mas também deve exibir-se fisicamente na língua, quando se faz necessário.

46. Eu sou a luz que veio ao mundo. Com o fim de tornar seus discípulos mais ousados e perseverantes, ele avança ainda mais mantendo a certeza da fé. Em primeiro lugar, ele testifica que "veio ao

---

31 "Avec toutes ses graces et dons."
32 "Pource qu'elle est plus forte que lê monde, et pardessus lê monde."

mundo para ser luz", pela qual os homens possam ser libertados das trevas e erros; e, ao mesmo tempo, ele realça os meios para a obtenção de tão grande benefício, ao dizer: "para que todo aquele que crê em mim não permaneça nas trevas". Além disso, ele acusa de ingratidão a todos quantos, depois de terem sido instruídos pelo evangelho, não se separam dos incrédulos; pois quanto mais sublime é a excelência deste benefício, de serem chamados das trevas *para a luz*, menos escusáveis são aqueles que, por sua indolência ou displicência, apagam a luz que uma vez foi acesa neles.

As palavras, "eu vim ao mundo como luz", são altamente enfáticas; pois ainda que Cristo fosse *luz* desde o princípio, contudo há boas razões por que ele se adorna com este título, a saber, que ele veio para exercer o papel de *luz*. Para que percebamos distintamente os vários passos, ele mostra, em primeiro lugar, que ele é *luz* para outros, e não para si mesmo; em segundo lugar, que ele é *luz* não só para os anjos, mas também para os homens; em terceiro lugar, que ele se manifestou na carne a fim de vir a brilhar com pleno fulgor.

Tudo indica que o termo *todo aquele que* foi adicionado com o propósito de que, em parte, todos os crentes, sem exceção, viessem a desfrutar deste benefício em comum e, em parte, mostrar que a razão por que os incrédulos perecem em trevas é que, de iniciativa própria, abandonam *a luz*. Ora, se toda a sabedoria do mundo fosse reunida numa única massa, nem sequer um raio da verdadeira *luz* se acharia naquele vasto amontoado. mas ela não passará de confuso caos; pois pertence tão-somente a Cristo libertar-nos das trevas.

[12.47-50]
E se alguém ouvir minhas palavras, e não crer, eu não o julgo; porque eu vim, não para julgar o mundo, mas para salvar o mundo. Quem me rejeitar a mim, e não receber minhas palavras, já tem quem o julgue; a palavra que tenho pregado, essa o há de julgar no último dia. Porque eu não tenho falado de mim mesmo; mas o Pai, que me enviou, ele me deu mandamento

sobre o que hei de dizer e sobre o que hei de falar. E seu que seu mandamento é a vida eterna. Portanto, o que eu falo, falo-o como o Pai mo tem dito.

47. Se alguém ouvir minhas palavras. Depois de haver falado de sua graça e exortado seus discípulos a uma fé sólida, ele agora golpeia os rebeldes, ainda que mesmo aqui ele mitigue a severidade devida à perversidade dos que deliberadamente – por assim dizer – rejeitam a Deus; pois ele prorroga o anúncio do *juízo* sobre eles, porque, ao contrário, ele veio para a salvação de todos. Em primeiro lugar, devemos entender que aqui ele não fala de todos os incrédulos sem distinção, mas dos que, intencional e voluntariamente, rejeitam a doutrina do evangelho que lhes estava sendo exibida. Por que, pois, Cristo não decide condená-los? É porque ele descarta por algum tempo o ofício de *juiz*, e oferece a salvação a todos sem reserva e estende seus braços a abraçar a todos, para que todos fossem ainda mais encorajados ao arrependimento. E, no entanto, há uma circunstância não de pouca importância, pela qual ele realça a gravidade do crime, caso rejeitassem um convite tão bondoso e gracioso, pois é como se ele quisesse dizer: "Eis-me aqui a convidar a todos, e, ignorando o caráter de juiz, tenho este como meu único objetivo: persuadir a todos, e resgatar da destruição os que já estão duplamente arruinados". Ninguém, pois, é condenado em razão de haver desprezado o evangelho, exceto aquele que, desdenhando a amável mensagem de salvação, de iniciativa própria atraem sobre si a destruição.

O verbo *julgar*, como é evidente do verbo salvar, que é contrastado com ele, aqui significa *condenar*. Ora, isto deve ser entendido como uma referência ao ofício que própria e naturalmente pertence a Cristo; pois é acidental que os incrédulos não sejam mais severamente *condenados* por conta do evangelho, e não procede de sua natureza, como já dissemos em ocasiões anteriores.

48. Quem me rejeitar. Para que os perversos não se vangloriassem como se sua desbragada desobediência a Deus passasse impunemente, aqui ele adiciona uma terrível ameaça: que, embora ele não fosse fazer nada nesta questão, contudo sua doutrina, por si só, seria suficiente para condená-los, como afirma em outro lugar, que não haveria necessidade de qualquer outro juiz além de Moisés, em quem se vangloriavam [Jo 5.45]. O significado, pois, é este: "Ardendo com profundo desejo de promover vossa salvação, não me abstenho de exercer meu direito de condenar-vos, e me empenho inteiramente em salvar o que está perdido, porém não creio que tendes escapado das mãos de Deus; pois ainda que eu retenha inteiramente minha paz, *a palavra* por si só, a qual tendes desprezado, é suficiente para *julgar-vos*."

E não receber minhas palavras. Esta última cláusula é uma explanação da primeira; porque, visto que a hipocrisia é natural nos homens, nada lhes é mais fácil do que gabar-se verbalmente de que estão prontos a receber Cristo e vemos quão comum é tal vanglória, mesmo entre os mais perversos. Devemos, pois, atentar para esta definição: que Cristo é *rejeitado* quando não abraçamos a sã doutrina do evangelho.

Os papistas, em alto e bom som, proclamam esta palavra que Cristo pronunciou; mas tão logo se manifesta sua pura verdade, nada lhes é mais odioso. Tais pessoas osculam a Cristo do mesmo modo que Judas o osculou [Mt 26.49]. Portanto, aprendamos a recebê-lo juntamente com sua Palavra, e a render-lhe aquela homenagem e obediência que ele demanda como de seu exclusivo direito.

A palavra que eu tenho pregado, essa o há de julgar no último dia. É impossível dar um título mais magnificente ao evangelho do que atribuir-lhe o poder de julgar; porque, segundo estas palavras, o juízo final nada mais será do que uma aprovação ou ratificação[33] da doutrina do evangelho. Aliás, Cristo mesmo ascenderá ao tribunal, porém declara que pronunciará a sentença em conformidade com *a Palavra* que ora é pregada. Esta ameaça deveria desferir profundo terror nos

---

33 "Une approbation ou ratification."

ímpios, visto que não podem escapar ao *juízo* daquela doutrina da qual ora desdenham com descarada arrogância.

Mas, quando Cristo menciona o juízo final, seu intuito é dizer--lhes que no momento se acham destituídos de entendimento, pois lhes lembra que a punição que ora tratam com desdém será então publicamente exibida. Em contrapartida, para os santos ela produz uma inestimável consolação: não importa até que ponto sejam agora condenados pelo mundo, contudo, sem dúvida, já estão absolvidos no céu; porque, onde quer que a fé do evangelho tenha sua sede, o tribunal de Deus é erigido para salvar. Descansando neste direito, não carecemos de atribular-nos acerca dos papistas ou de suas decisões porque nossa fé sobe acima até mesmo dos anjos.

49. Porque eu não tenho falado de mim mesmo. Para que a aparência humana não diminua a majestade de Deus, Cristo com frequência nos remete ao Pai. Esta é a razão por que tão frequentemente menciona o Pai; e de fato, visto que seria ilícito transferir a outro uma única fagulha da glória divina, *a Palavra*, à qual se atribui *juízo*, teria procedido de Deus. Ora, Cristo, aqui, se distingue do Pai, não simplesmente quanto à sua Pessoa divina, mas, antes, quanto à sua carne; para que a doutrina não seja julgada em conformidade com o método humano, e por isso teria menos peso.

Mas, se as consciências estivessem sujeitas às leis e à doutrina dos homens, este argumento de Cristo não se aplicaria: "Minha palavra [diz ele] julgará, porque ela não procedeu do homem"; segundo àquele dito, "Não há legislador que seja capaz de salvar e de destruir" [Tg 4.12]. De outro modo poderíamos inferir disto quão monstruoso é o sacrilégio do papa em ousar obrigar as almas por suas invenções, pois desta maneira ele reivindica para si mais do que faz o Filho de Deus, o qual declara que não fala senão pelo mandamento de seu Pai.

50. E sei que seu mandamento é a vida eterna. Uma vez mais ele aplaude o fruto de sua doutrina, para que todos mais espontaneamente a obedeçam. E é razoável que os perversos sintam a vingança de Deus, a quem agora recusam ter como o Autor da vida.

Capítulo 13

[13.1-7]
Jesus, antes da festa da páscoa, sabendo que havia chegado sua hora de passar deste mundo para o Pai, tendo amado os seus que estavam no mundo, amou-os até o fim. E após a ceia,[1] tendo o diabo já posto no coração de Judas Iscariotes, filho de Simão, que o traísse, Jesus, sabendo que o Pai pusera todas as coisas em suas mãos, e que ele viera de Deus e iria para Deus, levantou-se da ceia e, tirando suas vestes e tomando uma toalha, cingiu-se. Então entornou água numa bacia e começou a lavar os pés de seus discípulos e a enxugá-los com a toalha com que se havia cingido. Chegou-se, pois, a Simão Pedro, que lhe disse: Senhor, tu lavas meus pés? Jesus respondeu e lhe disse: O que faço não o sabes agora, porém o saberás depois.

1. Antes da festa páscoa. João intencionalmente passa por alto muitas coisas que bem sabia já estarem relacionadas por Mateus e outros. Nem empreende explicar aquelas circunstâncias que tinham deixado sem menção, sendo uma das quais a narrativa da *lavagem dos pés*. E ainda que mais adiante ele explique mais claramente com que propósito Cristo lavou *os pés* a seus discípulos, não obstante, antes de fazer isso, ele declara de um só fôlego que o Senhor testificara, por meio desse sinal visível, que o amor com que ele os abraçava era sólido e perene; para que, embora se vissem privados de sua presen-

---
1 "Et apres avoir souppé" – "e depois de haver ceiado."

ça, pudessem ainda se convencer de que a morte em si não apagaria tal amor. Tal convicção deve agora mesmo estar bem fixa também em nosso coração.

Eis aqui as palavras: Cristo *amou os seus até o fim*, a saber, *até o fim do mundo*. Por que teria ele empregado essa circunlocução ao descrever os apóstolos, senão a fim de informar-nos que, em decorrência de seu engajamento, visto que nos encontramos em uma luta perigosa e difícil, Cristo os considerou com uma solicitude muito mais profunda? E portanto, mesmo que pensemos estar muito longe de Cristo, contudo devemos saber que ele está nos vigiando, pois *ele ama os seus que ainda estão no mundo* e não temos razão para duvidar que ele nutre a mesma afeição que nutria naquele exato momento de sua morte.

Passar deste mundo para o Pai é uma frase digna de observação, porquanto se refere ao conhecimento que Cristo tinha de sua morte e de sua *passagem* para o Pai celestial. E se, enquanto passava célere de um lado a outro, ele não cessou de amar *os seus* como costumava amar, não há razão para agora concluirmos que sua afeição sofreu mudança. Ora, visto ser ele o primogênito dos mortos, essa definição de morte se aplica a todo o corpo da Igreja, a saber, que ela é uma abertura ou passagem para ir a Deus, de quem agora os crentes se acham ausentes.[2]

2. Depois da ceia.[3] Mas adiante levaremos em consideração, em seu próprio lugar, todo o desígnio de Cristo em *lavar os pés* aos discípulos, bem como a vantagem que se deriva desta narrativa. Por ora atentemos para a conexão das palavras. O evangelista diz que isso foi feito enquanto Judas já havia resolvido trair a Cristo, não só para mostrar a prodigiosa paciência de Cristo, que pôde suportar *lavar os pés* a um traidor tão perverso e detestável, mas também que ele intencionalmente escolheu o tempo em que estivesse se avizinhando da morte para a realização do que se pode considerar como o último ato de sua vida.

---

2 "Que c'est une ouverture ou passage pour aller à Dieu."
3 "Et apres avoir souppé." – "E depois de haver ceado."

Tendo já o diabo posto no coração de Judas. Quando o evangelista afirma que Judas fora impelido pelo *diabo* a formar o desígnio de *trair* a Cristo, isso tende a exibir a enormidade do delito; pois era a mais terrível e atroz perversidade em que foi publicamente exibida a eficácia de Satanás. Aliás, não há perversidade perpetrada pelo homem a que Satanás não o incite; porém, quanto mais hediondo e execrável é o crime, mais devemos visualizar nele a fúria *do diabo*, o qual impulsiona, em todas as direções possíveis,[4] os homens que têm sido abandonados por Deus. Mas ainda que a luxúria dos homens seja acesa mais candentemente pela ventoinha de Satanás, contudo não cessa de ser uma fornalha; ela contém a chama acesa dentro de si mesma e recebe com avidez o movimento da ventoinha, de modo que nenhuma escusa é deixada para os homens perversos.

3. Sabendo Jesus que o Pai pusera todas as coisas em suas mãos. Sou de opinião que isso foi acrescido com o propósito de nos informar donde Cristo obteve uma compostura mental tão bem equilibrada. Foi porque, tendo já obtido vitória sobre a morte, ele elevou sua mente até o glorioso triunfo que viria imediatamente. Geralmente ocorre que os homens que se deixam apoderar pelo temor são grandemente agitados. O evangelista quer dizer que nenhuma agitação desse gênero era encontrada em Cristo, porque, ainda que ele estivesse para ser imediatamente traído por Judas, contudo ele sabia que *o Pai lhe havia dado todas as coisas em suas mãos*. É possível que alguém pergunte: _Como era possível que fosse reduzido a um grau tão extremo de tristeza ao ponto de suar sangue? Respondo que ambas as coisas eram necessárias. Era necessário que ele nutrisse medo da morte e era necessário que, a despeito desse fato, ele destemidamente cumprisse tudo quanto pertencia ao ofício de Mediador.

4. Tirando suas vestes. Significa que ele tirou sua *roupa para a ceia*, não seu *sobretudo*, porquanto sabemos que os habitantes dos países orientais usavam *vestes* longas.

---

4 "Sursum ac deorsum." – "Para cima e para baixo."

5. **E começou a lavar os pés a seus discípulos.** Estas palavras expressam o desígnio de Cristo, antes do ato externo, pois o evangelista acresce que ele começou com Pedro.
6. **Senhor, tu me lavas os pés?** Esta expressão denota forte repulsa pela ação, como sendo pueril e imprópria; pois ao perguntar sobre o que Cristo está fazendo, ele estende sua mão, por assim dizer, e o puxa para trás. A modéstia seria digna de louvor não fosse o fato de a obediência ser de maior valor aos olhos de Deus do que qualquer gênero de honra ou serviço, ou melhor, se a genuína regra da humildade não fosse render-nos a Deus em obediência e em manter todos nossos sentidos regulados por seu beneplácito, de modo que cada coisa que ele declara ser-lhe agradável seja também aprovada por nós, sem qualquer escrúpulo. Devemos, pois, acima de tudo, observar esta regra no serviço de Deus: que estaremos sempre prontos a aquiescer, sem delonga, tão logo ele emita alguma ordem.
7. **O que faço.** Com estas palavras somos instruídos que devemos simplesmente obedecer a Cristo mesmo quando não percebermos a razão por que ele quer que façamos isto ou aquilo. Numa casa bem estabelecida, uma pessoa, a cabeça da família, tem todo o direito de dizer o que se deve fazer e os servos são obrigados a empregar suas mãos e pés em seu serviço. Portanto, o homem que se recusa a obedecer à ordem divina, só porque não sabe a razão para a mesma, é extremamente arrogante. Esta admoestação, porém, tem um significado ainda mais extenso, a saber: que não devemos levar a mal sermos ignorantes daquelas coisas que Deus deseja que nos estejam ocultas por algum tempo, pois esse gênero de ignorante é mais sábio do que qualquer outro gênero de conhecimento, quando permitimos que Deus seja mais sábio que nós.

[13.8-11]
Disse-lhe Pedro: Nunca me lavarás os pés. Respondeu-lhe Jesus: Se eu não te lavar, não terás parte comigo. Disse-lhe Simão Pedro: Senhor, não só meus pés, mas também minhas mãos e

minha cabeça. Disse-lhe Jesus: Aquele que é lavado não carece que lhe seja lavado senão os pés, pois no mais está todo limpo; e vós estais limpos, porém nem todos. Pois ele sabia quem estava para traí-lo;[5] por isso disse: Nem todos estais limpos.

8. Nunca me lavarás os pés. Até aqui a modéstia de Pedro era justificável, ainda que não estivesse isenta de culpa, mas agora ele erra mais gravemente, quando é corrigido e não cede.[6] No entanto, é um erro comum que a ignorância seja estritamente seguida pela obstinação. Sem dúvida é uma justificativa plausível que a recusa proceda da reverência por Cristo. Visto, porém, que ele não obedece absolutamente à ordem, o mesmo desejo de demonstrar respeito por Cristo perde toda sua graciosidade. Portanto, a verdadeira sabedoria da fé consiste em aprovar e abraçar com reverência tudo quanto procede de Deus, como feito com propriedade e boa ordem; aliás, nem há alguma outra forma na qual seu nome possa ser santificado por nós, pois se não crermos que tudo quanto ele faz é por alguma boa razão, nossa carne, sendo inerentemente obstinada, murmurará continuamente e não tributará a Deus a honra que lhe é devida, a menos que seja restringida. Em suma, enquanto o homem não renunciar sua liberdade de julgar as obras de Deus, todos os esforços que porventura faça para honrar a Deus, não obstante o orgulho sempre se esconderá sob a máscara da humildade.

Se eu não te lavar os pés. Esta resposta de Cristo não explica ainda a razão por que ele resolveu *lavar os pés a seus discípulos*; simplesmente por uma comparação extraída da alma para o corpo, ele mostra que, ao lavar os pés a seus discípulos, ele nada faz que seja incomum ou inconsistente com sua posição. Certamente, a resposta realça a obtusidade da sabedoria de Pedro. A mesma coisa nos acontecerá sempre que o Senhor começar a contender conosco. Enquanto ele permane-

---

5 "Lequel c'estoit qui le trahiroit."
6 "Neantmoins il ne se deporte pas de contredire" – "não obstante, ele não cessa de contradizê-lo."

cer em silêncio, os homens imaginarão que possuem pleno direito de dissentir dele; porém nada lhe é mais fácil do que refutar, pelo uso de única palavra, todos os argumentos plausíveis que porventura empreguem. Visto ser Cristo o Senhor e Mestre, Pedro crê ser inconsistente que Cristo lave seus pés. Mas o mal é[7] que, ao recusar esse serviço, ele rejeita a principal parte de sua própria salvação. Há também uma doutrina geral contida nesta afirmação, a saber: que todos nós somos imundos e abomináveis aos olhos de Deus, até que Cristo *lave* nossas manchas. Ora, visto que ele reivindica para si o direito exclusivo de *lavar*, que cada pessoa se apresente para ser purificada de sua contaminação, para que possa obter um lugar entre os filhos de Deus.

Mas antes de avançar mais devemos entender o que está implícito no verbo *lavar*. Alguns o anexam ao perdão gratuito dos pecados; outros, à novidade de vida; enquanto uma terceira classe o estende a ambos os fatores, de bom grado admito este último conceito. Pois Cristo nos *lava* quando remove a culpa de nossos pecados por meio de seu sacrifício expiatório, para que não entremos em juízo na presença de Deus; e, em contrapartida, ele nos *lava* quando remove de nós, por seu Espírito, os desejos perversos e pecaminosos da carne. Mas como logo depois se fará evidente à luz do que se segue, a saber, que ele fala da graça da regeneração, não defendo absolutamente a opinião de que ele incluiu aqui a *lavagem* do perdão.

9. Senhor, não só meus pés. Ao ouvir Pedro que estaria arruinado se não aceitasse a purificação que lhe era oferecida por Cristo, esta necessidade provou, por fim, ser suficientemente instrutora para subjugá-lo. Ele, pois, descarta a oposição e se rende, porém deseja ser inteiramente lavado e de fato reconhece que, de sua parte, ele está totalmente invadido pela contaminação e por isso, de nada lhe adianta se for *lavado* somente em parte. Mas aqui ele também era pela precipitação tratando como algo de nenhum valor o benefício que já havia recebido, pois ele fala como se ainda não houvera obtido o perdão

---

7 "Mais voyci le mal."

dos pecados ou nenhuma santificação provinda do Espírito Santo. Por isso Cristo com razão o reprova chamando sua atenção para o que previamente lhe outorgara; ao mesmo tempo, recordando a todos seus discípulos na pessoa de um deles que, enquanto se lembrassem da graça que haviam recibo, considerassem aquilo de que ainda necessitavam para o futuro.

10. Aquele que se lavou não necessita de lavar-se mais senão seus pés, no mais está todo limpo. Em primeiro lugar, ele diz que os crentes estão *totalmente limpos*. Não que sejam puros em todos os aspectos, ao ponto de não mais restar neles mancha algum, mas porque estão limpos em sua parte principal, a saber, quando o pecado fica privado de seu poder governante, de modo que a justiça de Deus mantém a superioridade. É como se disséssemos que um corpo estava totalmente sadio por não estar infectado com alguma enfermidade universal. Portanto, é pela novidade de vida que dizemos que somos discípulos de Cristo, pois ele declara ser o Autor da pureza em todos seus seguidores.

Além disso, a outra comparação era também aplicável ao caso em mãos, para que Pedro não se esquivasse da lavagem *dos pés* como se fosse uma infantilidade; porque, como Cristo lava da cabeça aos *pés* a quem ele recebe como seu discípulo, assim, naqueles a quem ele já purificou, a parte inferior continua sendo diariamente purificada. Os filhos de Deus não são totalmente regenerados no primeiro dia ao ponto de nada mais almejarem senão a vida celestial, mas, ao contrário, resquícios carnais continuam a habitar neles, com os quais mantêm uma guerra contínua ao longo de toda sua vida. O termo *pés*, portanto, é metaforicamente aplicado a todas as paixões e preocupações pelas quais são postos em contato com o mundo; porque, se o Espírito Santo ocupasse cada parte de nosso ser, então não teríamos nada mais a ver com as contaminações do mundo; agora, porém, por aquela parte em que somos carnais, rastejamos pelo chão, ou pelo menos atolamos nossos pés na lama, e, portanto, somos em alguma medida impuros. Assim Cristo sempre acha em nós algo para purificar. O que é aqui expresso não se trata do perdão dos pecados, mas da renovação, através da qual Cristo, por meio de sucessão gradual e ininterrupta, liberta inteiramente seus seguidores dos desejos pecaminosos da carne.

E vós estais limpos. Pode-se dizer que esta proposição é a menor no silogismo, e daí se segue que a *lavagem dos pés* se aplica a eles com estrita propriedade.

Porém nem todos. Adiciona-se esta exceção para que cada um se examine e veja se Judas poderia, quem sabe, abalar-se por algum senso de arrependimento; ainda que ele [Jesus] tencionasse com isso aproveitar a primeira chance para fortificar os demais discípulos para que não se deixassem levar pela perplexidade ante a atrocidade do delito, o qual seria logo depois conhecido. Contudo intencionalmente se abstém de citá-lo pelo nome, para que não se fechasse contra ele a porta do arrependimento. Como aquele hipócrita[8] empedernido estava totalmente desesperado, a advertência só serviu para agravar sua culpa, porém a mesma foi de grande vantagem para os demais discípulos, pois por esse meio a divindade de Cristo se lhes tornou ainda mais plenamente conhecida, e assim também perceberam que a pureza não é um dom comum[9] do Espírito Santo.

[13.12-17]

Então, depois de haver lavado seus pés e de ter tomado suas vestes, ele assentou-se novamente à mesa,[10] disse-lhes: Sabeis o que eu vos fiz? Vós me chamais Mestre e Senhor; e dizeis bem, porque eu o sou. Ora, pois, eu que sou o Senhor e Mestre, vos lavei os pés, deveis também lavar os pés uns dos outros. Porque eu vos dei o exemplo para que, como eu vos fiz, fazeis o mesmo. Em verdade, em verdade vos digo, o servo não é maior

---

8 "Cest Hypocrite effronté."
9 Não é dado a todos indiscriminadamente, mas somente aos que têm a graça de crer e perseverar.
10 "Et [apres] qu'il se fut rassis à table" – "e [depois] que ele assentou-se novamente à mesa."

que seu seu senhor, nem o embaixador¹¹ maior que aquele que o enviou. Se sabeis essas coisas, felizes sois se as praticardes.

12. Então, depois de haver lavado seus pés. Cristo por fim explica qual era sua intenção ao lavar *os pés* aos discípulos; pois o que ele dissera sobre a lavagem espiritual era uma sorte de digressão de seu propósito principal. Não fora pela oposição feita por Pedro, Cristo não teria falado sobre esse tema. Portanto, agora ele exibe a razão do que fizera, a saber: se *aquele que é o Mestre e Senhor de todos deu exemplo*, então que seja seguido por todos os santos, para que ninguém nutra má vontade em prestar um serviço a seus irmãos e semelhantes, por mais inferior e humilhante seja tal serviço. Porque a razão pela qual o amor aos irmãos é desprezado consiste em que cada pessoa imagina ser mais importante do que realmente é, e em desprezar quase todas as demais pessoas. Tampouco pretendia ele meramente inculcar modéstia, mas também estabelecer esta regra de amor fraternal, para que sirvamos uns aos outros; porquanto não há amor fraternal onde não haja sujeição voluntária na assistência ao próximo.

Sabeis o que eu fiz? Notamos que Cristo, por breve tempo, ocultara sua intenção de seus discípulos, mas que, depois de haver testado sua obediência, oportunamente revelou-lhes aquilo que lhes era conveniente saber previamente. Tampouco espera agora que perguntem, senão que intencionalmente os antecipa. O mesmo também experimentaremos nós, desde que nos deixemos ser guiados por sua mão, ainda que ignoremos a trajetória.

14. Ora, pois, se eu sou o Senhor e Mestre. Este é um argumento do maior para o menor. O orgulho nos impede de manter aquela igualdade que deve existir entre nós. Cristo, porém, que é exaltado muito acima de todos os demais, se rebaixa a fim de que o orgulho dos homens seja humilhado, os quais, esquecendo seu estado e condição, ignoram que são obrigados a manter relacionamento com seus irmãos.

---

11 "Apostolus" – "l'ambassadeur."

Pois o que um mortal imagina ser quando se recusa a levar as cargas dos irmãos, a acomodar-se a seus hábitos e, em suma, a exercer aqueles ofícios por meio dos quais a unidade da Igreja é mantida? Em suma, ele quer dizer que a pessoa que crê não se deve associar aos irmãos fracos sob a condição de submeter-se solidária e gentilmente mesmo aos ofícios que parecem ser humildes, reivindica mais do que realmente tem direito, e ainda nutre opinião mui elevada a seu respeito,[12]

15. Porque eu vos dei o exemplo. Merece nossa atenção o fato de Cristo dizer que ele *deu o exemplo*; pois não temos a liberdade de encarar todas suas ações, sem reserva, como pontos de imitação. Os papistas se vangloriam de que, mediante o exemplo de Cristo, observam quarenta dias de jejum ou Quaresma. Mas devemos, em primeiro lugar, observar se ele pretendia ou não estabelecer sua abstinência como um exemplo para que os discípulos se conformassem a ela como uma norma. Não lemos nada desse gênero, e, portanto, tal imitação não é menos ímpia do que se tentassem voar para o céu. Além disso, quando deviam ter seguido a Cristo, deixaram de ser seus imitadores para serem símios. Todo ano eles têm uma forma de lavar os pés a algumas pessoas, como se fosse uma farsa que representassem no teatro;[13] e assim, quando terminam de realizar essa cerimônia fútil e irracional, acreditam que cumpriram plenamente seu dever e se consideram em liberdade de desprezar seus irmãos durante o resto do ano.[14] Mas – o que é muito pior[15] –, depois de haver lavado os pés de doze pessoas, sujeitam cada membro de Cristo a cruel tortura e assim cospem na face de Cristo. Portanto, essa exibição de bufonaria nada mais é do que uma ignominiosa zombaria dirigida a Cristo. Em todos os eventos, Cristo não ordena aqui uma cerimônia anual, mas nos convida a nos prontificarmos, ao longo de toda nossa vida, a lavar os pés de nossos irmãos e semelhantes.[16]

---

12 "Cestuy-là s'attribue plus qu'il ne faut, et fait trop grand conte de soy."
13 "Comme s'ils jouyoient une farce sur des eschaffauts."
14 "Tout le reste de l'an."
15 "Il y a bien pis."
16 "De nos freres et prochains."

16. **Em verdade, em verdade eu vos digo.** Estes são ditos proverbiais, os quais admitem uma explicação muito mais extensa, porém que devem acomodar-se ao caso em mãos. Em minha opinião, portanto, está equivocado quem os supõe como sendo de uma aceitação geral, como se Cristo estivesse agora exortando a seus discípulos a suportarem a cruz; pois é mais correto dizer que ele os empregou para que servissem a seu propósito.

17. **Se sabeis essas coisas.** Ele os declara *felizes se souberem e praticarem essas coisas*, pois o *conhecimento* não tem o direito de ser chamado genuíno, a menos que produza tal efeito nos crentes, ao ponto de levá-los a conformar-se a sua Cabeça. Ao contrário, é uma fútil imaginação quando consideramos Cristo e as coisas que pertencem a Cristo como separados de nós. Podemos inferir disto que enquanto uma pessoa não aprender a dedicar-se a seus irmãos, não conhece a Cristo como *o Mestre*. Visto que ninguém há que cumpra seu dever em relação a seus irmãos em todos os aspectos, e visto que há muitos que são displicentes e indolentes no ofício da fraternidade, isso nos mostra que estamos ainda muito longe da plena luz da fé.

[13.18-20]

Não falo de todos vós; conheço os que escolhi; mas para que se cumpra a Escritura: Aquele que come pão comigo levantou contra mim seu calcanhar. Digo-vos isso agora antes que aconteça, para que quando acontecer, creiais que eu sou.[17] Em verdade, em verdade eu vos digo, se alguém receber aquele que eu enviar, esse me recebe; e o que me recebe, recebe aquele que me enviou.

18. **Não falo de todos vós.** Ele uma vez mais declara que há um entre os discípulos que, na realidade, é o próprio oposto de um discípulo; e ele fala assim em parte por causa de Judas, a fim de torná-lo

---

17 "Que ce suis-je" – "Que eu sou ele."

ainda mais indesculpável; e em parte por causa dos demais, para que não sucumbam ante a ruína de Judas. Ele não só os encoraja perseverarem em sua vocação quando Judas apostatar, mas, como a felicidade de que ele fala não é comum a todos, ele também os exorta a desejarem-na com a máxima solicitude e a aderirem a ela com a máxima firmeza.

Conheço os que escolhi. Esta mesma circunstância – de que perseverarão – ele a atribui à *eleição* deles. Pela virtude humana, sendo o homem frágil, ela tremularia em meio à mais tênue brisa e ruiria pelo mais frágil golpe, se o Senhor não a sustentasse com sua mão. Mas, como ele governa aos que elegeu, todos os engenhos que porventura Satanás empregue não os impedirão de perseverar até o fim com firmeza inabalável. E ele não atribui à eleição a perseverança deles, mas igualmente o princípio de sua piedade. Donde se dá que determinada pessoa, e não outra, devote-se à Palavra de Deus? É porque a mesma foi eleita. Ainda, donde se dá que essa mesma pessoa faça progresso e continue a levar uma vida saudável e santa, senão por ser imutável o propósito divino na consumação da obra que foi iniciada por sua mão? Em suma, esta é a fonte da distinção entre os filhos de Deus e os incrédulos, a saber: que os primeiros são atraídos à salvação pelo Espírito de adoção, enquanto os últimos se apressam para a destruição, movidos por sua carne, a qual não está sob restrição. Do contrário, Cristo teria dito: "Eu sei que tipo de pessoa cada um de vós é"; mas para que nada reivindicassem para si, mas, ao contrário, reconhecessem que, pela graça de Deus somente, e não por sua própria virtude, diferem de Judas, ele põe diante deles aquela eleição pela soberana graça sobre a qual estão fundados. Portanto, aprendamos que cada parte de nossa salvação depende da eleição.

Em outra passagem ele inclui Judas no número dos *eleitos*. *Não vos escolhi [ou elegi] em número de doze? E um de vós é diabo* [Jo 6.17]. Mas nessa passagem a forma de expressão, ainda que diferente, não é oposta; pois ali a palavra denota uma *eleição* temporária, pela qual

Deus nos designa para alguma obra particular; da mesma forma como Saulo que foi *eleito* para ser rei, e, contudo era réprobo. Aqui, porém, Cristo fala da *eleição* eterna, pela qual nos tornamos filhos de Deus e pela qual Deus nos predestinou para a vida antes da criação do mundo. E de fato os réprobos são às vezes revestidos por Deus com os dons do Espírito para a execução do ofício com que ele os reveste. Assim, em Saul, percebemos, por algum tempo, o fulgor das virtudes régias; e assim também Judas foi distinguido por dons eminentes, sendo os mesmos adaptados para um apóstolo de Cristo. Mas isso é amplamente diferente da santificação do Espírito Santo, a qual o Senhor a ninguém outorga senão a seus próprios filhos pois ele os renova no entendimento e no coração, para que sejam santos e irrepreensíveis diante dele. Além disso, essa santificação tem uma profunda raiz neles, a qual não pode ser removida; porque a adoção divina é sem arrependimento.[18] Entrementes, consideremos como um ponto estabelecido que ela resulta da eleição divina, quando, tendo abraçado pela fé a doutrina de Cristo, também a seguimos durante toda nossa vida e que esta é a única causa de nossa felicidade, pela qual somos distinguidos dos réprobos. Porque eles, sendo destituídos da graça do Espírito, perecem miseravelmente, enquanto temos Cristo por nosso guardião, o qual nos guia com sua mão e nos sustenta com seu poder.

Além disso, Cristo dá aqui uma clara prova de sua Deidade. Em primeiro lugar, quando declara que ele não julga segundo o método dos homens; e, em segundo lugar, quando ele declara ser o Autor da *eleição*. Porque ao dizer, "*Eu conheço*" o *conhecimento* de que ele fala pertence peculiarmente a Deus, mas a segunda prova – contida nas palavras "*os que escolhi"* – é muito mais poderosa, porque ele testifica que aqueles a quem ele *elegeu* antes da criação do mundo foram *eleitos* por ele mesmo. Uma demonstração tão notável de seu poder divino deve afetar-nos mais profundamente do que se a Escritura o denominasse centenas de vezes e diretamente *Deus*.

---

18 Sem qualquer possibilidade de cancelamento, porquanto é consumada pelo Deus imutável e que não pode mentir.

Para que se cumpra a Escritura. Poder-se-ia imaginar ser impróprio que alguém fosse *eleito* para uma posição de tanta eminência sem, contudo, possuir a verdadeira piedade; pois poder-se-ia prontamente objetar: Por que Cristo não elegeu alguém a quem ele tencionava admitir no número dos apóstolos? Ou, melhor: Por que ele designou um homem para ser apóstolo, o qual bem sabia viria ser tão ímpio? Ele explica que isso teria ocorrido porque fora predito; ou, pelo menos, que não era uma ocorrência inusitada, porquanto Davi experimentara a mesma coisa. Pois alguns creem que ela é uma predição citada, que propriamente se aplica a Cristo; enquanto outros creem que a mesma não passa de uma comparação que, como Davi foi vilmente traído por um inimigo particular, assim uma condição afim aguarda os filhos de Deus. Segundo os últimos, o significado seria: "Que um de meus discípulos impiamente traía seu Mestre. Não é o primeiro caso de traição que se deu no mundo; mas, ao contrário, agora experimentamos o que a Escritura declara ter ocorrido nos tempos antigos." Mas, como em Davi se prefigurou o que mais tarde seria visto mais plenamente em Cristo, prontamente concordo com os primeiros expositores, os quais pensam que este foi estritamente o cumprimento daquilo que Davi, pelo Espírito de profecia, previra [Sl 41.9]. Além disso, alguns são de opinião que a sentença em análise não contém um sentido completo, e necessita de um verbo principal para completá-la. Mas se a lermos de forma contínua: *Para que a Escritura se cumpra: Aquele que come pão comigo levantou contra mim seu calcanhar*, não fica faltando nada.

Levantar o calcanhar é uma expressão metafórica, e significa atacar uma pessoa de uma maneira imperceptível, sob o pretexto de amizade, de modo a ganhar vantagem sobre ela quando não estiver em guarda. Ora, o que Cristo sofreu, ele, que é nossa Cabeça e Modelo, e nós, que somos seus membros, devemos suportar com paciência. E de fato em geral tem ocorrido na Igreja em quase todas as épocas, que ela não tem tido inimigos mais inveterados do que os membros da Igreja; e, portanto, para que os crentes não tenham suas mentes perturbadas por perversidade tão atroz, então que se acostumem antes de tudo suportar os ataques dos traidores.

19. Eu vos digo isso agora antes que aconteça. Com esta afirmação ele lembra a seus discípulos que, quando um deles se tornar um réprobo, isso está longe de ser uma boa razão para se sentirem desencorajados; ao contrário, devem ter nesse fato uma confirmação mais plena de sua fé. Pois se não virmos ante nossos olhos, na Igreja, o que foi predito sobre suas angústias e lutas, é possível que surja dúvida em nossas mentes: O que foi feito das profecias? Mas quando a veracidade da Escritura se harmoniza com nossas experiências diárias,[19] então percebemos mais claramente que Deus tem cuidado de nós e que somos governados por sua providência.

Para que creiais que eu sou.[20] Com esta frase, "*que eu sou*", ele quer dizer que é o Messias que fora prometido; não que a conduta de Judas, como traidor, tenha sido o primeiro evento que levou os discípulos ao exercício de sua fé, mas porque sua fé fez maior progresso quando chegaram a experimentar aquelas coisas que previamente ouviram dos lábios de Cristo. Ora, isso pode ser explicado de duas formas: ou que Cristo diz que crerão depois que houver acontecido, porque nada existe que lhe fosse oculto, ou nada lhe faltará de tudo o que a Escritura testifica concernente a Cristo. Como as duas interpretações se harmonizam bem, deixo a meus leitores a liberdade de decidirem qual delas preferirão.

20. Em verdade, em verdade eu vos digo. Nestas palavras, ou o evangelista relata um discurso sobre um tema distinto, e em um estado interrompido e imperfeito, ou Cristo pretendia enfrentar a escândalo que igualmente estava para surgir do delito de Judas, pois o evangelista nem sempre exibe o discurso de Cristo em sucessões ininterruptas, mas às vezes acumula uma variedade de afirmações. É mais provável, contudo, que Cristo pretendesse remediar o escândalo. Há também boa evidência de que somos bem propensos a deixar-nos ferir pelos maus exemplos; porque, em decorrência desse fato, a revolta de alguém in-

---

[19] "Avec l'experience qui se presente aujourdhui devant nos yeux" – "com a experiência que é exibida diante de nossos olhos em nossos dias."
[20] "A fin que vous croyez que ce suis-je" – "para que creiais que eu sou ele."

flige uma ferida mortal em outros duzentos, enquanto a prontidão de dez ou vinte santos dificilmente edifica um único indivíduo. Por isso, enquanto Cristo colocava tal monstro diante dos olhos dos discípulos, era também necessário que ele estendesse sua mão para eles, para que, abalados pela novidade, não retrocedessem. Tampouco foi só por essa conta que ele disse isso, mas também previa a vantagem dos que viessem depois; porque do contrário a lembrança de Judas poderia, ainda nos dias atuais, trazer-nos graves prejuízos. Quando o diabo não consegue alienar-nos de Cristo provocando ódio por sua doutrina, ele desperta a aversão ou o desprezo dos próprios ministros.

Ora, esta admoestação de Cristo mostra que é irracional que a impiedade de alguém, cuja conduta é perversa ou inconveniente a seu ofício, por fim diminua a autoridade apostólica. A razão é que devemos contemplar a Deus, o Autor do ministério, em quem, certamente, nada encontramos que nos dê o direito de desprezá-lo; e também devemos contemplar a Cristo que, tendo sido designado pelo Pai para ser o único Mestre, fala por seus apóstolos. Quem quer, pois, que não se digne de receber os ministros do evangelho, rejeita a Cristo neles, e rejeitam a Deus em Cristo.

Os papistas agem de forma insensata e ridícula quando se esforçam em obter esse aplauso para si a fim de exercer sua tirania. Pois, em primeiro lugar, se adornam com plumagens mendigadas e emprestadas, não tendo qualquer semelhança com os apóstolos de Cristo; e, em segundo lugar, admitindo que são apóstolos, nada estava mais longe da intenção de Cristo, nesta passagem, do que transferir para os homens seus próprios direitos, pois que outra coisa é receber os que Cristo envia senão dar-lhes espaço para que cumpram o ofício que lhes fora confiado?

[13.21-29]

Tendo Jesus dito essas palavras, turbou-se em espírito e testificou, dizendo: Em verdade, em verdade eu vos digo, que um de vós me trairá. Os discípulos, pois, se entreolharam, duvidando de quem ele falava. E um dos discípulos, a quem Jesus amava, estava à mesa reclinado ao peito de Jesus. Por isso Simão Pedro fez-lhe um sinal, para que perguntasse de quem ele falava. Portanto, reclinado no peito de Jesus, ele lhe disse: Senhor, quem é ele? Respondeu Jesus: É aquele a quem eu der o bocado molhado; e assim que ele molhou o bocado, deu-o a Judas Iscariotes, filho de Simão. E após o bocado, Satanás entrou nele. Então disse-lhe Jesus: O que fazes, faze-o depressa. Porque, como Judas tinha a bolsa, pensavam alguns que Jesus lhe dissera: Compra as coisas que nos são necessárias para a festa; ou que desse alguma coisa aos pobres.

21. Tendo Jesus dito essas palavras. Quanto mais sagrado se apresenta o ofício apostólico e mais elevada sua dignidade, mais execrável e detestável se nos afigura a traição de Judas. Um crime tão monstruoso e detestável abalou o próprio Cristo com horror, quando viu a que ponto a incrível perversidade de um homem maculara aquela sacra ordem na qual a majestade divina deveria ter brilhado com fulgor. O mesmo propósito tem o que o evangelista acrescenta: ele *testificou*. Sua intenção é dizer que a ação era tão monstruosa que a mera menção dela não poderia ser imediatamente crida.

Ele turbou-se em espírito. O evangelista diz que Cristo *turbou-se em espírito*, com o fim de informar-nos que ele, no semblante e linguagem, não assumiu meramente a aparência de um homem que se mostrava *turbado*, mas que ele ficou profundamente comovido em sua mente. *Espírito*, aqui, denota o entendimento ou a alma, pois não concorda com a opinião daqueles que o explicam como se Cristo se visse impelido por violento impulso do Espírito Santo a falar em tais termos. Prontamente reconheço que todas as emoções de Cristo eram guiadas pelo *Espírito* Santo; o sentido do evangelista, porém, é diferente, ou, seja: este sofrimento de Cristo era íntimo, e não era fingido; e nos é de grande importância saber isso, porque seu zelo é mantido para nossa imitação, para que sejamos movidos de profundo horror antes os monstros que subvertem a sacra ordem divina e da Igreja de Cristo.

22. Os discípulos, pois, se entreolharam. Aqueles que não têm ciência de crime algum não se convencem facilmente pelo que Cristo disse. Somente Judas é bastante estúpido em sua malícia ao ponto de mostrar-se insensível. A autoridade de Cristo era tida em estima tão elevada pelos discípulos, que estavam plenamente convencidos de que ele nada diria sem uma justa razão; Satanás, porém, expulsou do coração de Judas toda reverência, de modo que o mesmo se tornara mais duro que uma rocha ao ponto de rejeitar toda e qualquer admoestação. E ainda que Cristo parecesse um tanto cruel em infligir tal tortura, por certo tempo, naqueles que eram inocentes, não obstante, como a ansiedade desse gênero lhes era proveitosa, Cristo não os feriu. É próprio que, quando os filhos de Deus ouvem a sentença dos ímpios, se sintam intranquilos, para que detidamente se examinem e se guardem contra a hipocrisia; pois isso lhes propicia uma oportunidade de perscrutar sua vida.

Esta passagem mostra que às vezes devemos reprovar os ímpios de uma maneira que não lhes apontemos diretamente o dedo, até que Deus, por sua própria mão, os arraste para a luz. Pois ocorre que há enfermidades secretas na Igreja, as quais não temos a liberdade de desmascarar. E, contudo, a perversidade dos homens não está tão madura ao ponto de ser exposta publicamente. Em tais casos, devemos tomar esta vereda mediana.

23. A quem Jesus amava. O *amor* peculiar que Cristo nutria por João testifica claramente que, se *amamos* a uns mais que a outros, isso nem sempre é inconsistente com o amor fraternal; mas a questão consiste nisto: nosso amor deve ser direcionado para Deus, e que cada pessoa, na proporção que excele nos dons divinos, deve participar dele o máximo possível. De tal propósito Cristo nunca se desviou no mínimo grau; porém conosco o caso é muitíssimo diferente, pois tal é a vaidade de nossa mente, que há poucos que, ao expressar seu amor humano, se chegam bem perto de Deus. E, contudo, o amor dos homens uns pelos outros nunca será regulado com propriedade, a menos que seja direcionado para Deus.

À mesa, reclinado no peito de Jesus. O que aqui se relata por João pode ser considerado na atualidade como sendo indecoroso; naquele tempo, porém, essa era a forma de sentar *à mesa*, pois não se sentavam *à mesa* como fazemos, mas tendo tirado seus calçados, ficavam meio estendidos, *reclinados* em pequenos divãs.

26. Para quem eu der o bocado molhado. Pode-se perguntar a que propósito servia dar um *bocado molhado*, para pôr o traidor a descoberto, quando Cristo poderia ter-lhe apontado francamente chamando-o pelo nome, caso quisesse torná-lo conhecido. Minha resposta é que o sinal era de uma natureza tal que o mesmo revelava Judas apenas a uma pessoa e não o exibia imediatamente à vista de todos. Mas era vantajoso que João fosse testemunha desse fato, a fim de que pudesse mais tarde revelá-lo a outros no tempo oportuno. E Cristo intencionalmente delonga fazer Judas publicamente notório, para que, quando os hipócritas se ocultarem, possamos suportar com mais paciência, até que o mesmo seja trazido à plena luz. Vemos Judas sentados entre os demais, e não obstante era condenado pelos lábios do Juiz. Em nenhum aspecto é melhor a condição dos que tomam assento entre os filhos de Deus.

27. Satanás entrou nele. Como é certo que só foi por instigação de Satanás que Judas arquitetou o desígnio de cometer tão hediondo crime, porque se diz agora, pela primeira vez, que *Satanás entrou nele*, quando o trono dele se já havia estabelecido seu trono em seu coração? Mas, como os que são mais plenamente confirmados na fé que anteriormente já possuíam, às vezes nos é dito que *creem*, e assim um aumento de sua fé é chamado *fé*, assim agora que Judas é inteiramente entregue a Satanás, ao ponto de apressar-se com veemente impetuosidade a todo extremo de males, lemos que *Satanás entrou nele*. Pois como os santos fazem progresso gradual, e à medida que novos dons com que são continuamente enriquecidos, lemos que estão cheios do Espírito Santo, assim, à medida que os perversos provocam a ira de Deus contra si mesmos, por meio de sua ingratidão, o Senhor os priva de seu Espírito, de toda a luz da razão e, aliás, de todo sentimento humano, e os entrega meritoriamente a *Satanás*. Essa é a terrível vingança de Deus: quando *os homens são entregues por Deus a uma mente reprovável* [Rm 1.28], de modo que dificilmente diferem das próprias bestas selvagens, e – o que é ainda pior – caem em horríveis delitos dos quais os próprios brutos se esquivariam. Devemos, pois, andar diligentemente no temor do Senhor para que, se apoucarmos sua bondade por nossa perversidade, por fim não nos entregue à fúria de Satanás.

Pela expressão, *dar o bocado*, Cristo não deu a Satanás uma chance, mas, antes, Judas, *tendo recebido o bocado*, entregou-se inteiramente a Satanás. De fato ele constituiu a ocasião, porém não a causa. Seu coração, que era mais duro que o aço, teria sido abrandado por tão imensa bondade que lhe fora demonstrada por Cristo; e agora seu desespero e incurável obstinação merecem que Deus, por seu justo juízo, endureça seu coração ainda mais através de Satanás. E assim, quando por atos de bondade para com os inimigos *amontoamos brasas de fogo sobre suas cabeças* [Rm 12.20], se mostram totalmente incuráveis, eles se tornam ainda mais enfurecidos e inflamados[21] para sua destruição. E, no entanto, nenhuma culpa se deve, por isso, a nossa bondade, por meio da qual seus corações deveriam ter-se inflamado para nos amar.

Agostinho estava equivocado ao pensar que esse bocado era um emblema do corpo de Cristo, visto que não foi durante a Ceia do Senhor que o mesmo foi dado a Judas. É também uma tola quimera imaginar que o diabo entrou essencialmente – como a frase indica – em Judas; pois o evangelista fala apenas do poder e eficácia de Satanás. Tal exemplo nos lembra quão terrível castigo aguarda a todos quantos profanam os dons do Senhor usando-os mal.

O que fazes, faze-o depressa. A exortação dirigida por Cristo a Judas não é de uma natureza tal que se possa considerá-la como incitando-o a praticar a ação; ao contrário, é a linguagem de alguém

---

21 "Ils se despitent et enflamment davantage."

que vê o crime com horror e repugnância.²² Até aqui ele tudo fizera, usando vários métodos, para reconduzi-lo, porém sem qualquer resultado. Agora ele lhe fala com a um homem irremediavelmente perdido: "Caminha para a destruição, já que resolveste ir diretamente para a destruição." E, ao agir assim, ele executa seu ofício de juiz, que condena à morte, não os que ele de bom grado deseja que se arruínem, mas os que já se arruinaram por sua própria culpa. Em suma, Cristo não expõe Judas à necessidade de perecer, mas o declara como sendo o que previamente já era.

28. Nenhum dos que estavam à mesa. Ou João ainda não dissera aos outros o que Cristo lhe dissera, ou estavam tão abalados que perderam o equilíbrio mental. Aliás, é bem provável que João mesmo estivesse quase fora de si. Mas o que então aconteceu aos discípulos, frequentemente vemos ocorrer na Igreja, a saber: que poucos dentre os crentes discernem os hipócritas a quem o Senhor com voz audível condena.

29. Ou que desse algo aos pobres. É bastante claro à luz de outras passagens quão grande era a pobreza de Cristo, e, contudo, do pouco que tinha, ele *dava alguma coisa aos pobres*, a fim de deixar-nos estabelecida uma norma; pois os apóstolos não teriam conjeturado que ele poderia ter falado sobre os pobres, caso não fosse seu costume usual oferecer lenitivo *aos pobres*.

[13.30-35]
Quando, pois, ele recebeu o bocado, saiu imediatamente; e era noite. Tendo ele, pois, saído, disse Jesus: Agora o Filho do homem é glorificado, e Deus é glorificado nele. Se Deus é glorificado nele, Deus também o glorificará nele mesmo, e imediatamente o glorificará. Filhinhos, ainda por um pouco eu estou convosco. Buscar-me-eis, e, como eu disse aos judeus, para onde eu vou não podeis ir, eu vo-lo digo também agora.

---

22 "C'est plustost la parole d'un homme qui a en horreur et detestation quelque forfait."

Um novo mandamento eu vos dou: que ameis uns aos outros; como eu vos amei, que também vos ameis uns aos outros. E assim todos os homens saberão que sois meus discípulos, se amardes uns aos outros.

31. Agora o Filho do homem é glorificado. A hora final estava chegando; Cristo sabia que as mentes de seus discípulos estavam muito enfraquecidas e por isso ele procurou, de todas as formas possíveis, apoiá-los para que não desfalecessem. Ainda hoje a lembrança da cruz de Cristo é suficiente para fazer-nos tremer, não fôssemos prontamente nutridos pela consolação de que ele triunfou na cruz, tendo obtido vitória sobre Satanás, o pecado e a morte. Então, o que poderia ter sucedido aos apóstolos ao verem o Senhor sendo arrastado à cruz, acumulado com todo gênero de ignomínia? Não poderia uma exibição tão melancólica e revoltante os haver esmagado centenas de vezes? Cristo, pois, munindo-se contra tal perigo, os afasta do aspecto externo da morte para seu fruto espiritual. Não importa qual fosse, pois, a ignomínia que pudessem ter visto na cruz, qualificada a confundir os crentes, não obstante Cristo testifica que a mesma cruz traz-lhe glória e honra.[23]

E Deus é glorificado nele. Esta sentença, que imediatamente segue a outra, é adicionada asob o pretexto de confirmação; pois era uma afirmação paradoxal dizer que *a glória do Filho do homem* era oriunda de uma morte que entre os homens era tida como ignominiosa, e inclusive era maldita aos olhos de Deus. Ele mostra, pois, de que forma obteria de tal gênero de morte glória para si. A razão consiste em que, através dela[24], ele glorifica a Deus o Pai; pois na cruz de Cristo, como num magnificente teatro, a inestimável bondade de Deus é exibida diante do mundo inteiro. Em todas as criaturas, de fato, tanto elevadas quanto humildes, a glória de Deus resplandece, porém em parte alguma ela resplandeceu mais gloriosamente do que na cruz, no

---

23 "Luy est glorieuse et honorable."
24 "Par icelle."

fato de que ali houve uma extraordinária mudança de coisas, sendo ali manifesta a condenação de todos os homens, o pecado sendo apagado, a salvação sendo restaurada nos homens; e, em suma, o mundo inteiro foi renovado e cada coisa restaurada à boa ordem. **Nele**. Ainda que a preposição (ἐν) *em* seja normalmente usada no lugar do hebraico ב, e, em tais casos, é equivalente a *por*, contudo preferi traduzi-la simplesmente *Deus é glorificado em o Filho do homem*; porque em minha visão a frase é muito mais enfática. Ao dizer, *e Deus é glorificado*, o significado, como o vejo, é *por Deus é glorificado*.

32. Se Deus é glorificado. Cristo conclui que ele obterá, por meio de sua morte, um glorioso triunfo; porque seu único desígnio nela é *glorificar a seu Pai*; pois o Pai não buscou sua *glória* na morte de seu Filho de uma maneira tal que não fizesse o Filho participante dessa mesma *glória*. Portanto, ele promete que, quando a ignomínia que suportará por um breve tempo for dissipada, eminente honra se exibirá em sua morte. E isso foi também concretizado; pois a morte na cruz, a qual Cristo sofreu, longe está de obscurecer sua majestade celestial; aliás, nessa morte sua majestade é primordialmente exibida, visto que ali seu espantoso amor pela humanidade, sua infinita justiça em fazer expiação pelo pecado e aplacar a ira de Deus, seu maravilhoso poder em vencer a morte, subjugar Satanás e, por fim, descerrar o céu, luziram com pleno fulgor. Esta doutrina agora se estende também a todos nós; pois ainda que o mundo inteiro conspire cobrir-nos com infâmia, não obstante, se sincera e honestamente lutarmos em promover a glória de Deus, não tenhamos a menor dúvida de que Deus também nos glorificará.

E imediatamente o glorificará. Cristo intensifica a consolação através de um argumento extraído da brevidade do tempo, ao prometer que ela ocorrerá *imediatamente*. E ainda que essa glória tivesse início no dia de sua ressurreição, contudo o que principalmente se descreve aqui é a extensão dela, que seguiu *imediatamente* depois, quando, ressuscitando dentre os mortos pelo poder do evangelho e de seu Espírito, ele criou para si um novo povo, pois a honra que peculiarmente pertence à morte de Cristo está no fruto que dela emanou para a salvação dos homens.

33. Filhinhos, ainda por um pouco estou convosco. Como era impossível que os discípulos não estivessem profundamente entristecidos com a partida de seu Mestre, assim ele lhes faz uma advertência inicial de que não mais estará com eles e, ao mesmo tempo, os exorta à paciência. Finalmente, para remover um inoportuno ardor do desejo, ele declara que não poderão segui-lo imediatamente. Ao tratá-los como *filhinhos*, ele mostra, com essa amável designação, que sua razão para apartar-se deles não significa que ele tenha pouca preocupação pelo seu bem-estar, porquanto os ama de maneira muito terna. Aliás, o objetivo que ele tinha em mente ao vestir-se de nossa carne era para que fosse nosso irmão, pois com esse outro título ele expressa mais fortemente o ardor de seu amor.

Como eu disse aos judeus. Ao dizer que ele lhes reitera o que previamente *dissera aos judeus*, isso procede no que tange às palavras, porém há uma ampla diferença no significado; pois ele declara que não podem segui-lo, para que pudessem suportar pacientemente sua ausência temporária, e, por assim dizer, os refreia para que perseverassem em seu ofício até que concluíssem sua luta terrena; de modo que ele não os exclui perpetuamente, como fez com os judeus, do reino de Deus, mas apenas os convida a aguardarem pacientemente, até que fossem conduzidos, juntamente com ele, ao reino celestial.

34. Um novo mandamento vos dou. À consolação ele acrescenta uma exortação: **para que vos ameis uns aos outros**; como se quisesse dizer: "Ainda que por algum tempo estarei ausente de vós, quanto ao corpo, testifico que, pelo amor mútuo, eu não vos ensinei em vão; que isso vos sirva de constante estudo, de principal meditação." Por que ele o denomina de *novo mandamento*? Nem todos estão de acordo sobre este ponto. Há quem suponha que a razão seja que, enquanto a injunção previamente contida na lei sobre o amor fraternal era literal e externa, Cristo a escreveu de novo, por seu Espírito, nos corações dos crentes. E assim, segundo essa opinião, a lei é *nova*, porque ele a publica numa forma *nova*, para que tenha pleno vigor. Em minha opinião, porém, isso é artificial e discordante com a intenção de Cristo. A exposição feita por outros é que, embora a lei nos dirija ao exercício do *amor*, não obstante, visto que nela a doutrina do amor fraternal se acha envolta por muitas cerimônias e anexos, ela não é claramente exibida. Mas, em contrapartida, que a perfeição no *amor* é estabelecida no evangelho sem quaisquer sombras. Em minha opinião pessoal, ainda que absolutamente não rejeite tal interpretação, considero o que Cristo disse como sendo mais simples; pois sabemos que as leis são mais cuidadosamente observadas no mandamento, mas gradualmente escapa da memória dos homens, até que, por fim, se tornam obsoletas. Portanto, a fim de imprimir mais profundamente nas mentes de seus discípulos a doutrina do amor fraternal, Cristo a recomenda com ênfase na novidade; como se quisesse dizer: "Eu quero que vos lembreis continuamente deste mandamento, como se o mesmo fosse uma lei recentemente promulgada."

Em suma, vemos que era o desígnio de Cristo, nesta passagem, exortar seus discípulos ao amor fraternal, para que jamais permitissem esquivar-se de seguir após ele, nem a doutrina dele escapasse de suas mentes. E quão necessária era essa admoestação para firmá-la em nossa experiência diária; porque, visto ser difícil manter o amor fraternal, os homens o descartam e inventam para si novos métodos de cultuar a Deus e Satanás insinua muitas coisas com o propósito de envolver sua atenção. E assim, através de empreendimentos fúteis, inutilmente tentam zombar de Deus, porém se enganam. Portanto, que esse título de novidade nos impila ao contínuo exercício do amor fraternal. Entrementes, saibamos que ele é chamado *novo*, não porque ele tenha se iniciado agora, pela primeira vez, mas para agradar a Deus, já que há lugar em que ele é chamado *o cumprimento da lei* [Rm 13.10].

Para que vos ameis uns aos outros. O *amor* fraternal se estende aos estranhos, pois somos todos da mesma carne e todos fomos criados segundo a imagem de Deus; mas visto que a imagem de Deus brilha mais intensamente naqueles que têm sido regenerados, é próprio que o vínculo do amor, entre os discípulos de Cristo, seja muito mais estreito. O amor fraternal busca sua causa em Deus, pois nele tem sua raiz e é para ele que se dirige. Assim, à medida que alguém percebe ser filho de Deus, o amor o abraça com o máximo calor e afeição. Além disso, o exercício mútuo do amor não pode existir senão naqueles que são guiados pelo mesmo Espírito. Portanto, o mais elevado grau do amor fraternal consiste em ser ele aqui descrito por Cristo; mas, em contrapartida, devemos crer que, como a bondade de Deus se estende ao mundo inteiro, assim devemos amar a todos, inclusive aos que nos odeiam.

Como eu vos tenho amado. Ele realça seu próprio exemplo, não porque o podemos atingir, pois estamos numa distância infinita atrás dele, mas para que possamos, pelo menos, correr em direção do mesmo alvo.

35. E assim todos os homens saberão. Cristo uma vez mais confirma o que previamente dissera: que os que mutuamente amam uns aos outros não foram inutilmente alunos de sua escola. Como se dissesse: "Não só sabereis que sois meus discípulos, mas vossa profissão de fé será também reconhecida por outros como sendo sincera." Visto que Cristo estabelece esta marca para fazer distinção entre seus discípulos e os estranhos, os que descartam o amor fraternal e adotam modos novos e inventados de culto laboram em vão; e loucura desse gênero prevalece atualmente no papado. Tampouco é supérfluo que Cristo insista tanto sobre este tema. Não há mais harmonia entre o amor por nós mesmos e o amor por nosso próximo do que existe entre o fogo e a água. O amor próprio mantém todos nossos sentidos limitados de tal maneira que o amor fraternal é totalmente banido; e ainda cremos que cumprimos plenamente nosso dever, só porque Satanás tem muitos entretenimentos para nos enganar, a fim de não percebermos nossos erros.[25] Quem quer, pois, que deseje ser realmente discípulo de Cristo, e ser reconhecido por Deus, então que molde e dirija toda sua vida a amar os irmãos e que persiga este objetivo com toda diligência.

---

25 "A ce que nous n'appercevions nos fautes."

[13.36-38]
Disse-lhe Simão Pedro: Senhor, para onde vais? Respondeu-lhe Jesus: Para onde eu vou não podes me seguir agora; porém me seguirás depois. Disse-lhe Pedro: Senhor, por que não posso seguir-te agora? Por ti darei minha própria vida. Respondeu-lhe Jesus: Dar-me-ás tua vida por mim? Em verdade, em verdade eu te digo: O galo não cantará sem que me tenhas negado três vezes.

36. Senhor, Para onde vais? Esta pergunta tem por base aquele dito de Cristo: *Eu disse aos judeus que para onde eu vou não podeis ir, assim eu vos digo agora* [v. 33]. À luz deste fato é evidente quão ignorante era Pedro que, depois de ter sido tão frequentemente advertido sobre a partida de Cristo, se sentisse tão profundamente perplexo como se ouvisse algo novo. Não obstante, neste aspecto somos exatamente como ele; pois ouvimos diariamente da boca de Cristo tudo o que se ajusta ao bem da vida e tudo o que é necessário saber e quando chegamos à prática nos sentimos tão perplexos quanto aprendizes a quem nenhuma palavra jamais foi expressa. Além disso, Pedro mostra que está sob a influência de um anseio imoderado pela presença física de Cristo, pois ele considera um absurdo o fato de que, enquanto ele fica, Cristo irá para outro lugar.

Para onde eu vou. Com estas palavras Cristo refreia o desejo excessivo de Pedro. Sua linguagem é concisa, como convém a um Mestre, porém imediatamente suaviza a aspereza de sua afirmação. Ele mostra que será apenas por certo tempo que estará separado de seus discípulos. Esta passagem nos ensina a sujeitarmos a Deus todos nossos desejos para que os mesmos não ultrapassem seus próprios limites; e se em algum tempo vierem a ser extravagantes e fúteis, que pelo menos nos sujeitemos mantê-los por este freio. Para não perdermos a coragem, nos valhamos da consolação que imediatamente é adicionada, quando Cristo promete que um dia nos reuniremos a ele.

Mas me seguirás depois. Ele quer dizer que Pedro não está ainda pronto para carregar a cruz, mas, como o trigo que ainda se acha na espiga deve ser formado e fortalecido pelo progresso que vem do tempo, assim deve ser com Pedro para o *seguir*. Devemos, pois, orar para que Deus conduza ao mais alto grau de excelência o que já começou em nós. Entretanto, devemos rastejar até que sejamos capazes de correr com mais rapidez. Ora, como Cristo nos suporta enquanto somos tenros e inexperientes, assim aprendamos a não rejeitar os irmãos fracos, os quais se acham ainda distantes do alvo. De fato é desejável que todos corramos com a máxima solicitude e é mister que encorajemos todos a acelerar seu passo; mas se há alguns que caminham mais morosamente, devemos nutrir boa esperança a seu respeito, contanto que se mantenham na estrada.

37. Por que não posso seguir-te? Com estas palavras Pedro declara que ele não estava satisfeito com a resposta de Cristo. Ele está ciente de que recebeu advertência sobre sua fraqueza pessoal, do que ele conclui que é por sua própria culpa que estava impedido de seguir a Cristo imediatamente, porém não está absolutamente convencido disso, pois o gênero humano é naturalmente vaidoso e confiante em sua própria virtude. Esta expressão de Pedro revela a opinião que entretemos desde nosso próprio nascimento, a saber: que atribuímos ao nosso próprio vigor mais do que deveríamos. A consequência é que aqueles que nada podem fazer se aventuram a tentar muita coisa sem implorar a assistência de Deus.

38. Tu darás tua vida por mim? Cristo não decidiu polemizar com Pedro, mas desejava que ele se tornasse mais sábio por sua própria experiência, como os tolos que nunca chegam a ser sábios sem que sejam abalados. Pedro promete firmeza inabalável e de fato expressa a convicção sincera de sua mente; sua confiança, porém, está saturada de temeridade, porque não tem consciência do gênero de força que lhe foi dada. Ora, visto que o mesmo exemplo nos pertence, que cada um de nós examine seus próprios defeitos para que não se orgulhe com vã confiança. Assim, não podemos fazer promessas grandes demais sobre a graça de Deus; mas o que aqui se reprova é a arrogante presunção da carne, pois a fé, ao contrário, produz temor e ansiedade. **O galo não cantará.** Como a presunção e a temeridade são produtos de nossa própria ignorância, Pedro é envergonhado por pretender ser um valente soldado, enquanto está muito aquém do tiro de flecha. Pois ele nem mesmo fizera prova de sua força e já imagina que pode fazer qualquer coisa. Mais tarde ele foi punido, segundo merecia, por sua arrogância. Aprendamos a desconfiar de nossa própria força e recorrermos, antes de tudo, ao Senhor, para que sejamos sustentados por seu poder.

Capítulo 14

[14.1-7]
Não se turbe vosso coração; credes em Deus, crede também em mim. Na casa de meu Pai há muitas moradas, e se não fosse assim, eu vo-lo teria dito. Vou preparar-vos lugar. E se eu for e vos preparar lugar,[1] voltarei outra vez e vos receberei para mim mesmo; para que onde eu estou estejais vós também. E vós sabeis para onde eu vou e conheceis o caminho. Disse-lhe Tomé: Senhor, não sabemos para onde vais, como podemos conhecer o caminho? Disse-lhe Jesus: Eu sou o caminho, e a verdade, e a vida. Ninguém vai ao Pai senão por mim. Se me tivésseis conhecido, teríeis conhecido também a meu Pai; e desde agora o conheceis e o tendes visto.

1. Não se turbe vosso coração. Não é sem boas razões que Cristo confirma seus discípulos fazendo uso de tantas palavras, visto que um desafio tão árduo e tão terrível os aguardava; porque não era uma tentação ordinária aquela que viram logo depois; Cristo pendurado na cruz; espetáculo esse em que nada era visto senão o que era motivo do mais profundo desespero. Estando perto o tempo de tão profunda angústia, ele aponta para o remédio, para que não se sentissem vencidos e esmagados. Pois ele não os exorta e os encoraja simplesmente a permanecerem preparados, mas igualmente os informa a fonte de

---

1 "Ou, Et quand je m'en seray allé, et vous auray preparé le lieu" – "ou, E quando eu for e preparar-vos lugar."

onde iriam obter coragem; ou, seja, pela fé, quando ele é reconhecido como o Filho de Deus que possui em si mesmo força suficiente para manter a segurança de seus seguidores.

Devemos atentar sempre para o tempo em que estas palavras foram ditas, que Cristo desejava que seus discípulos permanecessem valentes e corajosos, quando poderiam concluir que todas as coisas caíram na mais profunda confusão. E, portanto devemos empregar o mesmo escudo para aparar tais assaltos. De fato nos é impossível escapar de sentirmos emoções variadas, porém ainda que sejamos abalados não devemos desfalecer. Assim se diz dos crentes: que *não se turbem*, porque, confiando na Palavra de Deus, embora enfrentem grandes dificuldades, contudo permanecerão firmes e confiantes.

Credes em Deus. A leitura pode ser feita também no modo imperativo: *Crede em Deus, e crede em mim*; mas a primeira redação se harmoniza melhor e tem sido mais geralmente aceita. Aqui ele realça o método de permanecer estável, como eu já disse, ou, seja, se nossa fé repousa em Cristo e o contempla em nenhuma outra luz senão como estando presente e de mãos estendidas para nos assistir. Mas é maravilhoso que a fé no Pai seja aqui posta em primeiro lugar, pois ele deveria, antes, ter dito a seus discípulos que eles já *criam em Deus*, já que eles *criam em Cristo*; porque, visto que Cristo é a imagem viva do Pai, assim devemos antes de tudo lançar nossos olhos nele; e por essa razão ele também desce a nós para que nossa fé, começando nele, suba a Deus. Cristo, porém, tinha um objetivo diferente em vista, pois todos reconhecem que devemos *crer em Deus*, e esse é um princípio admitido com o qual todos concordam sem contradição; e contudo raramente existe um em cem que realmente crê nele, não só porque a majestade nua de Deus se encontra a uma tão grande distância de nós, mas também porque Satanás interpõe nuvens de todo gênero para impedir-nos de contemplar a Deus. A consequencia é que nossa fé, buscando a Deus em sua glória celestial e luz inacessível, se desvanece; e mesmo a carne, de sua própria iniciativa, sugere mil imaginações para desviar nossos olhos de contemplar a Deus de uma maneira correta.

O Filho de Deus, pois, que é Jesus Cristo,[2] aponta para si como o objeto para o qual nossa fé deve direcionar-se, e por meio do qual ela facilmente encontrará aquilo em que possa repousar; pois ele é o genuíno Emanuel que nos responde no íntimo assim que o buscamos pela fé. É um dos artigos de nossa fé que a mesma deva ser direcionada para Cristo somente, para que não vagueie por veredas estranhas e que a mesma deve estar fixa nele para que não oscile no meio das tentações. E esta é a verdadeira prova da fé, quando jamais nos deixamos ser rasgados de Cristo e das promessas que nos foram feitas nele. Quando os doutores papais disputam, ou, melhor, usam um palavreado oco sobre o objeto da fé, mencionam somente Deus e não dão nenhuma atenção a Cristo. Aqueles que derivam sua instrução das noções de tais homens facilmente se abalam pela mais suave brisa que sopra. Os homens soberbos se envergonham da humilhação de Cristo, e por isso buscam refúgio na Deidade incompreensível de Deus. A fé, porém, jamais atingirá o céu, a menos que se submeta a Cristo, o qual parece ser um Deus inferior e desprezível e nunca será estável se não buscar seu fundamento na fraqueza de Cristo.

2. Na casa de meu Pai há muitas moradas. Visto que a ausência de Cristo era causa de tristeza, ele declara que ele não afastaria de uma forma tal que ficasse separado deles, visto que existe lugar também para eles no reino celestial. Pois era oportuno que removessem qualquer suspeita de suas mentes, ou, seja, quando Cristo subisse ao Pai, ele deixaria seus discípulos na terra sem lhes deixar qualquer notícia. Esta passagem tem sido erroneamente interpretada em outro sentido, como se Cristo ensinasse que há vários graus de honra no reino celestial; pois ele diz que as *mansões* são *muitas*, não que fossem diferentes ou desiguais, mas que há bastantes delas para um grande número de pessoas; como se ele quisesse dizer que há lugar não só para ele, mas também para todos seus discípulos.

---

2 "Le Fils de Dieu donc, qui est Jesus Christ."

E se assim não fosse, eu vo-lo teria dito. Aqui os comentaristas diferem entre si. Alguns leem estas palavras como estritamente conectadas com as que vêm antes: "Se as moradas já não estivessem preparadas, eu teria dito que vou antes de vós a fim de prepará-las." Mas eu, ao contrário, concordo com os que as traduzem assim: "Se a glória celestial fosse aguardada somente por mim, eu não teria vos decepcionado. Eu vos teria dito que não há lugar para alguém senão para mim na casa de meu Pai. Mas o caso é muito diferente, pois eu vou antes para vos preparar lugar." O contexto, em minha opinião, demanda que o leiamos desta forma, pois temos logo a seguir: *Se eu for e vos preparar lugar*. Com estas palavras Cristo notifica que o desígnio de sua partida é preparar um lugar para seus discípulos. Em uma palavra, Cristo não sobe ao céu de uma forma particular, para habitar ali sozinho, mas, antes, para que ele seja a herança comum de todos os santos e para que dessa forma a Cabeça pudesse estar unida a seus membros.

Surge, porém, uma pergunta: Qual era a condição dos pais após a morte, antes que Cristo viesse do céu? Pois a conclusão geralmente formulada é que as almas crentes ficaram encerradas em um estado ou prisão intermediária, porque Cristo diz que, com sua ascensão ao céu, *o lugar será preparado*. Mas a resposta é fácil. Lemos que esse *lugar* será *preparado* para o dia da ressurreição; pois inerentemente a humanidade se acha banida do reino de Deus; o Filho, porém, que é o único herdeiro do céu, tomou posse dele em nome deles, para que através dele nos seja permitido entrar; pois em sua pessoa já possuímos o céu pela esperança, como nos informa Paulo [Ef 1.3]. Não obstante não desfrutaremos dessa grande bênção até que ele venha do céu pela segunda vez. Portanto, a condição dos pais após a morte não é aqui distinta da nossa; porque Cristo já *preparou* um *lugar* para eles e para nós, no qual ele receberá a todos nós no último dia. Antes que a reconciliação fosse consumada, as almas crentes eram, por assim dizer, postas numa torre de vigia, aguardando a redenção prometida, e agora elas desfrutam de um bendito repouso até que a redenção seja consumada.

3. E se eu for. O termo *se* deve ser interpretado como um advérbio de tempo; como se lêssemos: "*Depois que* eu tiver ido, regressarei para vós novamente." Esse *regresso* não deve ser entendido como se referindo ao Espírito Santo, como se Cristo manifestasse aos discípulos alguma nova presença de si mesmo mediante o Espírito. É um fato inquestionável que Cristo habita conosco e em nós por meio de seu Espírito; aqui, porém, ele fala do juízo final, quando por fim vier para congregar seus seguidores. E de fato, se considerarmos a totalidade do corpo da Igreja, a cada dia ele nos *prepara um lugar*, donde se segue que o tempo oportuno para nossa entrada no céu ainda não chegou.

E vós sabeis para onde eu vou. Visto que carecemos de uma fortaleza que não é comum para pacientemente suportarmos tão longa espera e separação de Cristo, ele adiciona outra confirmação, a saber: que os discípulos *sabem* que a morte dele não é uma destruição, mas uma passagem para o Pai; e em seguida, que eles *conhecem o caminho* que devem seguir, para que possam alcançar a participação da mesma glória. Ambas as sentenças devem ser cuidadosamente observadas. Primeiro, devemos ver Cristo, pelos olhos da fé, na glória celestial e uma bendita imortalidade; e, segundo, devemos saber que ele constitui as primícias de nossa vida, e que *o caminho* que fora fechado contra nós por fim foi aberto por ele.

Disse-lhe Tomé. Ainda que, à primeira vista, a réplica de Tomé pareça contradizer o que Cristo dissera, contudo ele não pretendia desmentir a seu Mestre. Mas é possível que alguém pergunte: Em que sentido ele nega o que Cristo asseverara? Minha resposta é que o conhecimento possuído pelos santos é às vezes confuso, visto que não entendem a maneira ou a razão daquelas coisas que são certas e que lhes têm de ser explicadas. Por exemplo, os profetas predisseram a vocação dos gentios com uma percepção genuína de fé, e, no entanto, Paulo declara que ela lhes constituía *um mistério oculto* [Ef 3.2, 4]. De igual modo, quando os apóstolos creram que Cristo estava partindo para o Pai, e, no entanto, *não sabiam* de que maneira ele obteria o reino, *Tomé* com razão replica que *eles não sabem para onde ele está indo*. Daí

ele concluir que ainda *sabem* menos sobre o *caminho,*; pois antes de entrarmos numa estrada devemos saber aonde pretendemos ir.
6. Eu sou o caminho. Ele estabelece três degraus, como se dissesse que ele é o princípio, o meio e o fim; e daí se segue que devemos começar com ele, continuar nele e terminar nele. Certamente não devemos buscar sabedoria mais elevada do que aquela que nos leva à *vida* eterna, e ele testifica que essa *vida* só pode ser encontrada nele. Ora, o método de se obter a *vida* consiste em tornar-se nova criatura. Ele declara que não devemos buscá-la em algum outro lugar, e, ao mesmo tempo, nos lembra que ele é *o único caminho* pelo qual podemos alcançá-la. Para que não nos desaponte em algum aspecto, estende as mãos para que se não extraviem, se abaixa o máximo possível para guiar as criancinhas de peito. Apresentando-se como líder, ele não deixa seu povo na metade da jornada, porém os faz participantes *da verdade*. Por fim ele os faz desfrutar do fruto dela, o qual é a mais excelente e deleitável coisa que se pode imaginar.

Já que Cristo é caminho, os fracos e ignorantes não têm motivo para se queixar de que são por ele esquecidos; e visto ser ele *a verdade e a vida*, possui em si também o que é próprio para satisfazer o mais perfeito. Em suma, Cristo então afirma, concernente à felicidade, o que ele acaba de dizer concernente ao objeto da fé. Toda a fé e conhecimento que a felicidade do homem tem está somente em Deus; porém irão errar a esse respeito aqueles que buscarem a Deus em outro lugar além de Cristo; ao fazerem isso, eles o rasgam, por assim dizer, de sua verdadeira e sólida Deidade.

Alguns supõem que *a verdade* denota, aqui, a luz salvífica da sabedoria celestial; e, outros, que ela denota a substância da *vida* e de todas as bênçãos espirituais que é contrastada com sombras e figuras; como está escrito: *a graça e a verdade vêm por meio de Jesus Cristo* [Jo 1.17]. Minha opinião é que *a verdade* significa, aqui, a perfeição da fé, como *o caminho* significa seu princípio e primeiros elementos. O todo pode ser assim sumariado: "Se alguém desviar-se de Cristo, o mesmo nada fará senão perder-se; se alguém não descansar nele, o mesmo se alimentará de nada mais senão de vento e vaidade; se alguém, não satisfeito só com ele [Cristo], deseja ir mais longe,³ o mesmo achará a morte em vez da vida."

Ninguém vai ao Pai. Esta é uma explicação da afirmação anterior; pois ele é *o caminho*, porque nos leva *ao Pai*; e ele é *a verdade* e *a vida*, porque nele percebemos *o Pai*. Quanto a invocar a Deus, de fato pode-se dizer, com veracidade, que nenhuma oração é ouvida senão através da intercessão de Cristo; mas visto que Cristo não está agora falando de oração, devemos simplesmente entender o significado como sendo que os homens inventam para si verdadeiros labirintos, sempre que, depois de haver abandonado a Cristo, tentam *ir a Deus*. Pois Cristo prova ser *a vida*, porque Deus, *em quem está a fonte da vida* [Sl 86.9], não pode ser desfrutado de nenhuma outra maneira senão em Cristo. Por essa razão toda teologia, quando alienada de Cristo, é não só vã e confusa, mas também nociva, enganosa e espúria; porque, ainda que os filósofos às vezes pronunciem ditos excelentes, contudo nada têm senão o que é transitório e ainda eivado de sentimentos ímpios e errôneos.

7. Se me tivésseis conhecido. Cristo confirma o que acabamos de dizer, isto é, que é uma curiosidade tola e perniciosa quando os homens, não satisfeitos com ele, tentam ir a Deus por veredas indiretas e tortuosas.⁴ Admitem que nada há melhor que o conhecimento de Deus; porém, quando ele está perto deles e lhes fala com voz familiar, se esquivam através de suas próprias especulações e buscam acima das nuvens aquele a quem não se dignam reconhecer como presente. Cristo, pois, culpa os discípulos por não reconhecerem que a plenitude da Deidade estava manifestada nele. "Veja", diz ele, "que até aqui não me tendes conhecido de uma maneira certa e digna, porque ainda não reconheceis a imagem viva *do Pai* que em mim se exibe."

E desde já o conheceis e o tendes visto. Ele adiciona isto não só para suavizar a severidade da censura, mas também para acusá-los de ingratidão e indolência, caso não considerem nem inquiram sobre o

---

3 "Si quel qu'un ne se contentant point de luy seul, veut passer outre."
4 "Par voyes obliques et tortues."

que lhes foi dado; pois ele disse isso mais com o propósito de enaltecer sua doutrina do que de exaltar a fé deles. Portanto, o significado é que Deus lhes será agora claramente exibido se eles apenas abrirem seus olhos. O verbo *ver* expressa a certeza da fé.

[14.8-14]
Disse-lhe Filipe: Senhor, mostra-nos o Pai, e nos é suficiente. Disse-lhe Jesus: Filipe, tenho estado tanto tempo convosco e não me tens conhecido? Quem me tem visto, tem visto o Pai; e como dizes tu: Mostra-nos o Pai? Não crês tu que eu estou no Pai, e o Pai em mim? As palavras que eu vos falo, não as falo por mim mesmo; mas o Pai que habita em mim, ele faz as obras. Crede-me que estou no Pai, e o Pai em mim; se não, crede-me por causa das mesmas obras. Em verdade, em verdade eu vos digo: Aquele que crê em mim fará também as obras que eu faço, e fará obras maiores do que estas, porque eu vou para meu Pai. E tudo quanto pedirdes em meu nome, isso farei, para que o Pai seja glorificado no Filho. Se me pedirdes alguma coisa em meu nome, eu o farei.

8. Mostra-nos o Pai. Parece um verdadeiro absurdo que os apóstolos formulem tantas objeções ao Senhor, pois, por que ele falou senão para informar-lhes sobre aquele ponto apresentado por Filipe na forma de pergunta? Não obstante, não há sequer um erros aqui descritos que não possa ser lançado contra nós, como o foi contra eles. Professamos ser solícitos em buscar a Deus e quando ele se apresenta ante nossos olhos, somos cegos.

9. Tenho estado tanto tempo convosco. Cristo, com razão, censura Filipe por não ter perfeitos os olhos de sua fé. Ele tinha Deus presente em Cristo, no entanto não o visualizava. O que o impedia senão sua própria ingratidão? Assim, em nossos próprios dias, aqueles que, em decorrência de não viverem satisfeitos somente com Cristo, correm para especulações fúteis a fim de buscar Deus nelas, fazem pouco progresso no evangelho. Esse tolo desejo emana da humildade da baixa condição de Cristo e isso é extremamente sem sentido, porque por meio dessa humilhação ele exibe a infinita bondade de Deus.

10. Que eu estou no Pai, e o Pai em mim. Não considero estas palavras como uma referência à essência divina de Cristo, mas à maneira da revelação, pois Cristo, no que tange a sua Deidade secreta, não nos é melhor conhecido do que *o Pai*. Lemos, porém, ser ele a imagem viva, ou o retrato, de Deus,[5] porque nele Deus se revelou plenamente, até onde a infinita bondade, sabedoria e poder de Deus são claramente manifestos nele. E, contudo, os escritores antigos não assumem um ponto de vista errôneo desta passagem quando a citam como uma prova para defenderem a Deidade de Cristo, mas o que devemos reconhecer é que esta descrição se aplica mais ao poder do que à essência dele. Portanto, lemos que *o Pai está em Cristo*, porque a plenitude da divindade habita nele e exibe seu poder; e lemos que *Cristo*, em contrapartida, *está no Pai*, porque por seu divino poder ele demonstra que ele é um com *o Pai*.

As palavras que eu vos falo. Ele prova a partir do efeito que não devemos buscar Deus em algum outro lugar senão nele. Pois ele afirma que sua doutrina, sendo celestial e verdadeiramente divina, é uma prova e um nítido espelho da presença de Deus. Se alguém objeta dizendo que todos os profetas devem ser considerados filhos de Deus, uma vez que falam divinamente pela inspiração do Espírito e porque Deus foi o Autor de sua doutrina, a resposta é fácil: devemos levar em conta o que sua doutrina contém, pois os profetas enviaram seus discípulos a outra pessoa; Cristo, porém, os agrega a si mesmo. Além disso, devemos recordar o que o apóstolo declara: que agora *fala do céu* [Hb 12.25] pela boca de seu Filho e que quando ele falou por meio de Moisés, falou, por assim dizer, da terra.

Não falo de mim mesmo. Isto é, como meramente um homem, ou conforme a maneira humana; porque *o Pai*, exibindo o poder de

---

5 "La vive Image, ou Pourtraict, de Dieu."

seu Espírito na doutrina de Cristo, quer que sua Deidade seja reconhecida nele.

O próprio Pai faz as obras. Isso não se confina aos milagres; pois é antes uma continuação da afirmação anterior, a saber: que a majestade de Deus é claramente exibida na doutrina de Cristo; como se quisesse dizer que sua doutrina é realmente uma obra divina, da qual se pode saber com certeza que Deus habita nele. Portanto, pela expressão, "*as obras*", entendo ser uma prova do poder de Deus.

Crede que eu estou no Pai, e o Pai em mim. Antes de tudo ele demanda dos discípulos que deem crédito a seu testemunho, ao asseverar ser ele o Filho de Deus; mas, como até então se mostraram tão morosos, ele indiretamente reprova sua indolência. "Se minha afirmação", diz ele, "não produz convicção, e se nutris uma opinião tão tacanha a meu respeito, para que não penseis que deveis crer em minhas palavras, considerai pelo menos aquele poder que é uma imagem visível da presença de Deus." De fato é um grande absurdo que não consigam crer inteiramente nas palavras que procedem dos lábios do Senhor Jesus,[6] uma vez que deveriam ter abraçado, sem qualquer hesitação, tudo quanto ele expressou, inclusive com uma única palavra. Aqui, porém, Cristo reprova seus discípulos por terem feito tão pouco progresso, embora tivessem recebido tantas admoestações sobre o mesmo tema. Ele não explica qual é a natureza da fé, porém declara que ele tem o que é suficiente até mesmo para convencer os incrédulos.

A repetição das palavras, *Eu estou no Pai, e o Pai em mim*, não é supérflua, pois sabemos sobejamente bem, pela própria experiência, como nossa natureza nos impele para a curiosidade fútil. Tão logo tenhamos deixado Cristo, nada mais teremos senão os ídolos de nossa fabricação, porém *em Cristo* nada há senão o que é divino e o que nos mantém *em Deus*.

12. Em verdade, em verdade eu vos digo. Tudo o que até então ele dissera a seus discípulos sobre si mesmo, no que lhes diz respeito,

---

6 "De ne croire point entierement aux paroles qui procedent de la bouche du Seigneur Jesus."

era temporal e, portanto, se não tivesse acrescido esta sentença, a consolação não teria sido completa; particularmente, visto que nossa memória é tão curta, quando somos chamados a considerar os dons divinos. Sobre este tema é desnecessário recorrer a outros em busca de exemplos; pois quando Deus nos cumula com todo gênero de bênçãos, se ele faz uma pausa de quatorze dias, logo imaginamos que ele não mais existe. Essa é a razão pela qual Cristo não só menciona seu presente poder, o qual os apóstolos, naquele tempo, mantinham diante de seus olhos, mas promete uma ininterrupta convicção dele para o futuro. E de fato não só foi testada sua divindade, enquanto ele habitou sobre a terra, mas depois de partir para o Pai, notáveis provas dela foram usufruídas pelos crentes. Mas ou nossa estupidez ou nossa malícia nos impede de perceber a Deus em suas obras, e Cristo nas obras de Deus.

E fareis maiores obras do que estas. Muitos ficam perplexos ante a afirmação de Cristo de que os apóstolos *fariam maiores obras do que as que ele realizou*. Faço vista grossa sobre outras respostas que geralmente têm sido dadas a ela e me satisfaço com esta única resposta: Em primeiro lugar, devemos entender o que Cristo tencionava dizer; ou, seja, que o poder pelo qual ele prova ser o Filho de Deus está tão longe de se confinar a sua presença física, que seria claramente demonstrada por muitas e notáveis provas quando ele estivesse ausente. Ora, a ascensão de Cristo foi logo depois seguida de uma maravilhosa conversão do mundo, na qual a Deidade de Cristo foi mais poderosamente exibida do que quando ele habitava entre os homens. Assim, vemos que a prova de sua Deidade não se confinou à pessoa de Cristo, mas foi difundida através de todo o corpo da Igreja.

Porque eu vou para o Pai. Esta é a razão por que os discípulos fariam maiores coisas do que o próprio Cristo. Porque, quando tomasse posse de seu reino, ele demonstraria mais plenamente seu poder desde o céu. Daí ser evidente que sua glória não seria de forma alguma diminuída, porque, depois de sua partida, os apóstolos, que eram apenas seus instrumentos, realizaram obras mais excelentes. O que é mais, dessa forma tornou-se evidente que ele assentou-se à destra do Pai, *para que todo joelho se dobre diante dele* [Fp 2.10].

13. E tudo quanto pedirdes em meu nome, eu o farei. Com estas palavras ele declara que será o Autor de tudo o que se fará pelas mãos dos apóstolos. Mas é possível que alguém pergunte: Ele já era então o Mediador em cujo nome os homens devem orar ao Pai? Respondo que ele claramente cumpriu o ofício de Mediador desde quando entrou no santuário celestial; como mais adiante reiteraremos no devido lugar.

Para que o Pai seja glorificado no Filho. Esta passagem se harmoniza com o as palavras de Paulo: *Para que toda língua confesse que Jesus Cristo é Senhor para a glória de Deus o Pai* [Fp 2.11]. O fim de todas as coisas é a santificação do nome de Deus. Aqui, porém, declara-se o método genuíno de santificar, a saber: *no Filho* e *por meio do Filho*. Porque, ainda que a majestade de Deus esteja em si mesma oculta de nós, ele resplandece *em Cristo*; ainda que sua mão esteja velada, temo-la visível *em Cristo*. Consequentemente, nos benefícios que o Pai nos outorga não temos direito de separar *o Pai do Filho*, em conformidade com aquele dito: *Aquele que não honra o Filho, não honra o Pai* [Jo 6.23].

14. Se me pedirdes alguma coisa em meu nome, eu o farei. Esta não é uma reiteração desnecessária. Todos veem e sentem que são indignos de aproximar-se de Deus; no entanto, a maioria dos homens se precipita, como que fora de si, e se dirigem a Deus temerária e desdenhosamente e depois, quando essa indignidade, da qual já falei, vem a sua lembrança, cada indivíduo engendra para si vários expedientes. Em contrapartida, quando Deus nos convida a si, ele nos mostra somente um Mediador por meio de quem ele quer ser aplacado e reconciliado. Aqui, porém, uma vez mais a perversidade da mente humana entra em cena; pois a maioria não cessa de abandonar a estrada e a procurar muitos atalhos. A razão pela qual agem assim é que têm apenas uma pobre e insuficiente percepção do poder e bondade de Deus em Cristo. A este se adiciona um segundo erro, a saber, que não consideramos que somos com justiça excluídos do acesso a Deus, até que ele nos chame, e que só somos chamados através de seu Filho. E se uma passagem não tem peso suficiente para nós, saibamos que, quando Cristo repete pela segunda vez que devemos orar ao Pai em seu nome, ele nos estende a mão, por assim dizer, para que não percamos tempo com frivolidade, buscando outros intercessores.

[14.15-18]
Se me amais, guardai meus mandamentos. E eu rogarei ao Pai e ele vos dará outro Consolador, para que permaneça para sempre convosco; o Espírito da verdade, a quem o mundo não pode receber, porque não o vê nem o conhece; vós, porém, o conheceis; pois ele habita convosco e estará em vós. Não vos deixarei órfãos; venho para vós.[7]

15. Se me amais. O *amor* com que os discípulos amavam a Cristo era verdadeiro e sincero, e, no entanto, havia alguma superstição mesclada a ele, como se dá frequentemente conosco. Pois lhes era uma grande estultícia desejar conservá-lo no mundo. Para corrigir esse erro, ele os convida a direcionar seu amor para outro propósito, a saber, dedicar-se em *guardar os mandamentos* que ele lhes havia dado. Esta é indubitavelmente uma doutrina útil, pois dentre aqueles que creem *amar* a Cristo há bem poucos que o honram como devem; mas, ao contrário, depois de haver realizado pequenos e triviais serviços, não cediam mais à preocupação. O verdadeiro *amor* de Cristo, em contrapartida, relaciona-se com a observação de sua doutrina como a única norma. Mas somos igualmente lembrados quão pecaminosas são nossas afeições, visto que mesmo o amor que temos por Cristo não é destituído de fragilidade, se o mesmo não for direcionado para uma obediência pura.

16. E eu rogarei ao Pai. Isso foi ministrado como um remédio para suavizar a tristeza que viessem sentir por causa da ausência de Cristo.

---

7 "Je viendrai à vous" – "Virei para vós."

Naquele tempo, porém, Cristo promete que lhes injetará vigor para que possam guardar *os mandamentos*,. pois, do contrário, a exortação teria tido pouco efeito. Ele, pois, não perde tempo em informá-los de que, embora ausente deles no corpo, contudo não lhes permitirá que fiquem destituídos de assistência, pois ele estará presente através de seu Espírito. Aqui ele chama ao Espírito o dom *do Pai*, porém um dom que granjeará através de suas orações; em outra passagem, ele promete que dará o Espírito. Se eu partir, diz ele, *vo-lo enviarei* [Jo 16.7]. Ambas as afirmações são verdadeiras e corretas; porque Cristo, na qualidade de nosso Mediador e Intercessor, ele obtém *do Pai* a graça do Espírito; porém, na qualidade de Deus, ele outorga essa graça de si mesmo. O significado desta passagem, pois, é o seguinte: "Eu tenho vos dado pelo Pai para ser *Consolador*, porém só por algum tempo; agora, tendo desempenhado meu ofício, orarei a ele para que vos dê outro *Consolador*, o qual não será por algum tempo, mas estará sempre convosco."

E ele vos dará outro Consolador. A palavra *Consolador* é aqui aplicada tanto a Cristo quanto ao Espírito, e com razão; pois *confortar-nos* e *exortar-nos*, bem como *guardar-nos* por sua proteção é um ofício que pertence igualmente a ambos. Cristo foi o Protetor de seus discípulos enquanto habitava no mundo e depois ele os encomendou à proteção e orientação do Espírito. É possível que se perguntem: Não estamos ainda sob a proteção de Cristo? A resposta é fácil. Cristo é um Protetor contínuo, porém não de forma visível. Enquanto ele habitava no mundo, manifestava-se publicamente como seu Protetor, mas agora ele nos guarda através de seu Espírito.

Ele denomina o Espírito de **outro** *Consolador*, em decorrência da diferença entre as bênçãos que obtemos de ambos. O ofício peculiar de Cristo era apaziguar a ira de Deus fazendo expiação pelos pecados do mundo, para redimir os homens da morte, granjear justiça e vida; e o ofício peculiar do Espírito é fazer-nos participantes não só de Cristo mesmo, mas de todas as bênçãos. E não deve haver impropriedade em inferir desta passagem a distinção de Pessoas, pois haveria alguma peculiaridade na qual o Espírito difere do Filho quanto a ser *outro* e não o Filho.

17. O Espírito da verdade. Cristo confere ao Espírito outro título, a saber, que ele é o Mestre ou Catedrático da verdade.[8] Daí se segue que, enquanto não formos intimamente instruídos por ele, o entendimento de todos nós é assenhoreado pela vaidade e falsidade.

A quem o mundo não pode receber. Este contraste revela a peculiar excelência daquela graça que Deus a ninguém mais outorga senão a seus eleitos; pois ele quer dizer que este não é um dom qualquer, e do qual o mundo está privado. Neste sentido Isaías também afirma: "Eis que as trevas cobrirão a terra e densa escuridão, o povo; o Senhor, porém, se erguerá sobre ti, ó Jerusalém!"[9] Pois a misericórdia de Deus para com a Igreja merece tão mais sublime louvor, quando ele exalta a Igreja por meio de um eminente privilégio, acima do mundo inteiro. No entanto, Cristo exorta os discípulos, dizendo que não se enfatuem como o mundo costuma fazer, com conceitos carnais, e assim repilam de si a graça do Espírito. Tudo o que Escritura nos informa sobre o Espírito Santo é considerado pelos homens mundanos como mero sonho, porque, confiando em sua própria razão, desprezam a iluminação celestial. Ora, ainda que tal soberba, capaz de extinguir aqueles que estão no poder, se prolifere por toda parte, , à luz do Espírito Santo, contudo, cônscios de nossa própria pobreza, devemos saber que tudo quanto pertence ao são entendimento procede de nenhuma outra fonte. Não obstante, as palavras de Cristo revelam que nada do que se relacione com o Espírito Santo poder ser assimilado pela razão humana, senão que ele só é conhecido pela experiência da fé.

O mundo, diz ele, *não pode receber o Espírito porque não o conhece*; **vós, porém, o conheceis, porque ele habita conosco.** Portanto, tão-somente o Espírito é que, ao habitar em nós, ele mesmo se faz conhecido a nós, porque, de outro modo, ele é desconhecido e incompreensível.

---

8 "A scavoir qu'il est Maistre ou Doutor da verité."
9 "Sur toy, O Jerusalem."

18. Não vos deixarei órfãos. Esta passagem revela o que os homens são e o que são capazes de fazer quando se acham privados da proteção do Espírito. São órfãos, expostos a todo gênero de fraude e injustiça, incapazes de se governar e, em suma, por si mesmos inaptos a fazer qualquer coisa. O único remédio para tão profundo defeito é que Cristo nos governe por intermédio de seu Espírito, o qual ele promete que fará. Em primeiro lugar, pois, os discípulos são lembrados de sua debilidade, para que, suspeitando de si próprios, em nada mais confiem, senão na proteção de Cristo; e, em segundo lugar, havendo prometido um remédio, ele lhes injeta bom ânimo; porquanto declara que *jamais os deixará*. Ao dizer: *virei para vós*, ele mostra de que maneira habita em seu povo e de que maneira enche todas as coisas. Isso se dá através do poder de seu Espírito; e daí ser evidente que a graça do Espírito é uma extraordinária prova de sua Deidade.

[14.19, 20]
Ainda por um pouco e o mundo não me verá mais; vós, porém, me vereis, porque eu vivo, vós também vivereis. Naquele dia vós sabereis que eu estou em meu Pai, e vós em mim, e eu em vós.

19. Ainda por um pouco. Ele continua a enaltecer a graça especial, a qual deveria ter sido suficiente para aliviar e inclusive para remover, a tristeza dos discípulos. "Quando eu for removido", diz ele, "da vista do mundo, ainda estarei presente convosco." Para que usufruamos esta secreta contemplação de Cristo, não devemos julgar sua presença ou sua ausência de conformidade com a percepção carnal, mas devemos empregar solicitamente os olhos da fé na contemplação de seu poder. Assim os crentes terão sempre Cristo presente por meio de seu Espírito, e o verão, ainda que estejam, quanto ao corpo, distantes dele.

Porque eu vivo. Esta afirmação pode ser explicada de duas formas. Ou pode ser vista como uma confirmação da sentença anterior, *porque eu vivo, e vós também vivereis*; ou pode ser lida isoladamente, *porque eu vivo, vós também vivereis*; e então o significado será que os crentes *viverão, porque Cristo vive*. De bom grado abraço a primeira opinião, e, no entanto, podemos extrair dela a outra doutrina, a saber, que a vida de Cristo é a causa de nossa vida. Ele começa realçando a causa da diferença por que ele será *visto* por seus discípulos, e *não pelo mundo*. É porque Cristo não pode ser *visto* senão de conformidade com a vida espiritual, da qual o mundo se acha privado. *O mundo não vê* Cristo; isso não é de se admirar, porque a morte, da cegueira é a causa; mas tão logo alguém começa a ver através do Espírito, o mesmo é imediatamente dotado com olhos para ver Cristo. Ora, a razão desse fato é que nossa vida se acha estreitamente conectada com a vida de Cristo e procede dela como de uma fonte; pois estamos inerentemente mortos, e a vida da qual nos gloriamos é uma morte muito séria. Consequentemente, quando a questão é como podemos obter a vida, nossos olhos têm que direcionar-se para Cristo e sua vida tem de nos ser comunicada pela fé, para que nossa consciência seja plenamente convencida de que, enquanto Cristo vive, estamos livres de todo perigo de destruição; pois é uma verdade inquestionável que *sua vida* nada seria se seus membros estivessem mortos.

20. Naquele dia. Alguns ligam isto *ao dia* de Pentecostes, mas, antes, denota o curso ininterrupto, por assim dizer, de um único dia, desde o tempo em que Cristo exerceu o poder de seu Espírito até a ressurreição final. Desde aquele tempo começaram a *conhecer*, porém foi um início tanto débil, porque o Espírito não tinha ainda operado neles de forma tão poderosa. Pois o objetivo destas palavras é comprovar que não podemos, por uma indolente especulação, *conhecer* qual é a sacra e mística união entre nós e ele e também entre ele e *o Pai*; senão que o único modo de conhecer é quando ele funde sua vida em nós pela eficácia secreta do Espírito; e esta é a prova da fé que recentemente mencionei.

E quanto à maneira em que esta passagem foi anteriormente mal usada pelos arianos com o intuito de provar que Cristo só é Deus por participação e pela graça, é fácil de se refutar seu sofisma, pois Cristo não fala meramente de sua essência eterna, mas daquele poder divino que se manifestou nele. Como *o Pai* outorgou ao Filho toda plenitude de bênçãos, assim, em contrapartida, o Filho se comunicou inteiramente a nós. Lemos que ele está *em nós*, porque claramente mostra, pela eficácia de seu Espírito, que ele é o Autor e a causa de nossa vida.

[14.21-24]

Aquele que tem meus mandamentos, e os guarda, esse é que me ama; e aquele que me ama será amado por meu Pai; e eu o amarei e me manifestarei a ele. Disse-lhe Judas (não o Iscariotes): Senhor, donde vem que hás de manifestar-te a nós, e não ao mundo? Jesus respondeu e disse-lhe: Se alguém me ama, esse guardará minha palavra; e meu Pai o amará e viremos para ele e faremos nele morada. Aquele que não me ama não guarda minhas palavras; e a palavra que ouvis não é minha, mas do Pai que me enviou.

21. Aquele que tem meus mandamentos. Ele uma vez mais reitera a afirmação anterior, a saber: que a prova indubitável de nosso amor para com ele está em *guardarmos seus mandamentos*; e a razão por que ele lembra os discípulos tantas vezes deste fato é para que não se desviem deste objetivo; pois nada existe a que mais nos inclinamos do que resvalar-nos para a afeição carnal, ao ponto de amarmos algo mais do que a Cristo sob o nome de Cristo. Tal é também a importância daquele dito de Paulo: "Ainda que tenhamos conhecido a Cristo segundo a carne, contudo doravante não mais o conhecemos dessa forma. Portanto, sejamos nova criatura" [2Co 5.16, 17]. *Ter seus mandamentos* significa ser propriamente instruído neles; e *guardar seus mandamentos* significa conformarmos, a nós e nossa vida, a sua norma.

E aquele que me ama será amado por meu Pai. Cristo fala como se os homens amassem a Deus antes de serem amados por ele, o que seria um absurdo, porque, *quando éramos inimigos, ele [Cristo] nos reconciliou com ele [o Pai]* [Rm 5.10]. E as palavras de João são bem conhecidas: *Não que o tenhamos amado primeiro, mas que ele antes nos amou* [1Jo 4.10]. Aqui, porém, não há debate sobre causa e efeito; e por isso não há base para a inferência de que o amor com que amamos a Cristo em ordem venha antes do amor que Deus tem por nós; pois Cristo apenas quer dizer que todos quantos *o amarem* serão felizes, porque também *serão amados por ele e pelo Pai*; não que Deus então começa a *amá-los*, mas porque tem um testemunho de seu amor para com eles, como Pai, esculpido em seus corações. Com o mesmo propósito é a sentença que segue imediatamente: **E me manifestarei a ele.** Indubitavelmente, o conhecimento vem antes do amor, mas a intenção de Cristo era esta: Outorgarei aos que observarem minha doutrina com pureza que façam progresso na fé dia a dia", isto é, "Farei com que se aproximem mais e mais familiarmente de mim." Daí se infere que o fruto da piedade é o progresso no conhecimento de Cristo, pois aquele que promete que se dará ao que a tem rejeita os hipócritas e leva todos a fazerem progresso na fé, aos que, cordialmente abraçando a doutrina do evangelho, se conduzem inteiramente em obediência a ela. E esta é a razão por que muitos retrocedem e por que raramente vemos um em dez prosseguindo avante em seu curso reto, pois a maioria não merece que ele *se lhes manifeste*. Devemos observar ainda que um mui abundante conhecimento de Cristo é aqui representado como uma extraordinária recompensa de nosso amor a Cristo; e daí se segue que este é um inestimável tesouro.

22. Disse-lhe Judas (não o Iscariotes). Não é sem razão que ele pergunta por que Cristo não faz com que sua luz seja comunicada[10] a todos, senão a umas poucas pessoas; uma vez que ele é *o Sol da Justiça* [Ml 4.2], por meio de quem o mundo inteiro seria iluminado; e por isso é estranho que ele ilumine apenas uns poucos e não derrame sua luz por toda parte sem distinção. A resposta de Cristo não resolve todo o problema, pois ela não faz menção da primeira causa por que Cristo *se manifesta a uns poucos e se oculta da maioria dos homens*; pois certamente ele, a

---

10 "Pourquoy Christ fera que sa lumiere sera manifestee."

princípio, encontra todos os homens iguais, isto é, inteiramente alienados dele; e portanto ele não pode escolher qualquer pessoa que o ama, porém escolhe entre seus inimigos aqueles cujos corações se inclinam ao amor dele. Mas aqui ele não pretende olhar para tal distinção, a qual estava longe do objetivo que tinha em vista. Seu desígnio era exortar a seus discípulos ao sério estudo da piedade, para que fizessem maior progresso na fé; e por isso fica satisfeito em distingui-los do mundo com esta marca: que guardem a doutrina do evangelho.

Ora, esta marca segue após o enaltecimento da fé, pois ele é o efeito da vocação deles. Em outras passagens, Cristo lembra a seus discípulos que foram chamados pela graça soberana, e em seguida a grava em sua lembrança. Aqui ele apenas lhes ordena a observarem sua doutrina e conservarem a piedade. Com estas palavras Cristo mostra de que maneira o evangelho é propriamente obedecido, ou, seja, quando nossos serviços e ações externas procedem do amor de Cristo; pois em vão trabalham os braços, os pés e todo o corpo, caso o amor de Deus não reine nos corações para governar os membros externos. Ora, visto ser indubitável que só *guardamos os mandamentos* de Cristo se o *amamos*, segue-se que um *amor* perfeito para com ele não se pode encontrar em parte alguma no mundo, visto que ninguém há que *guarde* perfeitamente *seus mandamentos*; contudo Deus se agrada da obediência daqueles que sinceramente correm rumo a este alvo.

23. E meu Pai o amará. Já explicamos que o amor de Deus para conosco não é posto em segunda posição, como se ele viesse depois que a piedade causasse tal amor, mas para que os crentes pudessem se convencer plenamente de que a obediência que rendem ao evangelho é agradável a Deus e para que esperem continuamente dele novos acréscimos de dons.

E viremos para aquele que me ama. Ou, seja: esse sentirá que a graça de Deus habita nele e a cada dia recebe adições dos dons divinos. Ele, pois, fala não daquele amor eterno com que ele nos ama antes de nascermos e mesmo antes que o mundo fosse criado, mas desde o momento em que ele o sela em nossos corações fazendo-nos participantes de sua adoção. Tampouco ele aponta para a iluminação inicial, mas para aqueles graus de fé por meio dos quais os crentes avançam continuamente, de conformidade com aquele dito: "Todo aquele que tem se lhe dará" [Mt 13.12]. Os papistas, pois, erram em inferir desta passagem que há dois tipos de amor com que amamos a Deus. Falsamente afirmam que amamos a Deus naturalmente, antes de sermos regenerados por seu Espírito e que, ainda que por esta preparação, merecemos a graça da regeneração; como se a Escritura por toda parte não ensinasse, e como se a experiência também não proclamasse em alto e bom som que somos totalmente alienados de Deus, e que somos afetados e saturados de ódio por ele, até que ele mude nossos corações. Devemos, pois, manter nossa atenção no desígnio de Cristo, a saber: que *ele e o Pai virão* para confirmar os crentes na ininterrupta confiança em sua graça.

24. Aquele que não me ama não guarda minhas palavras. Como neste mundo os crentes vivem misturados com os descrentes e como vivem agitados por várias tormentas, como num mar encapelado, Cristo novamente os confirma por meio desta admoestação, a saber: que não se deixem desviar pelos maus exemplos. Como se quisesse dizer: "Não olhem para o mundo como se dele dependessem; pois haverá sempre alguns que desprezarão a mim e a minha doutrina; mas, no tocante a vós, preservai constantemente até o fim a graça que uma vez recebestes." Não obstante, ele igualmente notifica que o mundo é com justiça punido por sua ingratidão, quando perece em sua cegueira, visto que, ao desprezar a verdadeira justiça, manifesta o perverso ódio por Cristo.

E a palavra que ouvis. Para que os discípulos não se desanimassem nem vacilassem pela contemplação da obstinação do mundo, ele novamente se esforça por imprimir crédito a sua doutrina, testificando que ela procede de Deus e que não foi engendrada por seres humanos terrenos. E de fato a vigor de nossa fé consiste em sabermos que Deus é nosso Líder e que estamos fundamentados em nada mais senão em sua verdade eterna. Seja qual for, pois, a fúria e demência do mundo, sigamos a doutrina de Cristo que se eleva muito acima de céu e terra. Ao dizer que *a palavra não é sua*, ele se acomoda a seus discípulos; como se quisesse dizer que ela não é humana, porque ele ensina fielmente o que lhe foi confiado pelo Pai. Contudo sabemos que, no que diz respeito ser ele a eterna Sabedoria de Deus, ele é a única fonte de toda doutrina, e que todos os profetas que vieram desde o princípio falaram por intermédio de seu Espírito.

[14.25-28]
Eu vos falei essas coisas enquanto estou convosco. Mas o Consolador [que é[11]] o Espírito Santo, a quem o Pai enviará em meu nome, ele vos ensinará todas as coisas, e vos trará à lembrança todas as coisas que eu vos tenho dito. Deixo-vos a paz, a minha paz vos dou; eu vo-la darei,[12] não como o mundo dá. Não se turbe vosso coração e nem se atemorize. Ouvistes o que eu vos disse: Eu vou e venho para vós. Se me amais, certamente vos alegrareis por eu dizer que vou para o Pai; pois o Pai é maior que eu.

25. Eu vos falei essas coisas. Ele adiciona isso para que não se desesperassem, ainda que tirassem menos proveito do que deveriam; pois naquele tempo ele espalhara uma semente da doutrina que esteve oculta e, por assim dizer, sufocada nos discípulos. Ele, pois, os exorta a que nutrissem boas esperanças até que se produzisse o fruto pela doutrina que ora poderia parecer infrutífera. Em suma, ele testifica que na doutrina que haviam ouvido e tinham sobejo motivo de consolação e a qual não deviam buscar em qualquer outra parte. E se a vissem imediatamente, ele os convida a ter bom ânimo até que o Espírito Santo, que é o Mestre no íntimo, fale a mesma coisa em seus corações. Esta admoestação é sumamente

---
11 "(Qui est) le Sainct Esprit."
12 "Et je ne la vous donne point comme le monde la donne" – "e eu não vo-la darei como o mundo a dá."

proveitosa a todos, pois se não entendermos imediatamente o que Cristo ensinou, começamos a sentir-nos exaustos e prontamente admitimos como sendo sem proveito o labor sobre o que é obscuro. Mas devemos nutrir bom desejo de receber instrução; devemos inclinar nossos ouvidos e prestar atenção, caso queiramos fazer a devida proficiência na escola de Deus; e especialmente precisamos de paciência até que o Espírito Santo nos capacite a entender o que cremos que tínhamos com frequência lido e ouvido sem nenhum propósito. Para que o desejo de aprender não seja enfraquecido em nós, ou para que não caiamos em desespero ao não percebamos imediatamente o significado do que Cristo nos fala, saibamos que isso é expresso a todos nós.

O Espírito Santo trará a vossa lembrança todas as coisas que vos tenho dito. É um castigo ameaçado por Isaías contra os incrédulos que a Palavra de Deus será para eles *um livro selado* [Is 29.11]; mas dessa forma também o Senhor com frequência humilha seu povo. Devemos, pois, esperar paciente e humildemente pelo tempo da revelação e não devemos, por essa causa, rejeitar a palavra. Quando Cristo testifica que o ofício peculiar do Espírito Santo é ensinar aos apóstolos o que já haviam aprendido de seus lábios, segue-se que o ensino externo será infrutífero e inútil se não for acompanhado pelo ensino do Espírito Santo. Portanto, Deus tem dois métodos de ensino: *primeiro*, ele nos faz ouvi-lo pelos lábios humanos; e, *segundo*, ele nos fala intimamente por seu Espírito; e ele faz isso ou no mesmo instante, ou em momentos distintos, conforme achar oportuno.

Observe-se, porém, o que significam *todas essas coisas* que ele promete que o Espírito ensinará. *Ele sugerirá*, diz ele, ou *vos trará à lembrança* **tudo o que vos tenho dito**. Daí se segue que ele não será o mestre de novas revelações. Com esta palavra singular podemos refutar todas as invenções que Satanás tem introduzido na Igreja desde o princípio, sob o pretexto do Espírito. Maomé e o papa se congraçam em defender como um princípio de sua religião que a Escritura não contém uma perfeição de doutrina, mas que algo ainda mais especial tem sido revelado pelo Espírito. Os anabatistas e os libertinos de nossos próprios dias têm extraído do mesmo ponto suas noções absurdas. Mas o espírito que introduz qualquer doutrina ou invenção divorciada do evangelho não passa de um espírito enganador, e não o Espírito de Cristo. Já expliquei o que está implícito por *o Espírito será enviado pelo Pai em nome de Cristo.*

27. Deixo-vos a paz. Com a palavra *paz* ele tem em mente a prosperidade que os homens costumam desejar uns para os outros quando se encontram ou se separam. Essa é a essência da palavra *paz* no idioma hebraico. Ele, pois, faz alusão ao costume ordinário de sua nação; como se quisesse dizer: *Deixo-vos meu adeus.* Mas imediatamente acrescenta que essa *paz* é de muito mais valor do que aquela que geralmente se encontra no seio da sociedade humana, a qual geralmente possui a palavra *paz*, porém gélida em seus lábios, a guisa de cerimônia, ou, se sincera e reciprocamente desejam a *paz*, contudo não podem outorgá-la realmente. Cristo, porém, lhes traz à memória que *sua paz* não consiste em um desejo fútil e sem valor, mas é acompanhada pelo efeito. Em suma, ele diz que se ausentará deles fisicamente, mas que *sua paz* permanecerá com os discípulos; isto é, que serão perenemente felizes através de sua bênção.

Que vosso coração não se turbe. Uma vez mais ele corrige a perplexidade que os discípulos sentiam em decorrência de sua partida. Mas ele lhes diz que ela não é motivo para alarme. Pois a falta que terão é só de sua presença física, porém desfrutarão de sua presença real através do Espírito. Aprendamos a viver sempre satisfeitos com esse tipo de presença, e não demos à carne rédeas soltas, a qual sempre tenta a Deus com suas invenções externas.

28. Se me amais, alegrar-vos-eis. Os discípulos, sem a menor sombra de dúvida, *amavam* a Cristo, porém não como deveriam; pois alguma emoção carnal mesclava seu *amor*, de modo que não podiam suportar sua separação; mas se o tivessem *amado* espiritualmente, não haveria nada que tivessem mais profundamente no coração do que seu regresso para o Pai.

Porque o Pai é maior que eu. Esta passagem tem sido torcida de várias formas. Os arianos, a fim de provar que Cristo é de alguma forma inferior a Deus, argumentavam que *ele é inferior ao Pai*. Os pais ortodoxos, com o fim de remover toda base para tal calúnia, diziam que isso tinha referência a sua natureza humana; mas como os arianos impiamente abusavam desse testemunho, assim a réplica formulada pelos pais a sua objeção nem era correta nem apropriada, pois Cristo não fala agora de sua natureza humana, nem de sua Deidade eterna, mas, acomodando-se a nossa debilidade, coloca-se entre Deus e nós; e de fato, visto não nos ser outorgado atingir as excelsitudes de Deus, Cristo desceu a nós para nos conduzir a elas. *Devíeis alegrar-vos por que regressar ao Pai*. Pois este é o objetivo último que devíeis almejar. Com essas palavras ele não mostra em que aspecto ele em si diferia do Pai, mas por que desceu a nós; e foi para nos unir a Deus; pois enquanto não alcançarmos aquele ponto estamos, por assim dizer, na metade do curso. E se ele não nos conduzir a Deus, só podemos imaginá-lo como sendo meio Cristo e um Cristo mutilado.

Há uma passagem afim nos escritos de Paulo na qual ele diz que Cristo *entregará o reino a Deus, seu Pai, para que Deus seja tudo em todos* [1Co 15.24]. Cristo certamente reina, não só na natureza humana, mas na qualidade de Deus manifestado na carne. Portanto, de que modo ele renunciará ao reino? É porque a Deidade que é agora vista somente na face de Cristo, então será publicamente visível nele. O único ponto de diferença é que Paulo ali descreve a mais elevada perfeição do esplendor divino, cujos raios começaram a brilhar desde o tempo em que Cristo subiu ao céu. Para tornar a matéria mais clara, devemos usar uma linguagem ainda mais nítida. Cristo, aqui, não está fazendo uma comparação entre a Deidade do Pai e a sua, nem entre sua própria natureza humana e a essência divina do Pai, mas, antes, entre seu presente estado e a glória celestial, a qual logo depois ele receberia; como se dissesse: "Vós quereis deter-me no mundo, porém é preferível que eu suba ao céu." Portanto, aprendamos a contemplar o Cristo humilhado na carne para que ele nos conduza à fonte da bendita imortalidade. Pois ele não foi designado nosso guia meramente para elevar-nos à esfera da lua ou do sol, mas para fazer-nos um com Deus o Pai.

[14.29-31]
Eu vo-lo disse agora antes que aconteça, para que, quando acontecer, vós creiais. Doravante já não falarei muito convosco, porque o príncipe deste mundo se aproxima, e nada tem em mim. Mas para que o mundo saiba que eu amo o Pai, e que faço como o Pai me mandou. Levantai-vos, vamo-nos daqui.

29. Eu vo-lo disse agora. Era oportuno que os discípulos fossem admoestados com frequência sobre este ponto, pois este era um segredo que muito excedia a toda capacidade humana. Ele testifica que *está predizendo o que acontecerá, para que, quando acontecer, eles possam crer*. Pois era uma confirmação útil de sua fé trazer-lhes à memória as predições de Cristo e vissem concretizado ante seus olhos o que ouviram previamente de seus lábios. Não obstante, isso parece ser uma sorte de concessão, como se ele dissesse: "Visto que ainda não sois capazes de compreender um mistério tão profundo, sou ainda indulgente convosco até que tudo aconteça, o que servirá como intérprete para explicar esta doutrina." Embora por certo tempo ele parecesse falar a surdos, mas depois era como se suas palavras não fossem disseminadas em vão ou, como diríamos, lançadas ao ar, mas era como uma semente lançada na terra. Ora, como Cristo fala aqui acerca de sua palavra e a concretização dos eventos, assim sua morte, ressurreição e ascensão ao céu são combinados com a doutrina para que produzam fé em nós.

30. Doravante já não falarei muito convosco. Com esta palavra ele pretendia fixar a atenção dos discípulos nele mesmo e imprimir sua doutrina mais profundamente em suas mentes, pois a abundância geralmente tira o apetite, e desejamos mais avidamente o que não temos em nossa posse e nos deleitamos mais no desfruto daquilo que imediatamente será tirado de nós. Portanto, a fim de fazê-los mais desejosos de ouvir suas doutrinas, ele avisa que logo partirá. Embora Cristo não cesse de ensinar-nos durante todo o curso de nossa vida, contudo esta declaração pode ser aplicada para nosso proveito; porque, visto ser breve o curso de nossa vida, devemos abraçar a presente oportunidade.

Pois o príncipe deste mundo se aproxima. Ele poderia ter dito, em linguagem direta, que logo morreria e que a hora de sua morte estava próxima, porém faz uso de um rodeio para fortificar de antemão suas mentes, para que, terrificados pelo gênero tão hediondo e detestável de morte, não desmaiassem. Pois crer nele crucificado seria muito pior que buscar vida no inferno! Primeiramente, ele diz que seu poder será dado a Satanás e em seguida acrescenta que irá embora, não porque se vê compelido a agir assim, mas a fim de obedecer ao Pai.

O diabo é chamado *o príncipe deste mundo*, não porque possua um reino separado do reino de Deus (como os maniqueus imaginavam), mas porque, pela permissão divina, ele exerce sua tirania sobre o mundo. Portanto, sempre que ouvirmos esta designação aplicada ao diabo, envergonhemo-nos de nossa miserável condição; pois por mais profundo que seja o orgulho dos homens, não passam de escravos do diabo até que sejam regenerados pelo Espírito de Cristo; pois sob o termo mundo está inclusa, aqui, toda a raça humana. Não existe senão um Libertador que nos livra e nos resgata de tão terrível escravidão. Ora, visto que esse castigo fora infligido em decorrência do pecado do primeiro homem, e visto que diariamente ele se torna pior em decorrência de novos pecados, aprendamos a odiar tanto a nós mesmos quanto a nossos pecados. Embora sejamos mantidos cativos sob o domínio de Satanás, não obstante esse cativeiro não nos isenta de culpa, pois ele é voluntário. É preciso observar também que, o que é feito pelos ímpios é aqui atribuído ao diabo, porque, já que se deixam impelir por Satanás, tudo o que fazem é com razão considerado obra dele.

E nada tem em mim.¹³ É em decorrência do pecado de Adão que Satanás mantém o domínio da morte, e por isso ele não pode tocar em Cristo, o qual é puro de toda contaminação do pecado, se voluntariamente, Cristo não tiver se sujeitado a ele. E, no entanto, creio haver nessas palavras um sentido mais amplo do que aquele que geralmente explicamos; pois a interpretação ordinária é: "Satanás nada achou em Cristo, pois não há nele nada que mereça a morte, porque ele é puro de toda mancha do pecado." Em minha opinião, porém, Cristo assevera aqui não só sua pureza pessoal, mas igualmente seu poder divino, o qual não estava sujeito à morte; pois era oportuno garantir aos discípulos que ele não cederá à fraqueza para que eles não pensem em seu poder de uma forma inferior. Mas nesta afirmação geral a primeira está também inclusa, a saber: que ao suportar a morte ele não foi compelido por Satanás. Daí inferirmos que ele nos substituiu ao submeter-se à morte.

31. Mas para que o mundo saiba. Há quem creia que estas palavras devam ser lidas como estreitamente conectadas com as palavras: *Levantai-vos, vamo-nos daqui*, para fazer o sentido completo. Outros leem a primeira parte do versículo separadamente e supõem que ela interrompe abruptamente. Uma vez que não faz nenhuma diferença com respeito ao significado, deixo ao leitor dar preferência ao ponto de vista que achar melhor. O que principalmente merece nossa atenção é que o decreto de Deus é aqui posto no mais elevado grau, para que não presumamos que Cristo foi arrastado à morte pela violência de Satanás, de tal sorte que nada aconteceu contrário ao propósito de Deus. Foi Deus quem designou seu Filho para ser o Propiciatório, e quem determinou que os pecados do mundo fossem expiados por sua morte. Para tal concretização, ele permitiu que Satanás, por um breve tempo, o tratasse com escárnio; como se tivesse tido vitória sobre ele. Cristo, pois, não

---

13 Esta é a tradução literal de καὶ ἐν ἐμοὶ οὐκ ἔχει οὐδέν, e corresponde a outras versões modernas; como, por exemplo, a alemã: und hat michts an mir; ainda que Wolfius cite uma redação marginal de uma tradução alemã: an mir wird er nicht finden – *ele nada achará em mim*. A última concorda com a redação grega: καὶ ἐν ἐμοὶ οὐχ εὑρήσει οὐδὲν, *e nada* **achará** *em mim*; e com outra redação: καὶ ἐν ἐμοὶ οὐκ ἔχει οὐδὲν εὑρεῖν, *e não tem* **achado** *nada em mim*.

resiste a Satanás a fim de obedecer ao decreto de seu Pai e assim pudesse oferecer sua obediência como o refém de nossa justiça. **Levantai-vos, vamo-nos daqui.** Alguns creem que Cristo, depois de dizer essas coisas, mudou de lugar e que o que segue foi dito por ele no caminho. Mas, como João em seguida acrescenta que Cristo retirou-se com seus discípulos indo para o ribeiro de Cedron,[14] parece mais provável que Cristo pretendia exortar os discípulos a render a mesma obediência a Deus, da qual viam nele tão eminente exemplo, e não que ele se retirasse com eles naquele momento.

---

14 "Que Christ s'en alla avec ses disciples outre le torrent de Cedron."

Capítulo 15

[15.1-6]
Eu sou a Videira verdadeira, e meu Pai é o agricultor. Todo ramo em mim que não produz fruto será eliminado, e todo ramo que produz fruto ele poda para que produza mais fruto. Vós já estais limpos, em decorrência da palavra que vos tenho falado. Permanecei em mim, e eu em vós. Como o ramo de si mesmo não pode produzir fruto, se não estiver na videira, tampouco podeis vós, se não permanecerdes em mim. Eu sou a Videira, vós sois os ramos. Aquele que permanece em mim, e eu nele, produz muito fruto; pois sem mim nada podeis fazer. Se alguém não permanecer em mim, esse será lançado fora, e secará como um ramo; e os homens o ajuntarão e o lançarão no fogo, e será queimado.

1. Eu sou a Videira verdadeira. O significado geral dessa comparação consiste em que somos, por natureza, estéreis e áridos, a não ser que sejamos enxertados em Cristo, e extraiamos dele um novo poder, o qual não procede de nós mesmos. Tenho seguido outros comentaristas traduzindo ἄμπελος por *vitis* (*uma videira*), e κλήματα por *palmites* (*ramos*). Ora, *vitis* (*uma videira*) denota a própria planta, e não um campo plantado com *videiras*, o que os escritores latinos chamam *vinea* (*uma vinha*); embora às vezes uma vinha seja tomado por *vinea*; como, por exemplo, quando Cícero menciona em um só fôlego: *pauperum agellos et viticulas, os pequenos campos e **pequenas vinhas dos pobres**. Palmites* (*ramos*) são o que se pode chamar os *braços* da árvore, os quais se sobressaem acima do solo. Mas como a palavra grega κλῶμα às vezes denota *uma videira*, e ἄμπελος, *uma vinha*, me disponho mais a adotar a opinião de que Cristo se compara a um campo plantado com *videiras* e nos compara às próprias plantas. Entretanto, sobre este ponto não entro em debate com ninguém; apenas desejo lembrar ao leitor que ele deve adotar aquele ponto de vista que lhe pareça extrair maior probabilidade do contexto.

Em primeiro lugar, que o leitor se lembre da regra que deve ser observada em todas as parábolas. Não devemos examinar minuciosamente cada propriedade da *videira*, mas devemos ter apenas uma visão do objetivo que Cristo tinha em vista ao aplicar a comparação. Ora, há três partes principais: primeiro, que não temos nenhum poder para fazer o bem senão o que procede dele; segundo, que, estando radicados nele, somos vestidos e podados pelo Pai; terceiro, que ele remove os ramos infrutíferos para que sejam lançados no fogo e queimados.

Raramente existe alguém que se envergonhe de reconhecer que tudo de bom que porventura possua procede de Deus; mas, depois de fazerem esse reconhecimento, imaginam que a graça universal lhes fora dada, como se lhes fora inerentemente implantada. Mas Cristo insiste principalmente nisto: que a seiva vital – isto é, toda a vida e vigor[1] – procede tão-somente dele. Daí se segue que a natureza humana é infrutífera e destituída de todo bem; porque ninguém possui a natureza da *videira* até que lhe seja implantada. Mas isso só é dado aos eleitos por graça especial. Assim, pois, o Pai é o primeiro Autor de todas as bênçãos, que nos planta com sua mão; mas o princípio de vida está em Cristo, visto ser nele que começamos a lançar raízes. Quando ele se denomina *a Videira* **verdadeira**, isso significa: *Eu sou* **verdadeiramente** *a videira*, e por isso os homens labutam sem qualquer propósito em buscar vigor em outro lugar, pois de ninguém mais procede fruto proveitoso senão *dos ramos* que serão produzidos por meu intermédio.

---

1 "C'est à dire, toute la vie et vigueur."

2. Todo ramo em mim que não produz fruto. Visto que alguns homens corrompem a graça de Deus, outros, maliciosamente a suprimem e ainda outros, displicentemente a silenciam. Cristo pretende com essas palavras despertar questionamento, declarando que todos *os ramos* que se mostrarem infrutíferos serão cortados *da videira*. Aqui, porém, surge a pergunta: É possível que alguém enxertado em Cristo deixe de produzir fruto? Respondo que muitos que supõem estar *na videira*, segundo a opinião dos homens, na realidade não estão radicados *na videira*. Assim, nos escritos dos profetas, o Senhor chama o povo de Israel *minha videira*, porque, pela profissão externa de fé, mantinham o título de *A Igreja*.

E todo ramo que produz fruto ele poda. Com estas palavras ele mostra que os crentes necessitam de constante cultivo, para que não venham degenerar-se; e que nada de bom produzirão se Deus, continuamente, não aplicar sua mão; pois não será suficiente que uma vez tenham sido participantes da adoção, se Deus não continuar em nós a obra de sua graça. Ele fala de *podar* ou *limpar*,[2] porque nossa carne está saturada de vícios supérfluos e destrutivos e é por demais fértil em produzi-los, e porque eles crescem e se multiplicam sem fim, se não formos *limpos* ou *podados*[3] pela mão de Deus. Ao dizer que as videiras são *podadas, para que produzam fruto mais abundantemente*, ele mostra qual deve ser o progresso dos crentes no curso da genuína religião.[4]

3. Vós já estais limpos em decorrência da palavra. Ele lembra-lhes que *já* experimentaram em si o que ele dissera: que já foram plantados nele e que também já foram *limpos* ou *podados*. Ele realça os instrumentos da *poda*, ou, seja, a doutrina; e não pode haver dúvida de que ele fala da pregação externa, pois menciona expressamente *a palavra*, a qual ouviram de seus lábios. Não que *a palavra* procedente dos lábios humanos tenha tão grande eficácia, mas, no

---

2 "Il parle de tailler ou purger."
3 "Repurgez et taillez."
4 "Des fideles au cours de la vraye religion."

tocante à operação de Cristo no coração por intermédio do Espírito, *a palavra* em si é o instrumento *da limpeza*. Não obstante, Cristo não quer dizer que os apóstolos são puros de todo pecado, porém põe em realce a experiência deles, para que aprendam dela que o seguimento da graça é absolutamente necessário. Além disso, ele lhes encomenda a doutrina do evangelho a partir do fruto que ela produz, para que sejam mais poderosamente impelidos a meditar nela continuamente, visto que ela se assemelha ao podão do viticultor, o qual corta o que é inútil.

4. Permanecei em mim. Ele os exorta a serem solícitos e cuidadosos em guardar a graça que haviam recebido, pois a indiferença da carne nunca pode ser suficientemente despertada. E de fato Cristo não tem outro objetivo em vista senão proteger-nos *como a galinha protege seus pintinhos debaixo de suas asas* [Mt 23.37], para que nossa indiferença não nos extravie e nos faça correr para nossa destruição. A fim de provar que ele não começou a obra de nossa salvação com o propósito de deixá-la imperfeita no meio de seu curso, ele promete que seu Espírito será sempre eficaz em nós, caso não o impeçamos. *Permanecei em mim*, diz ele; *pois estou pronto a permanecer em vós*. E novamente: *Aquele que permanece em mim produz muito fruto*. Com estas palavras ele declara que todos quantos têm nele uma raiz viva são *ramos* produtores de fruto.

5. Sem mim nada podeis fazer. Esta é a conclusão e aplicação de toda a parábola. Enquanto estivermos separados dele, não produzimos fruto que seja bom e aceitável a Deus, pois somos incapazes de fazer algo bom. Os papistas não só atenuam esta afirmação, mas destroem sua substância e, aliás, tudo o que a permeia; pois ainda que nas palavras reconheçam que *nada podemos fazer sem Cristo*, contudo infantilmente, imaginam que possuem algum poder, o qual não é suficiente em si mesmo, mas auxiliado pela graça de Deus, coopera (como dizem), isto é, opera juntamente com ele;[5] pois não podem su-

---

5 "Cooperent, (comme ils disent,) c'est à dire, besongne avec icelle."

portar que o homem seja tão aniquilado ao ponto de nada fazer por si mesmo. Mas essas palavras de Cristo são claras demais para serem evadidas tão facilmente como supõem. A doutrina inventada pelos papistas consiste em que nada podemos fazer sem Cristo, porém que, auxiliados por ele, temos algo propriamente nosso em adição a sua graça. Cristo, porém, em contrapartida, declara que nada podemos fazer por nós mesmos. *O ramo*, diz ele, *de si mesmo não produz fruto*; e por isso ele não só enaltece o auxílio de sua graça cooperante, mas nos priva inteiramente de todo poder, a não ser aquele que ele nos comunica. Consequentemente, este trecho, *sem mim*, deve ser explicado no sentido de *exceto de mim*.

Em seguida vem outro sofisma, porque alegam que *o ramo* possui algo inerente, pois se outro *ramo*, que não é produtivo, for enxertado *na videira*, nada produzirá. Mas isso é de fácil resposta. Pois Cristo não explica o que *o ramo* possui naturalmente, antes de estar unido à videira, mas, antes, significa que começamos a converter-nos em *ramos* no momento em que somos unidos a ele. E de fato a Escritura em outra parte mostra que, antes de estarmos nele, somos madeira seca e inútil.

6. Se alguém não permanecer em mim. Uma vez mais, ele põe diante deles o castigo da ingratidão e, ao agir assim, os estimula e insiste com eles a que perseverem. A perseverança é um dom de Deus, mas a exortação ao temor não é inoportuna, para que nossa carne, através de tão grande indulgência, não nos desarraigue.

É lançado fora e seca como um ramo. Lemos que aqueles que são eliminados de Cristo *secam* como um ramo morto; porque, como o princípio do vigor procede dele, assim também é seu ininterrupto seguimento. Não que sempre aconteça de algum dos eleitos ficarem *secos*, mas porque há muitos hipócritas que, em sua aparência externa, florescem e ficam verdes por certo tempo, mas que depois, quando deveriam produzir frutos, mostram o exato oposto daquilo que o Senhor espera e demanda de seu povo.[6]

---

6 "Lesquels puis apres quand il faut rendre le fruict, monstrent tout le contraire de ce que le Seigneur attend et requiert des siens."

[15.7-11]
Se permanecerdes em mim, e minhas palavras permanecerem em vós, pedireis o que quiserdes,[7] e vos será feito. Nisto meu Pai é glorificado, que deis muito fruto e vos torneis meus discípulos. Como o Pai me tem amado, assim eu vos tenho amado; permanecei em meu amor. Se guardardes meus mandamentos, permanecereis em meu amor, como eu também guardei os mandamentos de meu Pai, e permaneço em seu amor. Estas coisas vos tenho falado, para que minha alegria permaneça em vós, e que vossa alegria seja completa.

7. Se permanecerdes em mim. Os crentes frequentemente sentem que estão famintos e longe estão daquela rica fertilidade para a produção de fruto abundante. Por essa razão acrescenta-se expressamente: Seja o que for que necessitem aqueles que estão em Cristo, há um remédio providenciado para sua pobreza, assim que o peçam a Deus. Esta é uma admoestação muitíssimo útil; pois o Senhor frequentemente tolera ver-nos famintos a fim de nos treinar no solícito exercício da oração. Mas se fugirmos para ele, nunca nos faltará o que pedimos, senão que, de sua abundância inexaurível, nos suprirá de tudo aquilo que necessitamos [1Co 1.5].

Se minhas palavras permanecerem em vós. Sua intenção é dizer que deitamos raízes nele pela fé; pois assim que nos separamos da doutrina do evangelho, buscamos a Cristo separadamente de si mesmo. Quando promete que outorgará tudo quanto quisermos, ele não nos permite que nutramos desejos de conformidade com nossa própria fantasia. Deus faria o que é impróprio para promover nosso bem-estar, se ele fosse exageradamente indulgente e excessivamente pronto a atender-nos; pois bem sabemos que os homens, repetidas vezes, cedem à estultícia e desejos extravagantes. Aqui, porém, ele limita os desejos de seu povo à norma de orar de uma maneira correta, e essa norma sujeita

---

7 "Demandez tout ce que vous voudrez" – "pedirdes tudo quanto quiserdes."

todos nossos afetos ao beneplácito divino. Isso é confirmado pela conexão em que se acham as palavras; pois ele quer dizer que seu povo *quer* ou *deseja*, não riquezas nem honras, nem qualquer coisa desse gênero que porventura a carne estultamente deseje, mas a seiva vital do Espírito Santo, a qual os capacita a produzirem fruto.

8. Nisto meu Pai é glorificado. Esta é a confirmação da afirmação anterior; pois ele mostra que não devemos nutrir dúvida de que Deus ouvirá as orações de seu povo, quando desejam se tornar frutíferos; pois isso contribui mui grandemente para sua glória. Mas com esta finalidade ou efeito ele igualmente acende neles o desejo de fazer o bem; pois nada há que devamos valorizar mais excelentemente do que seja o nome de Deus glorificado por nosso intermédio. O mesmo propósito tem a última sentença: **para que vos torneis meus discípulos**. Pois ele declara que não tem em seu rebanho ninguém que não produza fruto para a glória de Deus.

9. Como o Pai me tem amado. Ele pretendia expressar algo muito mais profundo do que comumente se supõe; pois os que pensam que ele agora fala do santo *amor* de Deus o Pai, que sempre nutriu pelo Filho, filosofam a partir do tema; pois o desígnio de Cristo era, antes, pôr, por assim dizer, em nosso seio uma infalível certeza do *amor* de Deus para conosco. Essa obscura inquirição quanto à maneira em que o Pai sempre *amou* o Filho nada tem a ver com a presente passagem. Mas o amor que aqui se menciona deve ser entendido como se referindo a nós, porque Cristo testifica que *o Pai* o ama como a Cabeça da Igreja. E isso nos é sumamente necessário; pois aquele que, sem um Mediador, inquire como é *amado* por Deus, o envolve num labirinto, no qual não descobrirá a entrada, nem o meio de escapar dali. Devemos, pois, pôr nossos olhos em Cristo, em quem se achará o testemunho e penhor do amor de Deus; pois o amor de Deus fora plenamente derramado nele, para que o mesmo, dele emanasse para seus membros. Ele é distinguido por este título, *o Filho amado*, em quem a vontade do Pai é satisfeita [Mt 3.17]. Mas devemos observar a finalidade, a saber: para que Deus nos aceite nele. Assim, pois, podemos contemplar nele, como num espelho, o amor paternal de Deus para com todos nós; porque ele não é amado isoladamente, nem para sua própria vantagem pessoal, mas para que ele nos una consigo ao Pai.

Permanecei em meu amor. Há quem explique isto neste sentido: que Cristo demanda de seus discípulos *amor* mútuo; outros, porém, o explicam melhor, os quais o entendem como sendo o *amor* de Cristo para conosco. Sua intenção é dizer que desfrutaríamos continuamente daquele amor com que ele uma vez nos amou, e por isso devemos precaver-nos para não privar-nos dele; pois muitos rejeitam a graça que lhes é oferecida; e muitos jogam fora aquilo que uma vez se achava em suas mãos. Assim, pois, visto que uma vez fomos recebidos na graça de Cristo, devemos cuidar para que não nos apostatemos dela através de nosso próprio desvio.

É frívola a conclusão que alguns extraem dessas palavras, de que não existe eficácia na graça de Deus a menos que ela seja socorrida por nossa disposição e firmeza. Pois não admito que o Espírito exige de nós não mais que aquilo que está em nosso próprio poder, senão que ele nos mostre o que devemos fazer, para que, caso nosso vigor seja deficiente, o busquemos em alguma outra fonte. De igual modo, quando Cristo nos exorta, nesta passagem, a perseverarmos, não devemos confiar em nosso próprio vigor e esforço, porém devemos orar àquele que nos ordena, para que ele nos confirme em seu amor.

10. Se guardardes meus mandamentos. Ele nos destaca o método de perseverança. É para que marchemos para onde ele nos chama; porque, como diz Paulo, *agora, pois, já não há condenação para os que estão em Cristo Jesus, que não andam segundo a carne, mas segundo o Espírito* [Rm 8.1]. Pois estas duas coisas estão continuamente unidas: aquela fé que percebe o imerecido amor de Cristo para conosco; e a sã consciência e a novidade de vida. E Cristo não reconcilia os crentes com o Pai para que se dediquem à perversidade sem reserva e sem punição, mas para que, governando-os por seu Espírito, os guarde sob a autoridade e domínio de seu Pai. Daí se segue que o amor de Cristo é rejeitado por aqueles que não comprovam, por sua genuína obediência, que são seus discípulos. Caso alguém objete dizendo que, nesse caso, a segurança de nossa salvação depende de nós mesmos, respondo que é errôneo imprimir tal significado às palavras de Cristo; pois a obediência que os crentes lhe prestam não é a causa pela qual ele continua nos amando, mas é antes o efeito de seu amor. Pois donde provém que respondam a seu chamado, senão porque são guiados pelo Espírito de adoção da livre graça? Mas ainda pode-se imaginar que a condição que nos é imposta é por demais difícil para que *guardemos os mandamentos* de Cristo, os quais contêm a perfeição absoluta da justiça – perfeição essa que excede infinitamente nossa capacidade –, pois daí se segue que o amor de Cristo será impraticável se não formos dotados com pureza angelical. A resposta é fácil, pois quando Cristo fala do desejo de viver uma vida boa e santa, ele não exclui o que constitui o principal artigo em sua doutrina, a saber, aquele que faz alusão à justiça que é imputada gratuitamente em decorrência da qual, através de um perdão gracioso, nossos deveres são aceitáveis a Deus, os quais em si mesmos mereciam ser rejeitados como imperfeitos e profanos. Os crentes, pois, são tidos como que *guardando os mandamentos* de Cristo quando lhes aplicam sua solícita atenção, ainda que estejam bem longe do alvo a que almejam. Porque são libertados daquela rigorosa sentença da lei: *Maldito é aquele que não confirmar todas as palavras desta lei para as cumprir* [Dt 27.26].

Como também tenho guardado os mandamentos de meu Pai.
Visto já estarmos eleitos em Cristo, assim nele se nos exibe a imagem de nossa vocação, de uma maneira vívida. E por isso ele com razão se nos realça como o modelo, cuja imitação todos os santos devem conformar-se. "Em mim", diz ele, "se exibe de modo magnífico a imagem daquelas coisas que demando de vós; pois vedes quão sinceramente sou devotado à obediência a *meu Pai*, e como persevero neste curso. *Meu Pai* igualmente me tem amado, não apenas por um momento, ou

por breve tempo, mas seu amor para comigo é constante." Esta conformidade entre a Cabeça e os membros deve estar perenemente diante de nossos olhos, não só para que os crentes se formem segundo o exemplo de Cristo, mas para que nutram a confiante esperança de que seu Espírito a cada dia os forme de novo para que sejam paulatinamente melhores e para que andem até o fim em novidade de vida.

11. Estas coisas vos tenho falado. Ele acrescenta que seu amor está longe de ser desconhecido dos santos, mas que é percebido pela fé, de modo que desfrutam da bendita paz de consciência; pois a *alegria* que ele menciona flui daquela paz com Deus que é possuída por todos os que já foram justificados pela graça soberana. À medida, pois, que o amor paternal de Deus para conosco é pregado, saibamos que já nos foi dada base para a verdadeira alegria, com a consciência pacificada, para que tenhamos certeza de nossa salvação.

Minha alegria e vossa alegria. Chama-se *alegria de Cristo* e *nossa alegria* em vários aspectos. É *de Cristo* porque ela nos é dada por ele; pois ele é o Autor e a Causa dela. Digo que ele é *a Causa* dela porque fomos isentados da culpa quando *o castigo que traz a paz foi lançado sobre ele* [Is 53.5]. Chamo-o também *o Autor* dela porque, por meio de seu Espírito, ele elimina o medo e a ansiedade de nossos corações e então gera aquela tranquila jovialidade. Lemos que a alegria é *nossa* por uma razão distinta; porque desfrutamos dela desde que nos foi dada. Ora, já que Cristo declara que *falou essas coisas para que os discípulos tivessem alegria*, concluímos dessas palavras que todos os que tiraram o devido proveito deste sermão possuem algo em que possam descansar.

Para que minha alegria permaneça em vós. Com o verbo *permanecer* ele tem em mente que ela não é uma *alegria* frívola nem temporária, mas uma *alegria* que jamais passa nem desaparece. Portanto, aprendamos que devemos buscar na doutrina de Cristo a certeza da salvação, a qual retém seu vigor, seja na vida, seja na morte.

Para que vossa alegria seja completa. Ele acrescenta que esta *alegria* será sólida e *plena*; não que os crentes serão inteiramente livres de toda e qualquer tristeza, mas que a base da *alegria* será muito maior, de modo que nenhum medo, nem ansiedade, nem tristeza os sorveriam em seu abismo; pois aqueles a quem ela foi dada para a glória em Cristo não serão privados, quer pela vida, quer pela morte ou quer por quaisquer angústias, da defesa contra a tristeza.

[15.12-15]
Meu mandamento é este: Que ameis uns aos outros, como eu vos tenho amado. Ninguém tem maior amor que este, de dar alguém sua vida por seus amigos. Vós sois meus amigos, se fazeis o que eu vos mando.[8] Doravante não vos chamo servos, pois o servo não sabe o que faz seu senhor; mas tenho vos chamado amigos, porque vos tenho feito saber todas as coisas que ouvi de meu Pai.

12. Meu mandamento é este. Visto ser próprio que regulemos nossa vida de conformidade com o *mandamento* de Cristo, é necessário, antes de tudo, que entendamos o que é que ele *quer* ou *manda*. Portanto, ele agora reitera o que dissera anteriormente, a saber: que sua vontade, acima de todas as coisas, é que os crentes nutram *mútuo amor* em seu seio. Aliás, o amor e a reverência por Deus vêm primeiro em ordem; mas como a verdadeira prova disto é o *amor* para com nosso próximo, ele insiste primordialmente sobre este ponto. Além disso, como previamente ele se apresentou como padrão na manutenção da doutrina geral, assim agora se apresenta como padrão em um exemplo particular, pois ele amou a todo seu povo para que o mesmo nutrisse amor recíproco. Já falamos no capítulo anterior sobre a razão pela qual ele, nesta passagem, não estabelece nenhuma norma expressa.

13. Ninguém tem maior amor que este. Algumas vezes Cristo proclama a grandeza de seu amor por nós, para confirmar mais plenamente nossa confiança em nossa salvação; agora, porém, ele avança mais, com o fim de nos inflamar, por meio de seu exemplo, a amarmos

---

8 "Tout ce que je vous commande" – "tudo o que eu vos mando."

os irmãos. Não obstante, ele enfeixa ambos; pois significa que devemos provar pela fé quão inestimável e deleitosa é sua bondade; e em seguida nos atrai, dessa maneira, ao cultivo do amor fraternal. Assim Paulo escreve: *Andai em amor, como Cristo também nos amou e se deu por nós em oferenda e sacrifício a Deus de aroma suave* [Ef 5.2]. Deus poderia ter nos redimido com uma única palavra, ou com um mero gesto de sua vontade, se não tivesse proposto algo melhor em nosso benefício, para que, ao não poupar seu próprio e bem-amado Filho, pudesse testificar em sua pessoa o quanto ele se preocupa com nossa salvação. Mas agora nossos corações, se não são atenuados pela inestimável doçura do amor divino, seriam mais empedernidos do que o granito ou o aço.

Mas vem a lume uma pergunta: Como Cristo morreu pelos amigos, visto que *éramos inimigos antes de sermos reconciliados com ele* [Rm 5.10], porque, ao expiar nossos pecados através do sacrifício de sua morte, ele destruiu a inimizade que existia entre Deus e nós? A resposta a esta pergunta se encontra no terceiro capítulo, onde dissemos que, em referência a nós, existe um estado de antagonismo entre nós e Deus, até que nossos pecados sejam apagados pela morte de Cristo; mas que a causa desta graça, que se manifestou em Cristo, era o amor perpétuo de Deus, com que ele amou inclusive todos os que eram seus inimigos.[9] Dessa forma também Cristo deu sua vida por aqueles que eram alienados, mas a quem, mesmo enquanto eram alienados, ele amou, do contrário não teria morrido por eles.

14. Vós sois meus amigos. Sua intenção não é que obtenhamos tão grande honra por nosso próprio mérito, mas apenas nos lembra da condição na qual ele nos recebe em seu favor e se digna de reputar-nos entre seus amigos, como disse um pouco antes: *Se guardardes meus mandamentos, permanecereis em meu amor* [v. 10]. *Porque se manifestou a graça de Deus nosso Salvador, nos ensinando que, negando a impiedade, os desejos mundanos, vivamos sóbria, justa e piedosamente*

---

9 "Veja-se p. ....

neste mundo [Tt 2.11]. Os homens ímpios, porém, que através de seu ímpio desprezo do evangelho injustificadamente se opõem a Cristo, renunciam sua amizade.

15. Doravante não vos chamarei servos. Fazendo uso de outro argumento, ele demonstra seu amor para com os discípulos; ele lhes abriu sua mente de forma plena, como se mantém comunicação familiar entre *amigos*. "Tenho-me condescendido", diz ele, "muito mais no tocante a vós do que um mortal costuma condescender de seus *servos*. Portanto, que isso vos seja levado em conta como sendo uma garantia de meu amor para convosco, ou, seja; que eu vos tenho, de uma maneira bondosa e amiga, explicado os segredos da sabedoria celestial que eu ouvi da parte de meu Pai." É um nobre enaltecimento do evangelho o fato de termos nele [o evangelho] aberto, por assim dizer, o coração de Cristo, de modo a não mais podermos nutrir dúvida a seu respeito ou de a percebermos mesmo que levemente. Não temos razão para querer subir acima das nuvens ou penetrar nas profundezas [Rm 10.6, 7] a fim de obter a certeza de nossa salvação. Estejamos satisfeitos com este testemunho de seu amor para conosco, o qual se acha contido no evangelho, porquanto ele jamais nos enganará. Disse Moisés ao antigo povo: *Que nação há debaixo do céu tão sublimemente favorecida ao ponto de ter Deus junto a si, como o Deus que vos fala neste dia?* [Dt 4.7]. Mas muito mais elevada é a distinção que Deus nos conferiu, visto que Deus se nos comunicou inteiramente em seu Filho. Tão maior é a ingratidão e perversidade dos que, não satisfeitos com a admirável sabedoria do evangelho, soberba e avidamente buscam refúgio nas novas especulações!

Tudo o que ouvi de meu Pai. É indubitável que os discípulos não sabiam tudo o que Cristo sabia, e era impossível que alcançassem uma altitude tão elevada; e visto que a sabedoria de Deus é incompreensível, ele distribui a cada um deles determinada medida de conhecimento, segundo julga ser necessário. Por que, pois, ele diz que revelou *todas as coisas*? Respondo que isso se limita á pessoa e ofício do Mediador. Ele se coloca entre Deus e nós, havendo recebido do santuário secreto de Deus aquelas coisas que nos entregaria – segundo o teor da frase –, de mão em mão. Portanto, nenhuma daquelas coisas que se relacionam com nossa salvação e que nos eram de muita importância sabermos, foi omitida por Cristo nas instruções ministradas aos seus discípulos. Assim, no tocante a ser ele o designado Mestre e Doutor da Igreja, ele nada ouviu do Pai que não houvesse fielmente ensinado a seus discípulos. Que apenas nutramos um humilde desejo e prontidão de aprender, e então sentiremos que Paulo tinha razão em denominar o evangelho de *sabedoria que faz os homens perfeitos* [Cl 1.28].

[15.16-21]
Não fostes vós que me escolhestes, mas eu vos escolhi, e vos ordenei para que vades e deis frutos, e que vosso fruto continue; para que tudo quanto pedirdes ao Pai, em meu nome, ele vo-lo conceda. Estas coisas vos ordeno, que vos ameis uns aos outros. Se o mundo vos odeia, sabei que ele me odiou antes de vos odiar. Se fôsseis do mundo, o mundo amaria o que é dele; mas porque vós não sois do mundo, antes vos escolhi do mundo, por isso o mundo vos odeia. Lembrai-vos da palavra que eu vos disse: O servo não é maior que seu senhor. Se me perseguiram, também vos perseguirão; se guardassem minha palavra, também guardariam a vossa. Mas todas estas coisas farão a vós por causa de meu nome, porque não conhecem aquele que me enviou.

16. Não fostes vós que me escolhestes. Ele declara ainda mais claramente que não se deve atribuir ao próprio mérito deles, mas a sua graça, o fato de terem granjeado uma honra tão imensa; pois quando ele diz que *não fora escolhido por eles*, é como se dissesse: tudo quanto tendes não foi obtido por vossa habilidade ou indústria pessoal. Os homens comumente imaginam algum tipo de concorrência a se dar entre a graça de Deus e a vontade humana; mas o contraste: *Eu vos escolhi, não fostes vós que me escolhestes* reivindica exclusivamente para Cristo unicamente o que é geralmente dividido entre Cristo e o homem; como se ele dissesse que o homem por si só não se move a buscar a Cristo enquanto não for buscado por ele.

Aliás, o tema ora em mãos não é *a eleição* comum dos crentes, por meio da qual eles são adotados como filhos de Deus, mas aquela *eleição especial* por meio da qual ele separa seus discípulos para o ofício de arautos do evangelho. Mas se fosse pelo dom gracioso, e não pelos seus próprios méritos que eles fossem *escolhidos* para o ofício apostólico, muito mais certo é que *a eleição* por meio da qual, de filhos da ira e de semente maldita, nos tornamos filhos de Deus, provém da graça soberana. Além disso, nesta passagem Cristo engrandece sua graça, por meio da qual foram *escolhidos* para serem apóstolos, ao ponto de juntar a ela aquela eleição anterior por meio da qual foram enxertados no corpo da Igreja. Ou, melhor, ele inclui nessas palavras toda a dignidade e honra que lhes conferiu. Não obstante, reconheço que Cristo trata expressamente do apostolado; pois seu desígnio é impelir os discípulos a exercer seu ofício fiel e diligentemente [10]

Ele toma como base de sua exortação o favor imerecido que lhes outorgara; pois quanto maiores forem nossas obrigações para com o Senhor, mais solícitos devemos ser na realização dos deveres que ele demanda de nós; do contrário, nos será impossível evitar a culpa de vil ingratidão. Daí transparece que nada há capaz de acender mais poderosamente em nós o desejo de vivermos vida santa e piedosa do que quando reconhecemos que somos devedores a Deus por todas as coisas, e que nada temos que seja propriamente nosso; que tanto o início de nossa salvação, quanto todas as partes que procedem dela, fluem de sua imerecida mercê. Além disso, quão verdadeira é esta declaração de Cristo. Pode ser claramente percebido do fato de que Cristo *escolheu* para serem seus apóstolos os que, se poderia concluir, eram os mais inaptos de todos para o ofício; ainda que na pessoa deles ele pretendesse preservar um duradouro monumento de sua graça. Pois,

---

10 "Diligemment et fidelement."

como diz Paulo [1Co 2.16], quem entre os homens se achará apto para desempenhar o papel de embaixador, por meio do qual Deus reconcilie consigo mesmo o gênero humano? Ou, melhor, que mortal é capaz de representar a pessoa de Deus? É tão-somente Cristo quem os faz aptos através de sua eleição. Assim Paulo atribui seu apostolado à graça [Rm 1.5], e uma vez mais faz menção do fato de que ele *foi separado desde o ventre de sua mãe* [Gl 1.15]. Ainda mais, visto que somos servos totalmente inúteis, os que parecem ser os mais excelentes de todos não serão aptos para a mais ínfima vocação, até que sejam *escolhidos* para tal. Não obstante, o mais elevado grau de honra a que alguém tenha sido posto, que o mesmo se lembre de que ele está sob as mais profundas obrigações em relação a Deus.

E vos designei. A eleição é oculta até que se faça realmente conhecida. Quando alguém recebe um ofício para o qual foi designado; como Paulo, na passagem que citei um pouco antes, onde afirma que *fora separado desde o ventre de sua mãe*, acrescenta que foi criado apóstolo porque assim foi *do agrado de Deus*. Eis suas palavras: *Quando aprouve a Deus, que me separou desde o ventre de minha mãe, e me chamou por sua graça* [Gl 1.15]. Assim também o Senhor testifica que conheceu Jeremias *antes que ele estivesse no ventre de sua mãe* [Jr 1.5], embora o tenha chamado para o ofício profético no tempo próprio e designado. Sem dúvida pode ocorrer que alguém que é devidamente qualificado tome posse do ofício docente; ou, melhor, comumente ocorre na Igreja que ninguém é chamado até que seja revestido de qualificações necessárias e que elas lhes sejam fornecidas. Não surpreende que Cristo declare ser o Autor de ambos. Visto que é somente por meio dele que Deus age, e ele age juntamente com o Pai. Assim, pois, tanto a eleição quanto a ordenação pertencem igualmente a ambos.

Para que vades. Ele agora ressalta a razão por que fez menção de sua graça. Foi para que se aplicassem ainda mais energicamente à obra. O apostolado não era um lugar de honra sem labor, mas tinham que enfrentar mui grandes dificuldades; e por isso Cristo os encoraja a que não se esquivassem da luta, dos aborrecimentos e dos perigos.

Este argumento é extraído do propósito que devem ter em vista; Cristo, porém, raciocina a partir do efeito, quando diz: **Para que deis fruto.** Pois dificilmente seria possível que alguém se devotasse sincera e diligentemente à obra, se não esperasse que o labor lhe trouxesse algum proveito. Cristo, pois, declara que seus esforços não seriam inúteis nem sem êxito, contanto que estivessem dispostos a obedecer e a seguir quando os chamasse.[11] Pois ele não só inculca nos apóstolos que sua vocação envolve e demanda, mas lhes promete também prosperidade e sucesso, para que não sejam frios e indiferentes. Dificilmente seja possível dizer quão grande é o valor desta consolação contra aquelas numerosas tentações que diariamente recaem sobre os ministros de Cristo. Sempre que nos virmos, pois, mergulhados em dificuldades, evoquemos a lembrança de que por fim impedirá que nossos esforços sejam inúteis ou improdutivos, pois a principal concretização desta promessa será no tempo oportuno em que não haverá nenhuma aparência de *fruto*. Os escarnecedores e aqueles a quem o mundo reputa como sábios ridicularizam nossas tentativas como sendo loucas, e nos dizem que nada nos resultará a tentativa de misturar céu e terra. Porque o *fruto* ainda não corresponde a nossos desejos. Mas, visto que Cristo prometeu aquele feliz resultado, ainda que por algum tempo esteja oculto, ele surgirá, labutemos diligentemente no cumprimento de nosso dever em meio aos deboches do mundo.

E para que vosso fruto permaneça. Então surge a pergunta: por que Cristo diz que este *fruto* será perpétuo? Como a doutrina do evangelho conquista almas para Cristo, para a salvação eterna, muitos pensam que esta é a perpetuidade *do fruto*. Mas estendo a afirmação muito mais, significando que a Igreja durará até o fim do mundo; pois o labor dos apóstolos produz *fruto* até nossos próprios dias e nossa proclamação não se dirige a uma única época, mas ampliará a Igreja, de modo que novo *fruto* será visto proliferando depois de nossa morte.

---

11 "A obeir et suyvre où il les appellera."

Ao dizer, *vosso fruto*, ele fala como se ele fosse obtido por seu próprio esforço, embora Paulo ensine que *nada é o que planta ou o que rega* [1Co 3.7]. E a formação da Igreja é uma obra de Deus tão excelente, que a glória dela não deve ser atribuída aos homens. Mas como o Senhor exibe seu poder pela agência dos homens, para que não trabalhem em vão, ele costuma transferir para eles até mesmo aquilo que pertence peculiarmente a ele. Entretanto, lembremo-nos de que, quando ele tão graciosamente enaltece a seus discípulos, é para encorajá-los, e não para ensoberbecê-los.

Para que vosso Pai vos dê tudo quanto pedirdes em meu nome. Esta frase não foi acrescida abruptamente, como muitos supõem; porque, já que o ofício docente muito excede o poder dos homens, acrescenta-se a ele inumeráveis ataques de Satanás, os quais nunca poderiam ser aparados senão pelo poder de Deus. Para que os apóstolos não desfibrassem em sua coragem, Cristo os mune com um auxílio mui valioso; como se quisesse dizer: "Se a obra que vos foi designada for demasiadamente grande, ao ponto de serdes incapazes de cumprir os deveres de vosso ofício, meu Pai não vos abandonará; pois vos designei para serdes ministros do evangelho nesta condição: que meu Pai terá sua mão estendida para assistir-vos, sempre que orardes, *em meu nome*, para que ele vos conceda assistência." E de fato a maioria dos mestres ou se enfraquece pela indolência, ou se entrega totalmente à desesperança; e isso surge porque negligenciam o dever da oração.

Esta é a promessa de Cristo, pois, nos incita a invocar a Deus; pois quem quer que reconheça que o sucesso de sua obra depende tão-somente de Deus lhe oferecerá seu labor com temor e tremor. Em contrapartida, se alguém, confiando em sua própria capacidade, desconsidera a assistência divina, esse ou jogará fora sua lança e seu escudo, quando deparar-se com a provação, ou se verá envolto num torvelinho de atividade, porém sem qualquer progresso. Ora, aqui devemos pôr-nos em guarda contra dois erros: o orgulho e a falta de confiança; porque, como a assistência divina é temerariamente desconsiderada por aqueles que pensam que o problema já se acha em seu próprio poder, tantos mergulham nas dificuldades por não considerarem que lutam pelo poder e proteção de Deus, sob cuja bandeira avançam para o campo de batalha.

17. Estas coisas vos ordeno. Este também era um auxílio apropriado, para que os apóstolos soubessem que o amor mútuo entre os ministros é requerido acima de todas as coisas, para que se envolvam voluntariamente na edificação da Igreja de Deus; pois não existe maior empecilho do que cada um de nós trabalhar isoladamente, quando tudo quanto faz não promove o bem comum. Se, pois, os ministros não mantiverem comunhão fraterna uns com os outros, possivelmente conseguirão cumular grandes obras, porém totalmente desordenadas e confusas, e nunca se destinarão à edificação de uma igreja.

18. Se o mundo vos odeia. Depois de haver armado os apóstolos para a batalha, Cristo os exorta igualmente à paciência; pois o evangelho não pode ser publicado sem a cada instante mover o mundo à ira. Por conseguinte, nunca será possível que os mestres piedosos evitem o ódio do mundo. Cristo lhes comunica as primeiras informações a esse respeito, para que não experimentem o que geralmente sucede aos marinheiros de primeira viagem, os quais, por falta de experiência, são valentes antes de toparem com seus inimigos, porém tremem assim que a batalha tem início. E Cristo não apenas previne seus discípulos de que nada pode acontecer-lhes que seja novo e inesperado, mas também os confirma por seu próprio exemplo; pois não é razoável que Cristo seja *odiado pelo mundo* e que nós, que representamos sua pessoa, tenhamos o mundo a nosso favor, o qual sempre ama a si próprio.

Vós sabeis. Traduzi o verbo γινώσκετε no modo indicativo, *vós sabeis*; mas se alguém preferir traduzi-lo no modo imperativo, *sabei vós*, não faço objeção, porque isso não traz mudança ao significado. A maior dificuldade está na frase que segue imediatamente, πρῶτον ὑμῶν, *antes de vós*; pois ao dizer que ele vem *antes* dos discípulos, isso pode ser uma indicação ou de *tempo* ou de *posição*. A primeira explicação tem sido mais geralmente aceita, isto é: Cristo *foi odiado pelo mun-*

do antes que os apóstolos fossem *odiados*. Porém prefiro a segunda explicação, isto é: Cristo, que é muito mais exaltado acima de todos eles, não foi isentado do ódio do mundo, e por isso seus ministros não devem recusar a mesma condição; pois a fraseologia é a mesma que aquela que já vimos duas vezes antes, nos versículos 27 e 30 do primeiro capítulo deste livro: *Aquele que vem antes de mim tem a primazia* (ὅτι πρῶτός μου ἦν), *pois ele existia antes de mim.*

19. Se fôsseis do mundo. Esta é outra consolação, que a razão pela qual são *odiados pelo mundo* é porque foram separados dele. Ora, esta é sua verdadeira felicidade e glória, porque dessa forma foram resgatados da destruição.

Eu, porém, vos escolhi do mundo. *Escolher*, aqui, significa *separar*. Ora, se foram *escolhidos do mundo*, segue-se que eram uma parte *do mundo*, e que somente pela misericórdia divina que vieram a se distinguir do resto que perece. Além disso, pelo termo, *o mundo*, Cristo descreve, nesta passagem, todos quantos não foram regenerados pelo Espírito de Deus; pois ele contrasta a Igreja com *o mundo*, como veremos mais plenamente no capítulo dezessete. E, contudo, esta doutrina não contradiz a exortação de Paulo: *Se for possível, quanto estiver em vós, tende paz com todos os homens* [Rm 12.18]; pois a exceção que ele acrescenta equivale a isto: que ninguém, ao buscar agradar *o mundo*, pode ceder a suas corrupções.

Mas há ainda outra objeção que se poderia alegar; pois vemos que comumente sucede que homens perversos, que pertencem *ao mundo*, são não só *odiados*, mas amaldiçoados por outros. Certamente que neste aspecto o mundo *ama* não *o que é propriamente seu*. Respondo que os homens mundanos, que se deixam regular pela percepção de sua carne, nunca sentem verdadeiro ódio pelo pecado, mas só até onde se veem afetados pela consideração de sua própria conveniência ou prejuízo. E, contudo, a intenção de Cristo não era negar que *o mundo* espumeja e ruge em seu íntimo por discórdias internas. Ele apenas pretendia mostrar que *o mundo* nada *odeia* nos crentes senão o que provém de Deus. E daí também transparecer claramente quão fúteis são os sonhos dos anabatistas, os quais concluem deste único argumento que são os servos de Deus só porque desagradam a maioria dos homens. Pois é fácil replicar que muitos dos que são *do mundo* favorecem a doutrina deles só porque se deleitam com a idéia de existir muita coisa em deprimente confusão; enquanto muitos que estão *fora do mundo* a odeiam, só porque nutrem forte desejo que a boa ordem do estado permaneça ininterrupta.

20. Lembrai-vos da palavra. Pode-se também ler no modo indicativo: *vos lembrais da palavra*, e o significado não é muito diferente; mas creio que é mais adequado ler a frase no modo imperativo: *Lembrai-vos da palavra*. É uma confirmação do que Cristo falou imediatamente antes, ao dizer que era odiado pelo mundo, ainda que fosse muito mais excelente do que seus discípulos; pois não é razoável que a condição do *servo* seja melhor do que a de seu *senhor*. Tendo falado de pessoas, ele igualmente faz menção de doutrina.

Se guardassem minha palavra, também guardariam a vossa. Nada gera mais intranquilidade nos santos do que quando veem a doutrina, que provém de Deus, soberbamente desprezada pelos homens; pois é realmente chocante e terrível e tal visão pode abalar o coração mais resoluto. Mas quando, em contrapartida, nos lembramos de que não menos obstinada resistência se manifestou contra o próprio Filho de Deus, não precisamos ficar surpresos se a doutrina de Deus for tão pouco reverenciada entre os homens. Ao denominá-la de *minha doutrina* e *vossa doutrina*, isso se refere ao ministério. Cristo é o único Mestre da Igreja; ele, porém, pretendia que *sua doutrina*, da qual fora o primeiro Mestre, fosse depois proclamada pelos apóstolos.

21. Mas todas essas coisas farão a vós. Cristo assinala qual a razão que o leva o mundo celeremente, por cega ignorância, a sua própria destruição uma vez que a fúria que possui é tão monstruosa, que se enfurece contra a doutrina de sua própria salvação. Pois ninguém deliberadamente se engajaria em franca batalha contra Deus. Portanto, é a cegueira e a ignorância em relação a Deus que se assenhoreiam do mundo ao ponto de o mesmo não hesitar em declarar guerra contra

Cristo. Devemos, pois, observar sempre a causa de tal conduta, e que a genuína consolação consiste em nada mais além do que testemunho de uma boa consciência. Também desperta gratidão em nossa mente quando o mundo perece em sua cegueira, enquanto Deus nos comunica sua luz. É preciso também entender que o ódio por Cristo emana da estupidez mental, quando Deus não é conhecido; pois, como sempre afirmo, a incredulidade é cega; não que os ímpios não entendam ou nada conheçam, mas porque todo o conhecimento que possuem é confuso e rapidamente se desvanece. Já tratei deste tema mais amplamente em outro lugar.

[15.22-27]
Se eu não viera e nem lhes houvera falado, não teriam pecado; mas agora não têm justificativa para seu pecado. Aquele que me odeia, odeia também a meu Pai. Se eu não fizesse entre eles as obras que nenhum outro fez, não teriam pecado; mas agora têm visto e odiado tanto a mim quanto a meu Pai. Mas é para que se cumpra a palavra que está escrita na lei: Odiaram-me sem causa. Mas quando vier o Consolador, a quem enviarei da parte do Pai, o Espírito da verdade, que procede do Pai, ele testificará de mim. E vós também dareis testemunho [ou, sereis testemunhas], porque estais comigo desde o princípio.

22. Se eu não viera. Ele dissera que os judeus haviam considerado o evangelho com ódio, só porque não conheciam a Deus. Para que ninguém pensasse que isso se destinava a aliviar sua culpa, ele acrescenta ser através da malícia que eram cegos, justamente como alguém que fecha seus olhos a fim de não se vir compelido a divisar a luz. Pois do contrário se poderia apresentar como objeção contra Cristo: "Se não conhecem a teu Pai, por que então não curas sua ignorância? Por que pelo menos não fazes um teste se são ou não totalmente culpados de não se deixarem instruir?" Ele replica que cumpriu o dever de um bom e fiel Mestre, porém sem sucesso, porque a malícia deles não os deixaria adquirir saúde mental. Na pessoa desses homens, ele pretendia golpear com terror a todos quantos rejeitavam a verdade de Deus ao lhes ser oferecida, ou intencionalmente lutam contra ela, quando a mesma se faz conhecida. E ainda que uma terrível vingança os aguarde, contudo Cristo, nesta passagem, visa principalmente a seus próprios discípulos, com o intuito de animá-los pela confiante e bem fundamentada expectativa da vitória. Para que, em qualquer tempo, não cedessem à malícia dos ímpios, pois quando aprendemos que tal será o resultado, podemos de antemão triunfar, como se estivéssemos no meio da batalha.

Não teriam pecado. Pode-se imaginar que Cristo pretendesse, com estas palavras, dizer que não há outro pecado além da incredulidade; e há quem pense assim. Agostinho fala mais sobriamente, porém se aproxima dessa opinião; pois visto que a fé perdoa e apaga todos os pecados, diz ele, que a incredulidade é o único pecado que amaldiçoa uma pessoa. Isso é verdade, porque a incredulidade não só impede que os homens sejam libertados da condenação da morte, mas é também é a fonte e causa de todos os males. Mas a totalidade de tal raciocínio não pode ser aplicável à presente passagem; pois a palavra *pecado* não é tomada num sentido geral, mas como relacionada com o tema que ora está sob consideração; como se Cristo dissesse que a ignorância deles é totalmente injustificada, porquanto em sua pessoa maliciosamente rejeitavam a Deus; como quando declaramos uma pessoa inocente, justa e pura, querendo nós meramente inocentá-la de um único crime do qual fora acusada. Portanto, a absolvição de Cristo se confina a um tipo de *pecado*, porque este elimina dos judeus todo pretexto de ignorância quanto a este *pecado*[12] de desprezar e odiar o evangelho.

Mas há ainda outra pergunta que vem a lume: "A incredulidade não era suficiente para condenar os homens antes da vinda de Cristo?" Há fanáticos que tiram conclusões apressadas desta passagem, dizendo que todos quantos vieram antes de Cristo morreram sem fé

---

12 "En ce peché."

e permaneceram num estado de dúvida e expectativa até que Cristo se manifestasse a eles; como se não houvesse muitas passagens bíblicas que testificassem que a consciência deles sozinha era suficiente para condená-los. *A morte*, diz Paulo, *reinou no mundo até Moisés* [Rm 5.14]. E novamente declara que *os que pecaram sem lei, sem lei perecerão* [Rm 2.12]. O que, pois, Cristo tinha em mente? Há indubitavelmente uma admissão feita nessas palavras, pelas quais ele quer dizer que os judeus nada mais têm a oferecer para atenuar sua culpa, visto que consciente e voluntariamente rejeitavam a vida que lhes era oferecida. Assim a escusa que lhes apresenta não os isenta de toda responsabilidade, senão que meramente atenua a hediondez de seu crime, segundo a declaração: *O servo que conhece a vontade de seu senhor, e a despreza, será severamente castigado.*[13] Pois não era a intenção de Cristo, aqui, prometer perdão a alguém, mas fomentar convicção em seus inimigos que obstinadamente rejeitavam a graça de Deus, para que ficasse plenamente evidente que eram indignos de todo perdão e misericórdia.

Se eu não viera, e nem lhes houvera falado. Deve-se observar que ele não fala de sua vinda, propriamente dita, mas como conectada com sua doutrina; pois não teriam sido declarados culpados de tão grande crime somente por causa de sua presença física, mas o desprezo da doutrina os tornava totalmente indesculpáveis.

23. Aquele que me odeia, também odeia a meu Pai. Aqui está uma passagem notável, a qual nos ensina que ninguém pode odiar a doutrina do evangelho sem manifestar sua impiedade contra Deus. Aliás, há muitos que verbalmente professam algo diferente, pois embora o evangelho lhes cause aversão, contudo desejam ser considerados bons servos de Deus; tal atitude, porém, é falsa, porquanto o desprezo por Deus se acha oculto em seu íntimo. Dessa maneira Cristo desvenda a hipocrisia de muitos mediante a luz de sua doutrina; e sobre este

---

13 O autor cita, como frequentemente faz, de memória; mas a passagem literalmente é assim: "E o servo que soube a vontade de seu senhor, e não se aprontou, nem fez conforme sua vontade, será castigado com muitos açoites" [Lc 12.47].

tema já falamos mais amplamente naquela passagem: *Todo aquele que pratica o é mal odeia a luz* [Jo 3.20]; e naquela passagem: *Quem não honra o Filho, não honra o Pai* [Jo 5.23].

24. Se eu não fizera entre eles as obras. Sob a palavra *obras* ele inclui, em minha opinião, todas as provas que dera de sua glória divina; pois por meio dos milagres e pelo poder do Espírito Santo, bem como por meio de outras demonstrações, ele claramente provou ser o Filho de Deus, de modo que nele foi claramente contemplada a majestade *do Filho Unigênito*, como já vimos no versículo 14 do primeiro capítulo. Comumente se objeta dizendo que ele não realizou mais milagres nem maiores milagres que Moisés e os Profetas. A resposta é bem notória, a saber: Cristo é mais eminente no campo dos milagres neste aspecto: que ele não era meramente um ministro, como os demais, senão que foi estritamente o Autor deles; pois empregou seu próprio nome, sua própria autoridade e seu próprio poder na realização dos milagres. Mas, como eu já disse, ele inclui em geral todos os testemunhos do poder celestial e espiritual por meio dos quais sua Deidade fora exibida.

Têm visto e odiado. Ele conclui que seus inimigos não podem escapar por quaisquer subterfúgios a que porventura recorressem, visto que desprezavam seu poder, o qual evidentemente era plenamente divino; pois Deus manifestou publicamente sua Deidade no Filho; e por isso não lhes serviria a qualquer propósito dizer que se defrontavam com um mero homem mortal. Esta passagem nos lembra de levarmos em conta atentamente as obras de Deus, nas quais, ao exibir seu poder, ele quer que lhe prestemos aquela honra que é exclusivamente dele. Daí se segue que todos quantos obscurecem os dons divinos, ou que desdenhosamente os ignoram, são maliciosos e ingratos para com Deus.

25. Mas para que se cumpra a palavra. O que contraria a natureza parece ser incrível. Nada, porém, é mais contrário à razão do que odiar a Deus; e por isso Cristo diz que tão grande era a malícia com que deixaram suas mentes envenenar-se, que *o odiavam sem causa*.

Cristo cita a passagem do Salmo 35.19, a qual, diz ele, agora *se cumpria*. Não que o mesmo não tivesse acontecido anteriormente a Davi, mas para reprovar a obstinada malícia da nação, a qual reinara séculos após séculos, sendo seguida dos avós para os netos em sucessão contínua; como se ele dissesse: em nenhum aspecto eram melhores que seus pais que *odiaram* a Davi *sem causa*.

Que está escrito em sua lei. Com a palavra *lei* ele tem em mente os Salmos; pois toda a doutrina dos Profetas nada mais era do que um apêndice *à lei*; e sabemos que o ministério de Moisés durou até o tempo de Cristo. Ele a denomina de *vossa lei*, não como uma expressão de respeito por eles, mas para feri-los mais profundamente por uma designação que era bem notória entre eles; como se dissesse: "Eles têm uma lei que lhes foi transmitida por direito hereditário, na qual veem sua moral retratada para a vida."

26. Mas quando vier o Consolador. Depois de haver explicado aos apóstolos que o evangelho não devia ser menos sumamente valorizado por eles, só porque ele tem muitos adversários, inclusive no seio da própria Igreja, Cristo agora, em oposição à perversa fúria daqueles homens, produz o testemunho do Espírito; e se sua consciência repousa nesse testemunho, jamais serão abalados; como se quisesse dizer: "É verdade que o mundo se enfurecerá contra vós: alguns escarnecerão e outros amaldiçoarão vossa doutrina; porém nenhum de seus ataques será tão violento ao ponto de abalar a solidez de vossa fé, quando *o Espírito Santo* vos for dado para estabelecer-vos por meio de seu testemunho." E de fato quando o mundo ruge de todos os lados, nossa única proteção é que a verdade de Deus, selada pelo Espírito Santo em nossos corações, despreza e desafia tudo o que está no mundo; porque, se estivesse sujeita às opiniões dos homens, nossa fé seria esmagada centenas de vezes em um só dia.

Portanto, precisamos observar criteriosamente de que maneira devemos permanecer firmes entre tantas tempestades. É porque *recebemos, não o espírito do mundo, mas o Espírito que procede de Deus, para que conheçamos as coisas que nos foram dadas por Deus* [1Co

2.12]. Esta Testemunha singular poderosamente diminui, dispersa e subverte tudo quanto o mundo erige para obscurecer ou esmagar a verdade de Deus. Todos quantos são revestidos com este Espírito longe estão do perigo de cair em desespero por causa do ódio ou do desprezo do mundo, porque cada um deles conquistará uma gloriosa vitória sobre o mundo inteiro. Não obstante, devemos precaver-nos de confiar na boa opinião dos homens; pois enquanto a fé oscilar dessa maneira, ou, melhor, enquanto ela estiver ausente do santuário de Deus, se verá envolvida em miserável incerteza. Portanto, ela deve ser trazida de volta ao testemunho íntimo e secreto do Espírito, o qual, os crentes bem o sabem, lhes foi dado do céu.

Lemos que o Espírito *testifica de Cristo*, porque ele retém e fixa nossa fé somente nele, para que não busquemos em nenhum outro lugar nenhuma parte de nossa salvação. Ele o denomina também de *Consolador*, para que, confiando em sua proteção, nunca nos perturbemos; pois com este título Cristo pretendia fortificar nossa fé, para que não cedeêssemos a nenhuma tentação. Ao denominá-lo de *o Espírito da verdade*, devemos aplicar o termo à matéria em mãos; pois devemos pressupor um contraste com este propósito: quando não contam com esta Testemunha, os homens são levados a vários caminhos e não conseguem encontrar nenhum lugar de repouso estável, mas, sempre que ele fala, ele livra as mentes dos homens de toda dúvida e do medo de serem enganados.

Ao dizer que *o enviará da parte do Pai*, e novamente, que *ele procede do Pai*, ele não age assim a fim de aumentar peso a sua autoridade; pois o testemunho do Espírito não seria suficiente contra ataques tão poderosos e contra esforços tão numerosos e ferozes, se não fôssemos convencidos de que *ele procede de Deus*. Assim, pois, é Cristo quem envia o Espírito, porém é da glória celestial que ele é enviado, para que saibamos que este não é um dom dos homens, mas um infalível penhor da graça divina. Daí constatar quão pueril era a sutileza dos gregos ao argumentarem, com base nestas palavras, que o Espírito não *procedia* do Filho; pois aqui Cristo, segundo seu costume, menciona *o Pai* a fim

27. E vós também dais testemunho. A intenção de Cristo é dizer que o testemunho *do Espírito* não será de tal natureza que os apóstolos o teriam para seu benefício pessoal, ou para que somente eles o desfrutassem, mas que por meio deles, esse testemunho fosse amplamente difundido, porque seriam os órgãos do Espírito, como de fato ele falou por meio de seus lábios. Agora vemos de que maneira *a fé vem pelo ouvir* [Rm 10.17], e, contudo, deriva sua certeza do *selo* e *penhor do Espírito* [Ef 1.13, 14]. Os que não conhecem suficientemente as trevas da mente humana imaginam que a fé é formada naturalmente, só pela audição e pregação;[14] e há muitos fanáticos que desdenham da pregação externa e falam em termos macios de revelações e inspirações secretas (ἐνθουσιασμοὺς). Vemos, porém, como Cristo enfeixa estas duas coisas; e, portanto, ainda que não exista fé alguma até que o Espírito de Deus sele nossas mentes e corações, contudo não devemos sair em busca de visões ou oráculos nas nuvens, mas a palavra: *a qual está perto de nós, em nossa boca e coração* [Rm 10.8], deve manter todos nossos sentidos limitados e fixados em si mesma, como diz Isaías de uma forma tão bela: *Quanto a mim, esta é minha aliança com eles, diz o Senhor: meu Espírito, que está sobre ti, e minhas palavras, que pus em tua boca, não se desviarão de tua boca nem da boca da descendência de tua descendência, diz o Senhor, desde agora e para todo o sempre* [Is 59.21].

Porque vós estais comigo desde o princípio. Esta sentença foi acrescida a fim de nos informar que tão grande crédito se deve aos apóstolos por esta causa: que eram testemunhas oculares do que relatam; como diz João: *o que ouvimos, o que vimos, o que nossas mãos apalparam, vos declaramos* [1Jo 1.1]; pois assim o Senhor pretendia suprir nosso bem-estar de todas as formas possíveis, para que nada faltasse para a plena confirmação do evangelho.

---

14 "De la seule ouye et predication."

Capítulo 16

[16.1-7]
Tenho-vos falado essas coisas para que não vos escandalizeis. Eles vos expulsarão das sinagogas; sim, vem o tempo em que todo aquele que vos matar acreditará estar oferecendo um serviço a Deus. E vos farão essas coisas porque não conhecem o Pai, nem a mim. Mas vos tenho falado essas coisas para que, quando chegar o tempo, vos lembreis de que vos falei delas. E não vos disse essas coisas no início porque eu estava convosco. E agora eu vou para aquele que me enviou, e nenhum de vós me pergunta: Para onde vais? Mas porque eu vos disse essas coisas, a tristeza vos encheu o coração. Digo-vos, porém, a verdade; e vos é conveniente que eu vá, porque, se eu não for, o Consolador não virá para vós; mas, se eu for, eu vo-lo enviarei.

1. Tenho-vos falado essas coisas. Uma vez mais ele declara que *nenhuma dessas coisas que ele falou* é supérflua; porque, já que os aguardam guerras e desavenças, é necessário que sejam supridos de antemão com as armas necessárias. Não obstante, ele também tem em mente que, se meditassem profundamente em sua doutrina, estariam plenamente preparados para a resistência. Lembremo-nos de que o que ele então disse aos discípulos é também dirigido a nós. E em primeiro lugar devemos entender que Cristo não envia seus seguidores aos campos desarmados, e por isso que, se alguém fracassar nessa guerra, sua própria indolência é sua única culpa. E, no entanto. não devemos esperar até que a luta seja realmente iniciada, mas, antes, devemos diligenciar-nos por tornar-nos bem familiarizados com estes discursos de Cristo e fazê-los familiares a nossas mentes, de modo que marchemos para o campo de batalha tão logo se faça necessário; pois não devemos nutrir dúvida de que a vitória está em nossas mãos enquanto essas admoestações de Cristo estiverem profundamente impressas em nossas mentes. Pois quando ele diz: *para que não vos escandalizeis*, sua intenção era que não há perigo de que sejamos desviados do curso certo. Mas quão poucos há que aprendem esta doutrina de uma maneira correta, é evidente à luz deste fato que aqueles que pensam que a conhecem de coração quando estão aquém do alvo, prontamente se veem obrigados a entrar em real combate em vez de se renderem, como se fossem totalmente ignorantes e nunca tivessem recebido qualquer instrução.[1] Portanto, habituemo-nos a usar esta armadura de maneira tal que jamais escape de nossas mãos.

2. Eles vos expulsarão das sinagogas. Esta não era uma ofensa leve a perturbar suas mentes, a saber: que estavam para ser banidos, como pessoas perversas, da assembleia dos santos; ou, pelo menos, do seio daqueles que se vangloriavam de ser o povo de Deus e se gloriavam do título *A Igreja*. Pois os crentes estão sujeitos não só a perseguições, mas também a ignomínia e opróbrios, como nos conta Paulo [1Co 4.12, 13]. Cristo, porém, os estimula a permanecerem firmes contra tal ataque; porque, embora *sejam banidos das sinagogas*, contudo permanecem no seio do reino de Deus. Sua afirmação equivale a isto: que não desmaiemos ante aos perversos juízos dos homens, mas suportemos ousadamente o opróbrio da cruz de Cristo, felizes com esta única consideração: que nossa causa, a qual os homens injusta e perversamente condenam, é aprovada por Deus.

Daí também inferirmos que os ministros do evangelho não só são maltratados pelos confessos inimigos da fé, mas às vezes também suportam os maiores opróbrios daqueles que parecem pertencer à Igreja,

---

1 "Et que jamais ils n'en eussent ouy parler."

e que são inclusive reputados como suas colunas. Os escribas e sacerdotes, por quem os apóstolos eram condenados, se vangloriavam de ser designados por Deus como os juízes da Igreja; e de fato o governo ordinário da Igreja estava em suas mãos e o ofício de julgar provinha de Deus, e não dos homens. Mas por sua tirania tinham corrompido toda aquela ordem que Deus havia designado. A consequência foi que o poder que lhes fora dado para edificação veio a ser nada mais que uma cruel opressão sobre os servos de Deus; e a excomunhão, que deveria ter sido uma medicina para purificar a Igreja, se converteu num propósito oposto, para eliminar dela o temor de Deus.

Visto que os apóstolos conheciam isto por experiência própria, em sua própria época, não temos razão de ficar profundamente alarmado ante as excomunhões papais, com as quais trovejam contra nós por causa do testemunho do evangelho; pois não devemos temer que nos prejudiquem mais do que as antigas excomunhões que foram lançadas contra os apóstolos. Sim, nada é mais desejável do que ser expulso daquela assembleia da qual Cristo já foi banido. Contudo observemos que, embora o abuso da excomunhão fosse tão grosseiro, contudo não efetuava a destruição daquela disciplina que Deus instituiu em sua Igreja desde o princípio; porque, embora Satanás devote seus esforços máximos em corromper todas as ordenanças de Deus, não devemos ceder a ele, ao ponto de eliminar, em decorrência das corrupções, o que Deus instituiu para ser perpétuo. Portanto, a excomunhão, não menos que o Batismo e a Ceia do Senhor, deve ser reconstituída, pela correção dos abusos, a sua prática pura e legítima.

Mas vem a hora. Cristo insiste ainda mais demoradamente sobre este escândalo: que os inimigos do evangelho reivindicam para si tanta autoridade, que acreditam estar oferecendo sacrifícios a Deus quando assassinam os crentes. É por si mesmo suficientemente duro que pessoas inocentes sejam cruelmente atormentadas, mas é muito mais grave e angustiante que tais ultrajes que os perversos cometem contra os filhos de Deus sejam considerados castigos justamente devidos a eles por causa de seus crimes. Mas devemos estar tão plenamente certos da proteção de uma boa consciência, que suportemos pacientemente ser oprimidos por algum tempo, até que Cristo surja do céu para defender a causa que é sua e nossa.

Entretanto, pode parecer estranho que os inimigos da verdade, ainda que cônscios de sua própria perversidade, não só imponham aos homens, mas inclusive na presença de Deus, reivindiquem louvores para sua injusta crueldade. Respondo que os hipócritas, ainda que sua consciência os acuse, sempre recorrem aos aplausos para enganar-se a si mesmos. São ambiciosos, cruéis e soberbos, porém cobrem todos esses vícios com o manto do zelo, para que se escondam neles sem qualquer restrição. A isto se acrescenta o que se pode chamar *furiosa embriaguez*, após haver provado o sangue dos mártires.

3. E farão essas coisas. Não é sem boa razão que Cristo frequentemente lembra os apóstolos desta consideração: que só há uma razão para os incrédulos se enraivecerem tão intensamente contra eles. É porque não conhecem a Deus. No entanto, isso é dito não com o propósito de atenuar sua culpa, mas para que os apóstolos ousadamente desprezassem sua fúria cega; pois às vezes sucede que a autoridade que os ímpios possuem, e o brilho que cintila neles, abalam as mentes modestas e santas. Mas Cristo, em contrapartida, ordena a seus seguidores a se erguerem com santa magnanimidade para desdenharem seus adversários, os quais são impelidos por nada mais senão pelo erro e pela cegueira; pois este é nosso muro de bronze, quando somos plenamente persuadidos de que Deus está conosco, e que aqueles que se nos opõem são destituídos de razão. Além disso, essas palavras nos lembram quão grave mal é não conhecermos a Deus, visto que esse mal conduz até mesmo os que têm assassinado seus próprios pais a espera de louvor e aprovação para sua perversidade.

4. Para que, quando chegar a hora, vos lembreis. Ele reitera o que dissera, a saber: esta não é uma filosofia adequada só para o tempo de lazer, mas que a mesma se ajusta à prática e utilidade, e que ele agora discursa sobre esses assuntos para que realmente demonstrem que não foram instruídos em vão. Ao dizer: *para que vos lembreis*, ele lhes ordena, em primeiro lugar, a firmar bem em suas mentes o que já ouviram; em segundo lugar, os lembra que, quando chegar o momento oportuno, as porão em prática; e, finalmente, declara que não se deve dar pouca importância ao fato de que ele pronuncia predições de eventos futuros.

E não vos disse essas coisas desde o princípio. Visto que os apóstolos ainda eram frágeis e inexperientes, enquanto Cristo conversava com eles na carne, seu Mestre, singularmente bom e indulgente, os poupava e não os deixava ser afligidos além do que eram capazes de suportar. Portanto, naquele tempo não tinham grande necessidade de confirmação, enquanto desfrutavam de lazer e liberdade, isentos de perseguição; mas agora lhes diz que devem mudar seu modo de vida; e como uma nova condição os aguarda, igualmente os exorta a se prepararem para o conflito.

5. E agora eu vou para aquele que me enviou. Lançando mão de uma consolação mui excelente, ele atenua a tristeza que poderiam sentir em decorrência de sua partida, e isso era sumamente necessário. Àqueles que até então se permitiu permanecer em sua tranquilidade eram chamados para severa e árdua batalha para o futuro. Em que, pois, teriam se transformado se não soubessem que Cristo estava no céu como guardião de sua salvação? Porque, *ir para o Pai* nada mais é do que ser recebido na glória celestial a fim de tomar posse da mais elevada autoridade. Portanto, isso lhes é realçado como um consolo e um antídoto contra a tristeza, ou, seja, embora Cristo se ausentasse fisicamente deles, contudo estaria sentado à destra do Pai para proteger os crentes com seu poder.

Cristo aqui censura os apóstolos por dois erros: primeiro, estavam demasiadamente apegados à presença visível de sua carne; e, segundo, quando esta fosse retirada, se veriam apoderados pela tristeza e não conseguiriam erguer seus olhos para as regiões celestiais. O mesmo sucede a nós; pois sempre limitamos Cristo com nossos sentidos, e então, se ele não surgir visivelmente segundo nosso desejo, geramos em nós mesmos um motivo para desespero.

E nenhum de vós me pergunta: Para onde vais? Esta pode parecer ser uma acusação infundada contra os apóstolos, a saber: *não perguntavam para onde* seu Mestre *estava indo*; pois já haviam inquirido dele sobre este tema com grande solicitude. Contudo a resposta é fácil. Ao inquirirem, não despertam confiança a suas mentes, e este era o principal dever que eram obrigados a cumprir. O significado, pois, é o seguinte: "Assim que ouvirdes de minha partida, ficareis alarmados e não considerareis *para onde estou indo*, ou com que propósito eu me vou."

7. Contudo, vos digo a verdade. Para que não mais desejassem conservá-lo presente ante seus olhos, ele testifica que sua ausência será benéfica e faz uso de um tipo de juramento; pois somos carnais e consequentemente nada é mais difícil do que desarraigar de nossa mente essa tola inclinação, por meio da qual tentamos atrair do céu Cristo para nós. Ele explica onde jaz a vantagem, dizendo que o Espírito Santo não lhes poderia ser dado se ele não deixasse o mundo. Mas, muito mais vantajoso e muito mais desejável é a presença de Cristo, pela qual ele se nos comunica através da graça e do poder de seu Espírito, do que se permanecesse presente antes seus olhos. E aqui não devemos nutrir a dúvida: "Não poderia Cristo ter trazido o Espírito Santo enquanto estava na terra?" Pois Cristo toma como um axioma tudo quanto fora decretado pelo Pai; e de fato, quando o Senhor uma vez tenha posto em pauta o que deseja que se faça, é pura tolice e pernicioso discutir sobre o que é ou não possível.

[16.8-15]
E quando ele vier, convencerá o mundo do pecado, da justiça e do juízo. Do pecado, porque não creem em mim; da justiça, porque eu vou para meu Pai, e não me vereis mais; do juízo, porque o príncipe deste mundo já está julgado. Ainda tenho muito que vos dizer, mas não o podeis suportar agora. Mas quando ele, o Espírito da verdade, vier, ele vos guiará a toda a verdade; pois não falará de si mesmo, mas falará tudo o que tendes ouvido, e vos declarará as coisas que hão de vir. Ele me

glorificará, porque tomará do que é meu, e vo-lo declarará. Todas as coisas que o Pai tem são minhas; portanto eu vos digo: Ele tomará do que é meu e vo-lo declarará.

8. E quando ele vier. Passando por alto a diversidade de explicações, as quais temos recebido em decorrência da obscuridade da passagem, simplesmente afirmo o que me parece estar em harmonia com a verdadeira intenção de Cristo. Ele prometera a seus discípulos seu *Espírito*; e agora louva a excelência do dom de seu efeito, porque este *Espírito* lhes será não apenas guia, apoio e proteção, em particular, mas estenderá mais amplamente seu poder e eficácia.

Ele convencerá o mundo. Ou, seja, ele não se restringirá tão-somente a vós, mas seu poder sairá de vós para exibir-se ao mundo inteiro. Ele, pois, lhes promete *o Espírito*, Aquele que será o Juiz do mundo e por meio de quem sua proclamação será tão poderosa e eficaz, que trará à sujeição todos quantos anteriormente se entregaram à desenfreada licenciosidade e não se deixaram dominar por nenhum temor ou reverência.

Deve-se observar que nesta passagem Cristo não fala de revelações secretas, mas do poder do Espírito, o qual se sobressai na doutrina externa do evangelho e na voz dos homens. Pois donde vem que a voz procedente dos lábios de um homem[2] penetre os corações, lance raízes ali e, por fim, produza fruto, senão porque o Espírito de Cristo a vivifica? Do contrário, ela seria uma letra morta e um som inútil, como diz Paulo naquela bela passagem na qual ele se gloria de ser *ministro do Espírito* [2Co 3.6], uma vez que Deus operava poderosamente em sua doutrina. Portanto, o significado consiste em que, embora o Espírito fosse dado aos apóstolos, eles seriam revestidos com o poder celestial e divino, por meio do qual exerceriam jurisdição sobre o mundo inteiro. Ora, isso é atribuído ao Espírito mais do que a eles, porque não teriam poder inerente

---

2 "La voix sortant de la bouche d'un homme."

neles, mas seriam simplesmente ministros e órgãos, e o Espírito Santo seria seu diretor e governador.³ Sob o termo *mundo* estão, creio eu, inclusos não só os que seriam realmente convertidos a Cristo, mas os hipócritas e réprobos. Pois há duas formas nas quais *o Espírito convence* os homens pela proclamação do evangelho. Alguns são movidos de bom grado, ao ponto de curvarem-se voluntariamente e assentir espontaneamente com o *juízo* pelo qual são condenados. Outros, ainda que se convençam de culpa e não possam escapar, contudo não cedem sinceramente, nem se submetem à autoridade e jurisdição do Espírito Santo, porém, ao contrário, vendo-se sujeitados, gemem intimamente e se sentem esmagados com confusão, contudo não cessam de acalentar obstinação no recôndito de seus corações.

Agora percebemos de que maneira o Espírito estava para **convencer** *o mundo* pela instrumentalidade dos apóstolos. Foi porque Deus revelou seu *juízo* no evangelho, pelo qual suas consciências seriam golpeadas e começariam a perceber seus males e a graça de Deus. Pois o verbo ejlevgcein significa aqui *convencer* ou *tornar convicto*; e, para entender-se esta passagem, não se obterá pouca luz das palavras do apóstolo Paulo, quando diz: *Mas, se todos profetizarem, e algum iletrado ou infiel entrar, e ele é por todos* **convencido**, *e por todos julgado. Portanto, os segredos do coração serão manifestos* [1Co 14.24, 25]. Nessa passagem Paulo fala particularmente de um tipo de *convicção*, a saber: quando o Senhor atrai seus eleitos ao arrependimento por intermédio do evangelho; mas isso nitidamente mostra de que maneira *o Espírito* de Deus, mediante o som da voz humana, constrange os homens, que antes estavam acostumados com seu jugo, a reconhecerem e a se submeterem a sua autoridade.

Vem a lume a seguinte pergunta: Com que propósito Cristo diz isso? Há os que pensam que ele põe em realce a causa do ódio que já havia mencionado; como se quisesse dizer que a razão pela qual

---

3 "Leur conducteur et gouverneur."

serão odiados *pelo mundo* é que *o Espírito*, em contrapartida, causará ansiosa solicitude *no mundo* por meio deles. Ao contrário, concordo com aqueles que nos afirmam que o desígnio de Cristo era diferente, como afirmei brevemente no início da exposição deste versículo; pois era de grande importância que os apóstolos soubessem que o dom *do Espírito*, o qual lhes fora prometido, não era de pouco valor. Ele, pois, descreve sua incomum excelência, dizendo que Deus, dessa forma, erigirá seu tribunal para *julgar o mundo* inteiro.

9. Do pecado. Agora nos resta vermos o que significa *convencer do pecado*. É como se Cristo fizesse da incredulidade a única causa *do pecado*, e isso tem sido torcido de várias maneiras pelos comentaristas; mas, como eu já disse, isso não me impele a detalhar as opiniões que têm sido mantidas e defendidas. Primeiramente, é preciso observar que *o juízo do Espírito* começa com a demonstração *do pecado*; pois o princípio da instrução espiritual é que os homens nascidos em *pecado* nada têm em si senão o que conduz ao *pecado*. Cristo uma vez mais faz menção da incredulidade a fim de mostrar qual é a natureza inerente dos homens; porque, visto que a fé é o vínculo pelo qual ele se une a nós, até que creiamos nele estamos fora e separados dele. A súmula dessas palavras é como se ele dissesse: "Quando *o Espírito* vier, ele produzirá plena convicção de que, à parte de mim, *o pecado* reina *no mundo*"; e por isso a incredulidade é aqui mencionada, porque ela nos separa de Cristo, em decorrência do que nada nos é deixado senão *pecado*. Em suma, com essas palavras ele condena a corrupção e a depravação da natureza humana, para que não presumamos que uma única gota de integridade existe em nós sem Cristo.

10. Da justiça. Devemos atentar para a sucessão de passos que Cristo estabelece. Cristo agora diz que *o mundo* deve ser *convencido da justiça*; mas, ao contrário, desdenhosamente esse mundo rejeitará tudo quanto se diz a seu respeito, caso não seja movido por uma convicção *do pecado*. Quanto aos crentes em particular, devemos entender que eles não podem fazer progresso no evangelho antes que sejam humilhados; e isso não pode ocorrer se não reconhecerem seus pecados. Indubitavelmente, o ofício da lei é convocar às consciências a que compareçam ante o tribunal de Deus e sejam abaladas com terror; o evangelho, porém, não pode ser proclamado de uma maneira apropriada sem que conduza os homens do *pecado* para a *justiça* e da morte para a vida; e por isso se faz necessário emprestar da lei aquela primeira sentença de que Cristo falou.

Por *justiça*, aqui, se deve entender aquela que nos é comunicada através da graça de Cristo. Este a faz consistir em sua ascensão ao Pai, e não sem boa razão; porque, como Paulo declara que ele ressuscitou para *nossa justificação* [Rm 4.25], assim ele agora está sentado à destra do Pai de tal maneira a exercer toda a autoridade que lhe foi dada, e assim ele *enche todas as coisas* [Ef 4.10]. Em suma, da glória celestial ele enche o mundo com o suave perfume de sua *justiça*. Ora, o *Espírito* declara, por intermédio do evangelho, que este é o único caminho no qual somos considerados *justos*. Em seguimento à convicção do *pecado*, este é o segundo passo, isto é: que *o Espírito convenceria o mundo* sobre qual é a verdadeira *justiça*; isto é, que Cristo, através de sua ascensão ao céu, estabeleceu o reino da vida e agora está sentado à destra do Pai, para confirmar a verdadeira *justiça*.

11. Do juízo. Os que entendem a palavra (κρίσεως) *juízo* no sentido de condenação contam com algum argumento a seu favor; pois Cristo imediatamente adiciona que *o príncipe deste mundo já foi julgado*. Mas prefiro uma opinião diferente, a saber: a luz do evangelho, tendo sido acesa, *o Espírito* manifesta que o mundo já foi trazido a uma boa ordem pela vitória de Cristo, pela qual ele subverteu a autoridade de Satanás; como se dissesse que esta é a genuína restauração, por meio da qual todas as coisas são transformadas, quando somente Cristo sustentar o reino, tendo subjugado e triunfado sobre Satanás. *Juízo*, pois, é contrastado com o que é confuso e desordenado, ou, para expressá-lo sucintamente, é o oposto (τῶς ἀταξίας) de *confusão*, ou poderíamos chamá-lo *justiça*, sentido que às vezes é mantido na Escritura. Portanto, o significado é que Satanás, até onde retém o governo, confunde e perturba todas as coisas, de modo a gerar uma inconveniente e desditosa confusão nas obras de Deus; mas quando ele é despido por Cristo de sua tirania, então o mundo é restaurado e a boa ordem se vê reinar. Assim *o Espírito convence o mundo do juízo*; isto é, tendo vencido o príncipe da impiedade, Cristo restaura à ordem aquelas coisas que antes estavam rasgadas e deterioradas.

12. Tenho ainda muitas coisas a vos dizer. O discurso de Cristo poderia não exercer tanta influência sobre seus discípulos ao ponto de convencê-los de sua ignorância e de ainda conservá-los em perplexidade acerca de *muitas coisas*; e não só isso, mas raramente obteriam um leve sabor daquelas coisas que deveriam lhes ter comunicado pela satisfação, não tivessem sido para a obstrução oriunda da fragilidade da carne. Portanto, era impossível senão que a consciência de sua pobreza os oprimisse com temor e ansiedade. Cristo, porém, os satisfaz com esta consolação: quando tiverem recebido o Espírito, serão novas criaturas e totalmente diferentes do que eram antes.

Mas não o podeis suportar agora. Ao dizer que, se fosse ele dizer-lhes algo mais, ou algo ainda mais grandioso, *não seriam capazes de suportá-lo*, seu objetivo é encorajá-los com a esperança de melhor progresso, para que não decaíssem em sua coragem. Pois a graça que ele lhes outorgara não devia ser avaliada por seus presentes sentimentos, visto que se achavam a uma imensa distância do céu. Em suma, ele os convida a serem joviais e corajosos, seja qual fosse sua presente fraqueza. Mas como nada mais havia senão a doutrina em que pudessem confiar, Cristo os lembra de que a confiara à capacidade deles. No entanto, para levá-los a esperarem que logo depois obteriam uma instrução muito superior e mais abundante, é como se quisesse dizer-lhes: "Se o que ouvistes de mim ainda não for suficiente para confirmar-vos, sede um pouco mais pacientes; pois antes de muita delonga, tendo desfrutado do ensino do Espírito, de nada mais necessitareis; ele removerá de vós toda ignorância que ainda vos resta."

Agora vem a lume a pergunta: Que coisas eram essas que os apóstolos *não eram ainda capazes* de aprender? Os papistas, com o propósito de apresentar suas invenções como oráculos de Deus, impiamente fazem mau uso desta passagem. "Cristo", nos dizem eles, "prometeu aos apóstolos novas revelações e por isso não devemos insistir somente com a Escritura, pois algo além da Escritura é aqui por ele prometido a seus seguidores." Em primeiro lugar, caso decidissem falar com Agostinho, a solução seria facilmente obtida. Eis suas palavras: "Visto que Cristo mantém silêncio, qual de nós dirá que o mesmo era este ou aquele? Ou, caso ele se aventurasse agir assim, como o provaria? Quem é tão temerário e insolente, mesmo quando ele diz o que é verdadeiro, ao ponto de afirmar, sem qualquer testemunho divino, que essas são as coisas que o Senhor naquele tempo não quis dizer?" Mas temos um método mais seguro para refutá-los, extraído das próprias palavras de Cristo, as quais vêm a seguir.

13. Mas quando ele vier, o Espírito da verdade. Lemos que *o Espírito* que Cristo prometeu aos apóstolos é um Mestre ou Professor[4] *da verdade*. E por que foi ele que prometeu, senão para que distribuísse a cada um a sabedoria que tinham recebido dele? O Espírito lhes foi dado, e sob sua orientação e direção desempenharam seu ofício para o qual foram designados.

Ele vos guiará a toda a verdade. Esse mesmo *Espírito os guiou a toda a verdade* quando receberam a incumbência de escrever a substância de sua doutrina. Quem quer que imagine que se deve acrescentar algo a sua doutrina, como se ela fosse imperfeita e apenas semi-concluída, não só acusa os apóstolos de desonestidade, mas também blasfema contra *o Espírito*. Se a doutrina, a qual receberam a incumbência de escrever, tivesse procedido de meros eruditos ou pessoas imperfeitamente instruídas, qualquer adição que se lhe acrescentasse seria supérflua; mas para que seus escritos fossem agora considerados como registros perpétuos daquela revelação que lhes fora prometida e dada, nada pode ser-lhes acrescentado sem fazer grave injúria ao Espírito Santo.

---

4 "Maistre ou Docteur."

Quando eles chegaram a determinar o que essas coisas realmente eram, os papistas desempenharam um papel muitíssimo ridículo, pois definiram esses mistérios, os quais os apóstolos eram *incapazes de suportar*, como sendo determinadas extravagâncias infantis, as mais absurdas e estúpidas coisas se podem imaginar. Era necessário que o Espírito descesse do céu para que os apóstolos pudessem aprender que cerimônia se deve usar na consagração dos cálices com seus altares, no batismo de sinos de igreja, na bênção da água benta e na celebração da missa? Donde, pois, os ingênuos e crianças obtêm seu aprendizado, os quais entendem todas essas matérias com mais exatidão? Nada é mais evidente do que o fato de os papistas motejarem de Deus, quando pretendem que essas coisas procedem do céu, as quais tanto se assemelham aos mistérios de Ceres ou de Proserpina quanto estão em discordância com a pura sabedoria do Espírito Santo.

Se não quisermos ser ingratos para com Deus, descansemos satisfeitos com aquela doutrina da qual os escritos dos apóstolos declaram serem eles os autores, visto que nela a mais sublime perfeição da sabedoria celestial se nos faz conhecida, *apta para tornar perfeito o homem de Deus* [2Tm 3.17]. Reconheçamos que nossa liberdade não pode ir além disso; pois nossa *altura, largura* e *profundidade* consiste em *conhecermos o amor de Deus* que se nos manifesta em Cristo. Este *conhecimento*, como Paulo nos informa, *excede muitíssimo a toda cultura* [Ef 3.18]; e quando ele declara que *todos os tesouros da sabedoria e conhecimento estão ocultos em Cristo* [Cl 2.3], ele não está inventando algum Cristo ignoto, mas aquele a quem por sua pregação ele descreveu como sendo a vida, de modo que, como ensina aos Gálatas, *o vemos, por assim dizer, crucificado diante de nossos olhos* [Gl 3.1]. Mas para que nenhuma ambiguidade restasse, Cristo mesmo, mais adiante explica, em sua própria linguagem, o que são essas coisas que *os apóstolos ainda não eram capazes de suportar*.

Ele vos dirá coisas que estão por vir. De fato alguns limitam isso ao Espírito de profecia, mas em minha opinião, denota antes a condição futura de seu reino espiritual, tal como os apóstolos, logo depois de sua ressurreição, viram acontecer, porém eram naquele tempo totalmente inaptos a compreender. Portanto, ele não lhes promete profecias de coisas que aconteceriam depois de sua morte, mas apenas diz que a natureza de seu reino seria amplamente diferente, e sua glória seria muito maior do que suas mentes são agora capazes de conceber. O apóstolo Paulo, na Epístola aos Efésios, desde o primeiro capítulo até o final do quarto, explica os tesouros dessa *sabedoria oculta*, a qual os anjos celestiais aprenderam com a perplexidade da Igreja; e por isso não precisamos ir buscá-las nos arquivos ou repositórios do papa.

Porque ele não falará de si mesmo. Esta é uma confirmação da sentença: *ele vos guiará a toda a verdade.* Sabemos que Deus é a fonte *da verdade* e que fora dele nada há que seja firme ou seguro; e por isso, para que os apóstolos pusessem sua plena segurança e confiança nos oráculos do Espírito, Cristo declara que os mesmos serão oráculos divinos; como se quisesse dizer: muita coisa que o Espírito Santo trouxer procederá do próprio Deus. No entanto essas palavras nada detraem da majestade do Espírito, como se ele não fosse Deus ou como se ele fosse inferior ao Pai, mas são acomodadas à capacidade de nossa percepção; pois a razão pela qual sua Deidade é expressamente mencionada é porque, por causa do véu que está entre nós, não entendemos suficientemente com que reverência devemos receber o que o Espírito nos revela. De igual modo, ele é em outra parte denominado *o penhor*, por meio do qual Deus ratifica nossa salvação; e *o selo*, por meio do qual ele *sela* sua infalibilidade [Ef 1.13, 14]. Em suma, Cristo pretendia ensinar que a doutrina do Espírito não seria deste mundo, como se a mesma fosse produzida no ar, mas que ela procederia dos lugares secretos do santuário celestial.

14. Ele me glorificará. Cristo agora os lembra que o Espírito não virá erigir algum reino novo, mas que, antes, vem para confirmar a *glória* que lhe foi dada pelo Pai. Pois muitos tolamente imaginam que Cristo só ensinou os rudimentos das primeiras lições, e então enviou os discípulos a uma escola mais graduada. Dessa forma fazem com que o evangelho seja não de maior valor que *a lei*, da qual lemos que era *um pedagogo* do povo antigo [Gl 3.24].

Este erro é seguido de outro igualmente intolerável, a saber: que dando adeus a Cristo, como se seu reinado estivesse concluído, e que agora ele nada mais representasse, o substituem pelo Espírito. De tal fonte emanaram os sacrilégios do papado e do maometismo; porque, ainda que esses dois anticristos difiram um do outro em muitos aspectos, contudo concordam em sustentar um princípio comum, ou, seja: que no evangelho recebemos as primeiras instruções para guiar-nos à fé certa,[5] mas que devemos buscar em outro lugar a perfeição da doutrina, para que ela complete o curso de nossa educação. Se a Escritura for citada contra o papa, ele afirma que não devemos nos confinar a ela, porque o Espírito já veio e se põe acima da Escritura através de muitas adições. Maomé assevera que, sem seu Alcorão, os homens se conservam sempre na infância. Assim, com um falso pretexto de ter o Espírito, o mundo foi seduzido a apartar-se da simples pureza de Cristo; porque, assim que o Espírito é separado da palavra de Cristo, a porta é aberta a todos os tipos de ilusões e imposturas. Um método semelhante de enganar foi experimentado em nossos dias por muitos fanáticos. A doutrina escrita parecia-lhes ser muito literal e por isso decidiram inventar uma nova teologia que consistisse de revelações.

Agora percebemos que a informação dada por Cristo, de que seria *glorificado* pelo Espírito a quem enviaria, longe está de ser supérflua; pois ela se destinava a informar-nos que o ofício do Espírito Santo nada mais era do que estabelecer o reino de Cristo e manter e confirmar para sempre tudo o que lhe foi dado pelo Pai. Por que, pois, ele fala da docência do Espírito? Não para nos privar da escola de Cristo, mas antes para ratificar aquela palavra por meio da qual recebemos a ordem de dar-lhe ouvidos, do contrário ele diminuiria a glória de Cristo. A razão é adicionada. Diz Cristo:

Porque ele tomará do que é meu. Com estas palavras sua intenção é dizer que recebemos o Espírito a fim de podermos desfrutar das bênçãos de Cristo. Para que ele no-las outorga? Para que sejamos

---

5 "Les premieres instructions pour estre amenez à la droite foy."

lavados pelo sangue de Cristo; para que o pecado seja apagado de nosso íntimo por meio de sua morte; para que *nosso velho homem seja crucificado* [Rm 6.6]; para que sua ressurreição seja eficaz em nos criar de novo *para novidade de vida* [Rm 6.4]; e, em suma, para que nos tornemos participantes de seus benefícios. Nada, pois, nos é outorgado pelo Espírito à parte de Cristo, senão que ele o toma de Cristo para que no-lo possa comunicar. Devemos ter a mesma visão de sua doutrina; pois ele não nos ilumina a fim de nos afastar um mínimo grau de Cristo, senão que cumpre o que Paulo diz: *Cristo se fez para conosco sabedoria* [1Co 1.30]; e igualmente para exibir *aqueles tesouros que estão ocultos em Cristo* [Cl 2.3]. Em uma palavra, o Espírito nos enriquece com nada mais senão com as riquezas de Cristo, para que pudesse exibir sua glória em todas as coisas.

15. Todas as coisas que o Pai possui são minhas. Como seria possível concluir que Cristo tomou do Pai o que reivindicava para si, ele reconhece que recebeu do Pai tudo quanto nos comunica através do Espírito. Ao dizer que *todas as coisas que o Pai possui são suas*, ele fala na pessoa do Mediador, porque devemos *receber de sua plenitude* [Jo 1.16]. Ele sempre mantém seus olhos em nós, como já dissemos. Em contrapartida, vemos como a maioria dos homens engana a si mesma; pois ignoram Cristo e saem do caminho em busca de Deus andando em círculo.

Outros comentaristas explicam essas palavras neste sentido: *tudo o que o Pai tem* pertence igualmente ao Filho, porque ele é o mesmo Deus. Aqui, porém, ele não fala de seu poder oculto e intrínseco, como o chamam, mas do ofício para o qual foi designado para exercer em nosso favor. Em suma, ele fala de suas riquezas, para convidar-nos a desfrutá-las, e considera o Espírito entre os dons que recebemos do Pai por suas mãos.

[16.16-20]
Um pouco, e não me vereis;[6] e novamente um pouco, e me ve-

---

6 "Et vous ne me verrez point" – "e vós não me vereis."

reis; porque eu vou para o Pai. Então alguns de seus discípulos disseram uns aos outros: Que é isso que nos diz: e novamente um pouco, e me vereis; e: Porque eu vou para o Pai? Disseram, pois: Que é isso que ele diz: Um pouco? Não sabemos o que ele diz. Jesus, pois, sabia que desejavam perguntar-lhe, e lhe disse: Perguntais entre si sobre o que eu disse: Um pouco, e não me vereis; e novamente um pouco, e me vereis. Em verdade, em verdade eu vos digo que chorareis e lamentareis, mas o mundo se regozijará; e vós estareis tristes, porém vossa tristeza se converterá em alegria.

16. Um pouco, e não me vereis. Cristo sempre prevenia os apóstolos sobre sua partida, em parte para que a suportassem com mais coragem; e em parte para que desejassem mais ardentemente a graça do Espírito, do qual não nutririam grande aspiração enquanto a presença física de Cristo estivesse com eles. Devemos, pois, guardar-nos contra o enfado de ler o que Cristo, não sem motivo, reitera com tanta frequência. Primeiro, ele diz que logo se retiraria deles, para que, quando se vissem privados de sua presença, na qual estava sua única confiança, pudessem continuar firmes. Em seguida, ele promete que os compensará por sua ausência, e ainda testifica que eles logo o recuperariam, depois que fosse removido, porém de outra forma, isto é, pela presença do Espírito Santo.

E novamente um pouco, e me vereis. Não obstante, alguns explicam esta segunda sentença distintamente: "Vós me vereis quando tiver ressuscitado dentre os mortos, porém só por pouco tempo; pois eu bem cedo serei recebido no céu." Eu, porém, não creio que as palavras comportam tal sentido. Ao contrário, ele mitiga e suaviza sua tristeza por sua ausência, por meio desta consolação: que ela não duraria muito; e assim engrandece a graça do Espírito, pela qual ele estará continuamente presente com eles; como se prometesse que, depois de um breve intervalo, ele voltaria e que eles não seriam por muito tempo privados de sua presença.

Tampouco devemos pensar ser estranho quando ele diz que será *visto*, quando ele habitará nos discípulos através do Espírito; pois ainda que ele não seja visto com os olhos físicos,[7] contudo sua presença será conhecida pela indubitável experiência da fé. O que somos ensinados por Paulo é verdadeiro, a saber: que os crentes, *enquanto permanecem na terra, estão ausentes do Senhor, porque eles andam por fé, e não pela vista* [2Co 5.6, 7]. Mas é igualmente verdadeiro que podem com razão, no ínterim, gloriar-se por terem Cristo habitando neles pela fé, em estarem unidos a ele como membros à Cabeça, em possuírem o céu juntamente com ele mediante a esperança. Assim a graça do Espírito é um espelho no qual Cristo deseja ser visto por nós, segundo as palavras de Paulo: *Ainda que tenhamos conhecido a Cristo segundo a carne, contudo já não o conhecemos assim; se alguém é de Cristo, então que seja uma nova criatura* [2Co 5.16, 17].

Porque eu vou para o Pai. Há quem explique essas palavras no sentido de que Cristo não mais será visto pelos discípulos, porque ele estará no céu, e eles na terra. Quanto a mim, aplico à segunda sentença: "*Logo me vereis*; pois minha morte não é uma destruição para me separar de vós, mas uma passagem para a glória celestial, da qual meu divino poder se difundirá inclusive a vós." Portanto, sua intenção, em minha opinião, é ensinar qual seria a condição após sua morte, para que descansassem satisfeitos com sua presença espiritual, e não concluíssem que lhes seria alguma perda o fato de não mais habitar com eles como um mortal.

19. Jesus, pois, sabia que desejam lhe perguntar. Ainda que às vezes o Senhor parecesse falar a surdos, ele, por fim, cura a ignorância de seus discípulos para que a instrução não fosse infrutífera. Nosso dever é envidar esforço para que nossa lentidão de apreensão não seja acompanhada pelo orgulho ou pela indolência, mas para que, ao contrário disso, nos mostremos humildes e desejosos de aprender.

---

7 "Combien qu'il ne soit point veu des yeux corporels."

20. **Vós chorareis e lamentareis.** Ele mostra por qual razão predisse que sua partida estava perto e, ao mesmo tempo, acrescentou uma promessa sobre seu rápido regresso. Era para que entendessem melhor que o auxílio do Espírito era sumamente necessário. "Uma dura e severa tentação", diz ele, "vos aguarda; pois quando eu for removido de vós pela morte, o mundo proclamará sobre vós seu triunfo. Vós sentireis a mais profunda angústia. O mundo se proclamará feliz, e a vós como sendo miseráveis. Portanto, já resolvi munir-vos das armas necessárias para esta guerra." Ele descreve o intervalo que se interpõe entre sua morte e o dia em que o Espírito Santo for enviado;[8] pois naquele tempo sua fé, por assim dizer, se prostrou exausta.

Vossa tristeza se converterá em alegria. Ele quer dizer a *alegria* que sentiriam depois de haver recebido o Espírito; não que depois disso se vissem livres de toda *tristeza*, mas que toda a tristeza que suportariam seria tragada pela *alegria* espiritual. Sabemos que os apóstolos, enquanto viviam, sustentaram uma guerra mui severa; que suportaram humilhantes opróbrios; que tiveram muitas razões para *chorar* e *lamentar*; porém, renovados pelo Espírito, renunciaram sua anterior consciência de fraqueza, de modo que, com sublime heroísmo, nobremente pisaram sob seus pés todos os males que suportaram. Aqui, pois, existe uma comparação entre sua presente fraqueza e o poder do Espírito, o qual logo lhes seria dado; pois ainda que por pouco tempo fossem quase esmagados, contudo mais tarde não só lutaram bravamente, mas obtiveram glorioso triunfo em meio a suas lutas. Não obstante, é preciso também observar que ele realça não só o intervalo que se interpôs entre a ressurreição de Cristo e a morte dos apóstolos, mas também o período que veio em seguida; como se Cristo dissesse: "Vós sereis, por assim dizer, prostrados por um breve tempo; mas quando o Espírito Santo tiver vos soerguido novamente, então terá início uma nova *alegria*, a qual continuará crescendo até que, tendo sido recebidos na glória celestial, tenhais *alegria* perfeita."

---

8 "Et le jour que le S. Esprit fut envoyé."

[16.21-24]
A mulher, quando sente as dores do parto, sente tristeza, porque é chegada sua hora; mas depois de ter dado à luz a criança, ela não mais se lembra de sua angústia, por causa da alegria de haver nascido um homem no mundo. E portanto vós tendes tristeza agora; porém novamente me vereis, e vosso coração se regozijará, e vossa alegria ninguém vo-la tirará. E naquele dia nada me perguntarás. Em verdade, em verdade eu vos digo que tudo quanto pedirdes a meu Pai, em meu nome, ele vo-lo dará. Até agora nada pedistes em meu nome; pedis, e recebeis, para que vossa alegria seja completa.

21. A mulher, quando sente dores do parto. Ele emprega uma comparação para confirmar a afirmação que acabara de fazer, ou, melhor, ele expressa seu significado mais nitidamente, a saber: que não só *sua tristeza se converteria em alegria*, mas também que ela contém em si motivo e ocasião de *alegria*. Frequentemente sucede que, quando a adversidade é seguida pela prosperidade, o ser humano esquece sua tristeza anterior e se dedica sem reserva à *alegria*, no entanto a tristeza que veio antes não é a causa da *alegria*. Cristo, porém, quer dizer que a tristeza que haverão de suportar por causa do evangelho será proveitosa. Aliás, o resultado de todas as tristezas não pode ser outro senão desfavorável, a não ser quando são abençoadas em Cristo. Mas como a cruz de Cristo contém sempre em si a vitória, Cristo com razão compara a tristeza oriunda dela como a tristeza de *uma mulher em dores de parto*, a qual recebe sua recompensa quando a mulher se alegra pelo nascimento da criança. A comparação não se aplicaria se a tristeza não produzisse *alegria* nos membros de Cristo, quando se tornam participantes de seus sofrimentos, justamente como *as dores de parto* na mulher é a causa do nascimento. A comparação deve também aplicar-se neste aspecto: que embora *a tristeza da mulher* seja muito severa, ela rapidamente passa. Portanto, não foi pouca consolação para os apóstolos quando aprenderam que sua *tristeza* não seria de longa duração.

Agora devemos fazer uso apropriado desta doutrina a nós mesmos. Tendo sido regenerados pelo Espírito de Cristo, devemos sentir em nós mesmos uma alegria tal que remova todo senso de nossas angústias. Digo ainda que devemos lembrar-nos da *mulher em dores de parto*, para a qual a mera visão *da criança nascida* produz impressão tal, que sua dor já não lhe é mais dor. Mas como nada mais temos recebido senão as primícias, e estas em medida bem pequena, raramente provamos umas poucas gotas dessa alegria espiritual ao ponto de suavizar nossa tristeza e aliviar seu amargor. E, contudo essa pequena porção nitidamente mostra que os que contemplam Cristo pela fé estão tão longe de ser, em qualquer tempo, esmagados pela tristeza, antes, em meio a seus mais graves sofrimentos, se regozijam com alegria incomensuravelmente profunda.

Mas já que é uma obrigação imposta *a todas as criaturas para que lutem até o último dia da redenção* [Rm 8.22, 23], saibamos que também devemos gemer até que sejamos libertados das incessantes agonias da presente vida e obtenhamos uma plena visão do fruto de nossa fé. Para sumariar tudo isso em poucas palavras, os crentes se assemelham a *mulheres em dores de parto*, porque, tendo sido renascidos em Cristo, contudo ainda não entraram no reino celestial de Deus e na vida bem-aventurada; e se assemelham a mulheres grávidas que aguardam o nascimento do filho, porque, sendo ainda mantidos cativos na prisão da carne, suspiram por aquele bem-aventurado estado que ainda se oculta sob a esperança.

22. E vossa alegria ninguém vo-la tirará. O valor da *alegria* é grandemente enfatizado por sua perpetuidade; pois segue-se que as aflições são leves e devem ser pacientemente suportadas, porque são de curta duração. Com estas palavras Cristo nos lembra qual é a natureza da verdadeira *alegria*. O mundo, inevitavelmente, logo seria privado de suas *alegrias*, as quais ele só busca nas coisas que fenecem; e por isso devemos recorrer à ressurreição de Cristo, na qual há perene solidez.

Mas eu novamente vos verei. Ao dizer que *veria* seus discípulos, sua intenção é dizer que os visitaria novamente pela graça de seu Espírito, para que continuamente desfrutassem de sua presença.
23. E naquele dia nada me perguntareis. Depois de haver prometido aos discípulos que derivariam *alegria* de sua inabalável firmeza e coragem, ele agora fala de outra graça do Espírito que lhes seria outorgada, a saber: que receberiam tão imensa luz de compreensão que se ergueriam à altura dos mistérios celestiais. Eram naquele tempo tão humildes que a mais leve dificuldade, de qualquer natureza, os fazia hesitar, pois como filhos que estão aprendendo o alfabeto não podem ler um único verso sem fazer pausa frequente, assim quase cada palavra de Cristo lhes causa alguma espécie de escândalo e isso obstruía seu progresso. Mas logo depois, tendo sido iluminados pelo Espírito Santo, não mais tinham coisa alguma que os impedisse de tornar-se familiarizados com a sabedoria de Deus, ao ponto de mover-se entre os mistérios de Deus sem tropeçar.

É verdade que os apóstolos não cessaram de buscar respostas nos lábios de Cristo, mesmo quando se viram elevados ao mais alto grau de sabedoria, mas isso é só uma comparação entre as duas condições; como se Cristo dissesse que sua ignorância seria corrigida, de modo que, em vez de serem interrompidos – como ora estavam – pelas menores obstruções, penetrariam nos mais profundos mistérios sem qualquer dificuldade. Tal é a substância daquela passagem de Jeremias: *E não ensinará mais cada um a seu próximo, nem cada um a seu irmão, dizendo: Conhecei ao Senhor; porque todos me conhecerão, desde o menor até ao maior deles* [Jr 31.34]. Certamente o profeta não elimina ou põe de lado a instrução, a qual estaria em seu mais vigoroso estado no reino de Cristo; mas afirma que, quando todos fossem instruídos por Deus, não se deixaria espaço algum para essa grosseira ignorância, a qual domina a mente humana, até que Cristo, *o Sol da Justiça* [Ml 4.2], os ilumine pelos raios de seu Espírito. Além disso, ainda que os apóstolos fossem excessivamente infantis, bem sabemos o que subitamente vieram a ser, depois de haverem desfrutado da docência do Espírito Santo.

Tudo quanto pedirdes ao Pai, em meu nome. Ele mostra donde obterão esta nova faculdade. É porque a terão em seu poder para beber livremente de Deus, a fonte da sabedoria, tudo o de que necessitassem; como se dissesse: "Não deveis temer que sereis privados do dom do discernimento; pois *meu Pai* estará pronto, com toda a sorte de bênçãos, a enriquecer-vos abundantemente." Além disso, com essas palavras ele os informa de que o Espírito não é prometido de uma maneira que eles, a quem ele é prometido, esperem por ele indolente e inativamente, mas, ao contrário, para que se empenhem solicitamente em buscar a graça que é oferecida. Em suma, ele declara que nesse tempo cumprirá o ofício de Mediador, de modo que tudo quanto pedissem lhes seria ricamente ofertado da parte do Pai, e além de suas orações.

Mas aqui vem a lume uma difícil pergunta: Era esta a primeira vez que os homens começavam a invocar a Deus *no nome* de Cristo? Porque Deus nunca poderia reconciliar-se com os homens de qualquer outra forma senão por amor ao Mediador. Cristo descreve o tempo futuro quando o Pai celestial daria aos discípulos *tudo quando pedissem em seu nome*. Se este fosse um novo e inusitado favor, poderíamos inferir dele que, enquanto Cristo habitou na terra, ele não exerceu o ofício de Advogado, para que através dele as orações dos crentes fossem aceitáveis a Deus. Isso é ainda mais claramente expresso pelo segue imediatamente:

24. Até agora nada pedistes em meu nome. É provável que os apóstolos conservassem a norma de oração que fora estabelecida na lei. Ora, sabemos que os pais não costumavam orar sem um Mediador; pois Deus os educara, por meio de tantos exercícios, nessa forma de oração. Eles viam o sumo sacerdote entrar no santo lugar em nome de todo o povo, e viam os sacrifícios oferecidos a cada dia, para que as orações da Igreja fossem aceitáveis diante de Deus. Portanto, era um dos princípios de fé que as orações oferecidas a Deus, quando não havia um mediador, eram temerárias e inúteis. Cristo já havia testificado aos seus discípulos com sobeja suficiência que ele era o Mediador, porém o conhecimento deles era tão obscuro, que ainda não estavam aptos a formular suas orações *em seu nome* de uma maneira adequada. Tampouco há algum absurdo em dizer que oravam a Deus, com confiança no Mediador, segundo as injunções da lei, e, contudo não entendiam clara e plenamente o que isso significava. O véu do templo se achava ainda armado, a majestade de Deus estava oculta sob a sombra do querubim, o verdadeiro Sumo Sacerdote não tinha ainda entrado no santuário celestial para interceder por seu povo e não tinha ainda consagrado o caminho por seu sangue. Portanto, não causa admiração se ele não era ainda reconhecido como o Mediador, como de fato é, agora que ele comparece por nós no céu perante o Pai, reconciliando-o conosco por meio de seu sacrifício, para que nós, seres humanos miseráveis, nos aventuremos a comparecer perante ele com ousadia; pois realmente Cristo, depois de haver completado a satisfação pelo pecado, foi recebido no céu e publicamente exibido como nosso Mediador.

Mas devemos atentar para a frequente reiteração desta sentença, de que devemos orar *em nome* de Cristo. Isso nos ensina que é uma ímpia profanação do nome de Deus quando alguém, não tendo Cristo diante de seus olhos, se aventura a apresentar-se diante do tribunal de Deus. E se essa convicção estiver profundamente arraigada em nossa mente, a saber, que Deus espontânea e ricamente *nos dará tudo quanto pedirmos no nome* de seu Filho, não vaguearemos sem rumo a invocar em nosso auxílio vários advogados, os quais tão bondosamente nos ofereçam seus serviços em nosso favor. Lemos que devemos *orar no nome* de Cristo quando o tivermos como nosso Advogado, para nos reconciliar e para levar-nos a achar favor da parte de seu Pai,[9] ainda que não mencionemos expressamente seu nome com nossos lábios.

Pedir e receber. Isso se relaciona com o tempo de sua manifestação, a qual estava para se concretizar logo depois. Assim tanto menos desculpável são aqueles que, em nossos dias, obscurecem esta parte

---

9 "A fin qu'il nous reconcile, et nous face trouver grace envers son Pere."

da doutrina mediante as pretensas intercessões dos santos. O povo, sob o Velho Testamento,[10] volvia seus olhos para o sumo sacerdote (que lhes fora dado para ser figura e sombra[11]) e para os sacrifícios de animais, sempre que pretendiam orar. Portanto, somos piores que ingratos se não mantivermos nossos sentidos fixos no verdadeiro Sumo Sacerdote que se nos exibiu como nosso Propiciatório, para que, por meio dele, tivéssemos livre e pronto acesso ao trono da glória de Deus. E, finalmente, ele acrescenta: **Para que vossa alegria seja completa**. Com isso ele tem em mente que nada faltaria que pudesse contribuir para uma perfeita abundância de todas as bênçãos, para a consecução de nossos desejos e para a serena satisfação, contanto que peçamos a Deus, *em seu nome*, tudo aquilo de que carecemos.

[16.25-28]

Falei-vos essas coisas por provérbios; mas vem o tempo em que não mais vos falarei por parábolas, mas vos direi claramente sobre o Pai. Naquele dia pedireis em meu nome; e não vos digo que orarei ao Pai por vós; pois o Pai mesmo vos ama, porque vós me tendes amado e tendes crido que vim de Deus. Eu vim do Pai e entrei no mundo; novamente deixo o mundo e vou para o Pai.

25. Falei-vos essas coisas por provérbios. A intenção de Cristo é injetar coragem em seus discípulos, para que, nutrindo boas esperanças de fazer melhor progresso, não concluíssem que a instrução que agora ouvem é inútil, embora houvesse bem pouco dela que compreendessem, pois tal suspeita poderia levá-los a presumir que Cristo não queria ser entendido e que ele intencionalmente os mantinha em suspenso. Por isso ele declara que logo perceberiam o fruto desta doutrina, a qual, por sua obscuridade, poderia produzir indisposição

---

10 "Le peuple sous l'Ancien Testament."
11 "Qui luy estoit donné pour figure et ombre."

em suas mentes. A palavra hebraica משל (*mashal*) às vezes denota um *provérbio*; mas, como os *provérbios* mui comumente contêm tropos e figuras, essa é a razão pela qual os hebreus davam o nome de משלים (*meshalim*) a enigmas ou ditos excelentes, os quais os gregos chamam ἀποφθέγματα (*apophthegmata*), os quais quase sempre têm alguma ambiguidade ou obscuridade. O significado, pois, é: "Vós concluis que agora vos falo figuradamente, e não em linguagem clara e direta; mas logo vos falarei de uma maneira mais familiar, a fim de que não vos haja nada de enigmático ou difícil em minha doutrina."

Agora vemos o que mencionei um pouco antes, a saber, que isso se destinava a encorajar os discípulos, avolumando-lhes a expectativa de fazerem grande progresso, para que não rejeitassem a doutrina, pois ainda não haviam entendido o que ela rejeitem; porque, se não nos sentimos animados pela esperança de benefício, o desejo de aprender, inevitavelmente, tende a arrefecer-se. Não obstante, o fato claramente revela que Cristo não empregou termos intencionalmente obscuros, mas falou a seus discípulos num estilo simples e inclusive familiar. Mas tal era sua ignorância, que o espanto era visível em seus lábios. Portanto, essa obscuridade não estava tanto na doutrina quando em seu entendimento; e de fato a mesma coisa nos sucede na atualidade, pois não é sem boa razão que a palavra de Deus recebe este enaltecimento: ela é *nossa luz* [Sl 119.105; 2Pe 1.19]; mas seu esplendor é tão obscurecido por nossas trevas, que o que ouvimos consideramos como sendo meras alegorias. Porque, como ele ameaça pelo profeta de que será um bárbaro aos ouvidos dos incrédulos e réprobos, como se tivesse uma *língua gaguejante* [Is 28.11], e Paulo diz que o evangelho está oculto de tais pessoas, porque Satanás cegou seu entendimento [2Co 4.3, 4], assim ao fraco e ignorante ele comumente parece ser algo tão confuso que não pode ser entendido. Pois ainda que seu entendimento não esteja completamente obscurecido, como o dos incrédulos, contudo está envolto, por assim dizer, com nuvens. Assim Deus nos permite ser entorpecidos por algum tempo a fim de nos humilhar com a convicção de nossa pobreza; mas aqueles a quem ele ilumina por meio de seu Espírito, ele concede que façam progresso para que a palavra de Deus lhes seja conhecida e familiar. Assim também é o conteúdo da próxima sentença: **Mas vem o tempo**, isto é, o tempo logo virá, **quando não mais vos falarei** por meio de linguagem figurada. O Espírito Santo certamente não ensinou aos apóstolos algo mais além do que ouviram dos lábios do próprio Cristo, senão que, ao iluminar seus corações, ele expulsou suas trevas, de modo que ouviram Cristo falar, por assim dizer, de uma maneira nova e diferente, e assim facilmente entenderam sua intenção. **Mas vos falará claramente do Pai**. Ao dizer que *lhes falaria do Pai*, ele nos lembra que o desígnio desta doutrina é conduzir-nos a Deus, em quem está a verdadeira felicidade. Mas permanece outra pergunta: Como ele diz, em outro lugar, que *daria aos discípulos o conhecimento dos mistérios do reino do céu*? [Mt 13.11]. Pois aqui ele reconhece que lhes falava por meio de linguagem obscura; ali, porém, ele estabelece uma distinção entre eles e o resto do povo, a saber: *ele fala ao povo em parábolas* [Mt 13.13]. Respondo que a ignorância dos apóstolos não era tão grosseira que não tivessem, pelo menos, uma leve percepção do que seu Mestre pretendia dizer, e por isso não é sem razão que ele os exclui do número dos cegos. Ele agora diz que seus discursos até aqui foram alegóricos, em comparação com aquela lídima luz de compreensão que ele logo lhes daria pela graça de seu Espírito. Ambas as afirmações são, portanto, verdadeiras: que os discípulos se encontravam muito acima daqueles que não tinham afeição pela palavra do evangelho, contudo eram ainda como crianças que estão aprendendo o alfabeto, em comparação com a nova sabedoria que lhes outorgaria pelo Espírito Santo.

26. Naquele dia pedireis em meu nome. Uma vez mais ele reitera a razão pela qual os tesouros celestiais estavam, então, para serem abertos. É porque *eles pedirão em nome de Cristo* tudo aquilo de que necessitavam, e Deus não recusará nada do que pedirem *no nome* de seu Filho. Aqui, porém, parece haver uma contradição nos termos; pois Cristo imediatamente adiciona que lhe será desnecessário *orar ao Pai*. Ora, a que propósito serve *orar em seu nome*, se ele não exercesse o ofício de Intercessor? Em outra passagem, João o denomina de *nosso Advogado* [1Jo 2.1]. Paulo também testifica que Cristo agora *intercede por nós* [Rm 8.34]; e o mesmo é confirmado pelo autor da Epístola aos Hebreus, o qual declara que Cristo *vive sempre para fazer intercessão por nós* [Hb 7.25]. Respondo que Cristo não diz absolutamente, nesta passagem, que ele não será Intercessor, mas apenas diz que *o Pai* será tão favoravelmente disposto em relação aos discípulos que, sem qualquer dificuldade, dará graciosamente tudo quanto pedirem. "*Meu Pai*", diz ele, "vos suprirá e, por causa do grande amor que tem para convosco, antecipará o Intercessor que falará em vosso favor."

Além disso, ao lermos que Cristo intercede junto *ao Pai* por nós, não cedamos a imaginações carnais a seu respeito, como se ele se pusesse de joelhos diante *do Pai*, oferecendo humilde súplica em nosso nome. Mas o valor de seu sacrifício, por meio do qual ele uma vez pacificou a Deus por nós, é sempre poderoso e eficaz; o sangue por meio do qual ele expiou nossos pecados, a obediência que ele rendeu, tudo é uma contínua intercessão por nós. Esta é uma notável passagem, pela qual somos ensinados que temos o coração do Pai celestial,[12] enquanto apresentarmos diante dele *o nome* de seu Filho.

27. Porque vós me tendes amado. Estas palavras nos lembram que o único vínculo de nossa união com Deus é estarmos unidos a Cristo; e estamos unidos a ele por meio de uma fé que não é fingida, senão que emana de sincera afeição, a qual ele descreve pelo nome de *amor*; pois ninguém crê em Cristo com pureza que não o abrace cordialmente, portanto com essa palavra ele expressou bem o poder e a natureza da fé. Mas se é somente quando amamos a Cristo que Deus começa a amar-nos, segue-se que o início da salvação está em nós mesmos, porque temos antecipado a graça de Deus. Numerosas passagens da Escritura, em contrapartida, se opõem a esta afirmação. A promessa de Deus é: *Eu os farei me amar*; e João afirma: *Não que o amamos primeiro*[13] [1Jo 4.10]. Seria supérfluo coligir muitas passagens;

---

12 "Le cœur du Pere celeste."
13 Citando de memória, nosso autor entrelaçou duas passagens. A primeira é: *Nisto está*

pois nada é mais certo do que esta doutrina, de que o Senhor "chama as coisas que não existem" [Rm 4.17], "ressuscita os mortos" [Lc 7.22], se une aos que lhe eram *estranhos* [Ef 2.12], faz "corações de carne dos corações de pedra" [Ez 36.26], se manifesta "àqueles que não o buscam" [Is 65.1; Rm 10.20]. Eis minha resposta: Deus ama os homens de uma forma secreta, antes que sejam chamados, se estão entre os eleitos; pois ele ama aos seus antes que fossem criados; mas, como não estão ainda reconciliados, são com razão reputados como sendo *inimigos* de Deus, no dizer de Paulo: "Quando éramos inimigos, fomos reconciliados com Deus pela morte de seu Filho" [Rm 5.10]. Sobre esta base, lemos que somos amados *por Deus*, quando *amamos a Cristo*; porque temos a garantia do amor paternal daquele de quem previamente retrocedemos como nosso Juiz ofendido.

28. Eu vim do Pai. Esta forma de expressão chama nossa atenção para o divino poder que está em Cristo. Nossa fé nele não seria estável se ela não percebesse seu divino poder; pois sua morte e ressurreição, os dois pilares da fé, nos seriam de pouca valia se o poder celestial não estivesse conectado com ambas. Agora entendemos de que maneira devemos *amar* a Cristo. Nosso *amor* deve ser de tal natureza que nossa fé contemple o propósito e poder de Deus, por cuja mão ele nos é oferecido. Pois não devemos receber insensivelmente a afirmação de que *ele veio de Deus*, mas também devemos entender por que razão e com que propósito *ele veio*, a saber: para que viesse a ser para nós *sabedoria, justiça, santificação* e *redenção* [1Co 1.30].

Novamente deixo o mundo e vou para o Pai. Com esta segunda sentença ele põe em realce que esse poder é perpétuo. Pois os discípulos poderiam imaginar que ele fosse uma bênção temporária, que ele fosse enviado ao mundo para ser um Redentor. Portanto, ele disse que *regressa para o Pai*, para que fossem plenamente persuadidos de que nenhuma daquelas bênçãos que ele trouxe se perderia com sua partida, porque de sua glória celestial se derrama sobre o mundo

o amor, não em que nós tenhamos amado a Deus, mas que ele nos amou [1Jo 4.10]; e a segunda é: *Nós o amamos, porque ele nos amou primeiro* [1Jo 4.19].

o poder e eficácia de sua morte e ressurreição. Ele, pois, *deixou o mundo* quando, desvestindo-se de nossa fraqueza, foi recebido no céu; mas sua graça para conosco ainda subsiste em todo seu vigor, porque ele está sentado à destra do Pai, para que empunhe o cetro do mundo inteiro.[14]

[16.29-33]
Disseram-lhe seus discípulos: Eis que agora falas abertamente, e não dizes provérbio algum. Agora sabemos que conheces todas as coisas, e não necessitas de que alguém te pergunte; por isso cremos que vieste de Deus. Respondeu-lhes Jesus: Agora credes? Eis que vem a hora, e já chegou, quando sereis dispersos, cada um para seu lado, e me deixareis só; todavia não estou só, porque o Pai está comigo. Eu vos falei essas coisas para que tenhais paz em mim. No mundo tereis tribulação, mas tende bom ânimo; eu venci o mundo.

29. Disseram-lhe seus discípulos. Isso mostra quão poderosa era a eficácia dessa consolação, pois subitamente gerou um estado de grande euforia às mentes que anteriormente estavam abaladas e deprimidas. É indubitável que *os discípulos* não entendiam ainda plenamente o significado do discurso de Cristo; mas embora não fossem ainda capazes de entendê-lo, o simples perfume dele os refrigerou. Ao exclamar que seu Mestre *fala abertamente*, e sem qualquer figura, sua linguagem é certamente extravagante, No entanto declaram honestamente o que sentem. O mesmo incorre a nossa própria experiência nos dias atuais; pois aquele que só tem provado um pouco da doutrina do evangelho se sente mais inflamado e com maior energia nessa pouca medida de fé do que se tivesse se familiarizado com todos os escritos de Platão. Não só isso, mas os *gemidos* que o Espírito de Deus produz nos corações dos santos são provas suficientes de que Deus

---

14 "A fin d'estre Empereur et Dominateur de tout le monde" – "a fim de ser o Imperador e Dominador do mundo inteiro."

opera de uma maneira secreta além da capacidade deles, pois de outra forma Paulo não os chamaria *gemidos inexprimíveis* [Rm 8.26].

Assim devemos entender que os apóstolos estavam cientes de ter feito progresso, de modo que podiam dizer com verdade que agora já não achavam as palavras de Cristo totalmente obscuras; porém enganavam a si mesmos neste aspecto, imaginando que entendiam além da realidade. Ora, a fonte de seu equívoco estava no fato de que não sabiam qual seria o dom do Espírito Santo. Portanto, se alegraram antes do tempo, justamente como uma pessoa que imagina estar rica com apenas uma peça de ouro. De certos sinais concluem que Cristo *veio de Deus*, e se gloriam nesse fato, como se nada mais fosse necessário. Contudo ainda estavam longe de tal conhecimento, enquanto não entendessem o que Cristo lhes seria no futuro.

31. Credes agora? Como os discípulos estavam tão profundamente satisfeitos consigo mesmos, Cristo os lembra de que, estando cientes de sua fraqueza, deviam antes se confinar dentro de sua própria e tacanha capacidade. Ora, nunca estaremos plenamente cônscios de nossa carência e de nossa grande distância da plenitude de fé, até que nos vejamos em meio à séria provação; pois então o fato revela quão fraca é nossa fé, a qual imaginávamos ser plenária. Cristo chama a atenção dos discípulos para esta questão e declara que logo o abandonarão; pois a perseguição é uma pedra de toque a provar a fé, e quando sua pequenez se torna evidente, os que anteriormente estavam enfunados com orgulho começam a tremer e recuam.

A pergunta que Cristo formula é, portanto, irônica; como se ele quisesse dizer: "Então vos vangloriais como se estivésseis cheios de fé? Porém a provação está perto, a qual revelará vossa fatuidade." E assim devemos refrear nossa fútil confiança, quando ela se exibe tão levianamente. Mas é possível imaginar-se ou que os discípulos não tinham fé alguma, ou que ela estivesse extinta quando abandonassem a Cristo e se dispersassem em todas as direções. Respondo que, embora sua fé estivesse enfraquecida e mesmo quase desvanecida, contudo algo fora deixado, do qual ramos novos pudessem mais tarde brotar.

32. Contudo não estou só. Acrescenta-se esta correção a fim de informar-nos que, quando Cristo é abandonado pelos homens, ele nada perde de sua dignidade. Pois já que sua verdade e sua glória se acham fundadas nele mesmo e não dependem que o mundo creia, se acontecer de vir a ser abandonado pelo mundo, contudo ele de modo algum será prejudicado, porquanto é Deus e não necessita de nenhuma assistência de terceiros.

Porque meu Pai está comigo. Ao dizer que *o Pai estará com ele*, o sentido é que Deus estará a seu lado, de modo que não terá necessidade de emprestar algo dos homens. Todo aquele que meditar nisso de uma maneira adequada permanecerá firme, ainda que o mundo inteiro seja abalado, a revolta de todos os homens não será suficiente para subverter sua fé; pois não renderemos a Deus a honra que lhe é devida se não ficarmos satisfeitos em ter somente Deus.

33. Eu vos falei essas coisas. Uma vez mais reitera quão necessário são essas consolações que lhes dirige; e prova isso com este argumento: que *no mundo* os aguardam muitas angústias e *tribulações*. Devemos atentar, primeiramente, para esta admoestação: que todos os crentes devem se convencer de que sua vida se acha exposta a muitas aflições, para que se disponham a exercer a paciência. Portanto, visto que *o mundo* é como um mar revolto, *a paz* genuína não será encontrada em parte alguma, senão em Cristo. Em seguida, devemos atentar para a maneira de desfrutar essa *paz*, a qual ele descreve nesta passagem. Ele diz que terão *paz* se fizerem progresso nesta doutrina. Desejamos, pois, ter nossa mente serena e tranquila no meio das aflições? Então atentemos para este discurso de Cristo, o qual por si mesmo nos injetará *paz*.

Mas tende bom ânimo. Uma vez que nossa indolência deve ser corrigida por várias aflições, e uma vez que devemos estar despertos para buscarmos um antídoto para nosso estresse, assim o Senhor não pretende que nossa mente seja deprimida, mas antes que lutemos habilidosamente, o que é impossível se não estivermos seguros do êxito; pois, se temos de lutar, enquanto estamos irresolutos quanto ao resultado, todo nosso zelo rapidamente se desvanecerá. Quando, pois, Cristo nos convoca à pugna, ele nos arma com fundada confiança de vitória, ainda que nosso labor seja árduo.

Eu venci o mundo. Como há em nós excessiva razão para tremor, ele mostra que devemos estar confiantes por esta razão: que ele já alcançou a *vitória sobre o mundo*, não para si mesmo, individualmente, mas por amor de nós. Assim, ainda que em nós mesmos vivamos quase esmagados, se contemplarmos aquela magnificente glória à que nossa Cabeça foi exaltada, podemos ousadamente desprezar todos os males pendentes sobre nós. Se, pois, desejamos ser cristãos, não devemos buscar isenção da cruz, mas devemos viver satisfeitos com esta única consideração: que, lutando sob a bandeira de Cristo, estamos além de todos os perigos, mesmo em meio ao combate. Sob o termo *mundo* Cristo, aqui, inclui tudo o que se opõe à salvação dos crentes, especialmente todas as corrupções que Satanás usa e abusa com o propósito de armar-nos redes.

Capítulo 17

[17.1-5]
Jesus falou essas palavras e ergueu seus olhos ao céu, e disse: Pai, é chegada a hora; glorifica a teu Filho, para que teu Filho também te glorifique. Assim como lhe deste poder sobre toda carne, para que pudesse dar vida eterna a todos os que lhe deste. E esta é a vida eterna: que te conheçam, o único e verdadeiro Deus, e a quem tu enviaste, Jesus Cristo. Eu te glorifiquei na terra; consumei a obra que me deste para fazer. E agora, ó Pai, glorifica-me contigo mesmo, com a glória que tive contigo antes que existisse o mundo.

1. Jesus falou essas palavras. Depois de ter pregado aos discípulos sobre suportar a cruz, o Senhor exibiu-lhes essas consolações, confiando nas quais seriam capazes de perseverar. Havendo prometido a vinda do Espírito, ele lhes injeta uma esperança superior e lhes discursa sobre o esplendor e glória de seu reinado. Agora mais propriamente recorre à oração, pois a doutrina não tem poder, se de cima não lhe for comunicada eficácia. Ele, pois, põe em relevo um exemplo para os mestres, a saber: que não se empenhem somente em semear a palavra, mas que entrelacem com ela suas orações, implorando a assistência de Deus, para que sua bênção torne seu labor frutífero. Em suma, lemos que esta passagem do Senhor Jesus[1] Cristo é o selo da doutrina precedente, para que seja em si mesma ratificada e para que obtenha pleno crédito da parte dos discípulos.

---
1 "Du Seigneur Jesus."

E ergueu seus olhos ao céu. Esta circunstância narrada por João, de que Cristo orou *erguendo seus olhos ao céu*, era uma indicação de inusitado ardor e veemência; pois com essa atitude Cristo testificou que, nos afetos de sua mente, ele já estava mais no céu do que na terra, de modo que, deixando os homens para trás de si, ele passou a conversar com Deus de forma familiar. Ele olhou para *o céu*, não como se a presença de Deus estivesse confinada no céu, pois *ele enche também a terra* [Jr 23.24], mas porque ela está ali principalmente para que sua majestade seja exibida. Outra razão era que, ao *olhar para o céu*, isso nos lembra que a majestade de Deus é exaltada muito acima de todas as criaturas. É com o mesmo propósito que as mãos são erguidas em oração, pois os homens, sendo por natureza indolentes e morosos, e se deixando arrebatar por sua disposição terrena, necessitam de tais incitamentos, ou antes, diria carruagens, para que subam ao *céu*.

Contudo se realmente quisermos imitar a Cristo, devemos tomar cuidado para que os gestos externos não expressem mais do que está em nossa mente, mas que o sentimento íntimo direcione os olhos, as mãos, a língua e cada parte de nós. Aliás, somos informados que o *publicano*, baixando seus olhos, orou diretamente a Deus [Lc 18.13]; mas isso não é inconsistente com a presente afirmação; porque, ainda que ele [o publicano] estivesse confuso e humilhado por causa de seus pecados, contudo essa auto-humilhação não o impediu de buscar o perdão com plena confiança. Mas era próprio que Cristo orasse de uma forma diferenciada, pois ele nada tinha em si mesmo pelo que devesse envergonhar-se; e é certo que o próprio Davi às vezes orava com uma atitude e às vezes com outra, segundo as circunstâncias em que se encontrava.

Pai, é chegada a hora. Cristo pede que seu reino seja glorificado e que ele também promova a glória do Pai. Ele diz que *a hora havia chegado*, porque, embora por meio de milagres e de todo gênero de eventos sobrenaturais ele se manifestara como o Filho de Deus, contudo seu reino espiritual continuava em obscuridade, porém resplandeceria com pleno fulgor. Se alguém objetar dizendo que nunca houve algo menos glorioso do que a morte de Cristo, a qual então se aproximava, respondo que nessa morte vislumbramos um magnificente triunfo que está velado dos ímpios; pois ali percebemos que, uma vez feita a expiação pelos pecados, o mundo foi reconciliado com Deus, a maldição foi apagada e Satanás foi vencido.

A oração de Cristo se propõe também que sua morte produzisse, pelo poder do Espírito celestial, aquele fruto que foi decretado pelo eterno propósito de Deus; pois ele diz que *a hora havia chegado*, não uma hora segundo a determinação da fantasia humana, mas aquela hora que Deus havia designado. Contudo a oração não é supérflua, porque, embora Cristo dependa do beneplácito divino, ele sabe que deve desejar o que Deus prometera que certamente se concretizaria. Aliás, Deus faz cumprir tudo quanto decretara, não só a despeito de o mundo inteiro estar dormente, mas a despeito de sua oposição; porém nosso dever é pedir que ele nos dê o que nos prometera, porque o fim e utilidade das promessas é incitar-nos à oração.

Para que teu Filho também te glorifique. Sua intenção é dizer que há uma conexão mútua entre o avanço de sua glória e a gloria de seu Pai; pois, por que Cristo se manifestou, senão para poder guiar-nos ao Pai? Daí se segue que toda a honra que é outorgada a Cristo longe está de eclipsar a honra do Pai, ainda mais a confirma. É preciso ter sempre em mente em que caráter Cristo fala nesta passagem; pois devemos não apenas visualizar sua eterna Deidade, porque ele fala como Deus manifestado na carne e segundo o ofício de Mediador.

2. Como lhe tens dado. Ele uma vez mais confirma a declaração de que ele nada pede senão o que é agradável à vontade do Pai; como é uma regra constante orar não para pedir mais do que Deus graciosamente outorga, nada é mais contrário à razão do que depositar na presença de Deus tudo o que escolhermos.

Poder sobre toda carne significa a autoridade que foi dada a Cristo quando o Pai o designou para que fosse Rei e Cabeça; porém devemos observar o fim, a saber: *dar a vida eterna* a todo seu povo. Cristo recebe autoridade, não tanto para si mesmo quanto para aqueles que *lhe foram dados*. Mas, como lhe foram dados? Pois o Pai lhe sujeitou os réprobos. Eis minha resposta: somente os eleitos é que pertencem a seu rebanho peculiar, o qual ele determinou guardar no caráter de Pastor. Assim, pois, o reino de Cristo se estende, sem dúvida, a todos os homens, porém ele não traz salvação a nenhum outro senão aos eleitos, os quais com voluntária obediência seguem a voz do Pastor; pois os demais são compelidos por violência a obedecê-lo, até que, por fim, ele os esmague completamente com seu cetro de ferro.

3. E esta é a vida eterna. Ele então descreve a maneira de outorgar *vida*, a saber: quando ele ilumina os eleitos no verdadeiro conhecimento de Deus; pois ele agora não fala do desfruto da *vida* pela qual esperamos, mas somente do modo pelo qual os homens obtêm *vida*. E para que este versículo seja plenamente entendido, devemos antes de tudo saber que todos nós estamos à mercê da morte até que sejamos iluminados por Deus, o único que é *a vida*. Onde ele tem refulgido, o possuímos pela fé, e por isso também tomamos posse *da vida*; e esta é a razão por que o *conhecimento* dele é verdadeiramente e com justiça denominado de salvífico, ou que traz a salvação.[2] Quase uma das palavras tem seu peso; pois não é todo tipo de conhecimento que é aqui descrito, mas aquele conhecimento que nos molda de novo na imagem de Deus, de fé em fé; ou, melhor, que equivale a fé, por meio da qual, tendo sido enxertados no corpo de Cristo, somos feitos participantes da divina adoção e herdeiros do céu.[3]

Para conhecer-te, e a Jesus Cristo, a quem enviaste. A razão pela qual ele nos fala isso é porque não existe outro caminho no qual Deus seja *conhecido* senão na face de Jesus Cristo, o qual é a radiante e vívida imagem dele. Quanto à razão de colocar o Pai em primeiro lugar, isso não se refere à ordem da fé, como se nossa mente, depois de ter conhecido a Deus, em seguida desse a Cristo; o sentido, porém, é que pela intervenção de um Mediador que Deus é conhecido.

2 "Salutaire, ou apportant salut."
3 "Nous sommes faits participans de l'adoption Divine, qui nous fait enfans et heritiers du royaume des cieux" – "Somos feitos participantes da divina adoção, a qual faz de nós filhos e herdeiros do reino do céu."

O único e verdadeiro Deus. Dois títulos são aqui adicionados: *verdadeiro* e *único*; porque, em primeiro lugar, a fé deve distinguir Deus das vãs invenções dos homens e, abraçando-o com sólida convicção, nunca devem mudar nem hesitar; e, em segundo lugar, crendo que nada há de defectivo nem de imperfeição em Deus, a fé deve viver satisfeita exclusivamente com ele. Há quem o explique assim: *Para que te conheçam, que somente tu és Deus*; mas esta é uma interpretação muito pobre. O significado, pois, é este: *Para que conheçam somente a ti como o verdadeiro Deus*. Mas é possível imaginar-se que Cristo renuncia ao direito e título de Deidade. Se alguém respondesse dizendo que o nome de Deus é totalmente aplicado tanto a Cristo quanto ao Pai, pode-se suscitar a mesma questão concernente ao Espírito Santo; pois se somente o Pai e o Filho são Deus, o Espírito Santo é excluído de categoria, a qual é tão absurda quando à primeira. A resposta é fácil: se atentarmos para o modo de falar que Cristo invariavelmente emprega ao longo do Evangelho de João, do que já lembrei a meus leitores com muita frequência, ou, seja, que teriam se acostumado totalmente a ele. Cristo, manifestando-se na forma de um homem, descreve, na pessoa do Pai, o poder, essência e majestade de Deus. Assim, pois, o Pai de Cristo é *o único* verdadeiro *Deus*; isto é, ele é *o único Deus*, que previamente prometera ao mundo um Redentor. Mas em Cristo se achará a *unicidade* e a *veracidade* da Deidade, porque Cristo se humilhou a fim de subir às alturas. Ao chegarmos a este ponto, então sua divina majestade se manifesta; então percebemos que está plenamente no Pai e que o Pai está plenamente nele. Em suma, aquele que separa Cristo da divindade do Pai, no entanto não o reconhece como sendo *o único verdadeiro Deus*, mas, ao contrário, inventa para si um deus estranho. Esta é a razão por que somos concitados a *conhecer a Deus e a Jesus Cristo a quem o Pai enviou*, para que, por assim dizer, estendendesse sua mão, nos convidando a si.

A opinião entretida por alguns de que seria injusto se os homens perecessem simplesmente por causa de sua ignorância de Deus, surge da falta de ponderação de não haver nenhuma outra fonte de *vida* senão unicamente em Deus, e que todos os que se acham alienados dele estão privados da *vida*. Ora, se não há acesso a Deus senão pela fé, somos forçados a concluir que a incredulidade nos conserva num estado de morte. Se alguém objetar dizendo que as pessoas igualmente justas e inocentes são injustamente tratadas, caso sejam condenadas, a resposta é óbvia, a saber: que não se encontra nos homens nada que seja reto ou sincero, enquanto permanecerem em seu estado natural. Ora, Paulo nos informa que *somos renovados na imagem de Deus pelo Conhecimento dele* [Cl 3.10].

Ser-nos-á de grande importância agora introduzir uma visão de três artigos de fé: primeiro, que o reino de Cristo traz *vida* e salvação; segundo, que todos não recebem a *vida* dele, e não é o ofício de Cristo *dar vida* a todos, mas somente aos eleitos a quem o Pai confiou a sua proteção; e, terceiro, que esta vida consiste em fé, e Cristo a outorga àqueles a quem ilumina na fé do evangelho. Daí inferirmos que o dom da iluminação e da sabedoria celestial não é comum a todos, mas peculiar aos eleitos. É inquestionavelmente veraz que o evangelho é oferecido a todos, mas Cristo fala aqui daquela maneira secreta e eficaz de ensinar por meio da qual somente os filhos de Deus são atraídos à fé.

4. Eu já te glorifiquei. A razão pela qual ele diz isso é para que Deus fosse conhecido ao mundo por meio da doutrina de Cristo e por meio de seus milagres; e a *glória* de Deus se manifesta quando sabemos o que ele é. Ao acrescentar: *Consumei a obra que me deste para fazer*, sua intenção é dizer que completara todo o curso de sua vocação; pois a plenitude do tempo chegaria quando ele fosse recebido na *glória* celestial. Tampouco fala só do ofício docente, mas inclui também as outras partes de seu ministério; pois ainda que a parte primordial dele ainda estivesse por concretizar-se, isto é, o sacrifício da morte, por meio do qual ele removeria as iniquidades de todos nós. Mas, como a hora de sua morte já estava às portas, ele fala como se já a tivesse enfrentado. Portanto, a equivalência de seu pedido consiste em que o Pai o pusesse na posse do reino; já que, havendo completado seu curso, nada mais lhe restava fazer, senão exibir, pelo poder de seu Espírito, o fruto e eficácia de tudo quanto havia feito na terra em obediência ao mandamento de seu Pai, segundo a afirmação de Paulo: *Ele se humilhou e se aniquilou,*[4] *assumindo a forma de servo. Por isso Deus o exaltou sobremaneira e lhe deu um nome que está acima de todo nome* [Fp 2.7, 10].

5. A glória que tive contigo. Ele deseja ser *glorificado com o Pai*, não que o Pai o *glorificasse* secretamente, sem nenhuma testemunha, mas para que, tendo sido recebido no céu, ele fizesse uma magnificente exibição de sua grandeza e poder, *para que todo joelho se dobre diante dele* [Fp 2.10]. Consequentemente, a frase na sentença anterior, *com o Pai*, é contrastada com a glória terrena e evanescente, como Paulo descreve a bendita imortalidade de Cristo, dizendo que *ele morreu uma vez para o pecado, porém agora vive para Deus* [Rm 6.10].

A glória que tive contigo antes que o mundo existisse. Ele agora declara que nada deseja que não pertença estritamente ao Pai, mas somente que ele pudesse apresentar-se na carne, tal como existiu antes da criação do mundo; ou, para expressar mais claramente, que a majestade divina, a qual sempre possuiu, fosse agora gloriosamente exibida na pessoa do Mediador, e na carne humana com a qual foi revestido. Esta é uma passagem extraordinária, a qual nos ensina que Cristo não é um Deus que foi há pouco inventado, ou que só existiu por algum tempo; pois se sua *glória* era eterna, então ele também sempre o foi. Além disso, uma manifesta distinção entre a pessoa de Cristo e a pessoa do Pai é aqui expressa; do que inferimos que ele não é apenas o Deus eterno, mas também que ele é o eterno Verbo de Deus, gerado pelo Pai antes de todas as eras.

[17.6-11]

Manifestei teu nome aos homens que me deste do mundo; eram teus, e tu mos deste, e eles guardaram tua palavra. Agora eles já

---

4 "Il s'est humilié et aneanti soy-mesme."

sabem que todas as coisas que me deste procedem de ti; porque lhes dei as palavras que me deste, e eles já as receberam e sabem verdadeiramente que eu vim de ti e creram que me enviaste. Oro por eles; não oro pelo mundo, mas por aqueles que me deste, porque são teus; e tudo o que é meu é teu, e o teu é meu;[5] e neles eu sou glorificado. E eu já não estou no mundo, mas estes estão no mundo, e eu vou para ti. Pai santo, guarda em teu nome os que me deste, para que sejam um, como nós somos.

6. Manifestei teu nome. Cristo aqui começa orando ao Pai em favor de seus discípulos, e com o mesmo fervor de amor com que estava para imediatamente sofrer a morte por eles, agora implora por sua salvação. O primeiro argumento que usa em seu favor é que abraçassem a doutrina que transforma os homens realmente em filhos de Deus. Não havia carência de fé nem de diligência por parte de Cristo, ao convocar todos os homens a Deus, mas seu labor só era proveitoso e eficaz entre os eleitos. Sua pregação, a qual *manifestou o nome* de Deus, era comum a todos, e nunca cessou de manter a glória dela mesmo entre os obstinados. Por que, pois, diz ele que foi só a um pequeno número de pessoas que *manifestou o nome* de seu Pai, senão porque somente os eleitos pela graça do Espírito que ensina no íntimo?[6] Portanto, deduzimos que nem todos a quem a doutrina é manifestada são real e eficazmente instruídos, mas somente aqueles cujas mentes são iluminadas. Cristo atribui à eleição divina a causa disso; pois ele não assinala nenhuma outra diferença como sendo a razão pela qual ele *manifestou o nome* do Pai a alguns, passando por alto os demais, mas porque *lhe foram dados*. Daí se segue que a fé flui da predestinação externa de Deus, e que por isso ela não contemplou indiscriminadamente a todos, porque nem todos pertencem a Cristo.[7]

---

5 "Et tout ce qui est mien est tien, et ce qui est tien est mien" – "E tudo o que é meu é teu, e o que é teu é meu."
6 "Pourquoy donc dit-il qu'il a manifesté le nom de son Pere seulement à quelque petit nombre de gens, sinon d'autant qu'il n'y a que les eleus qui profitent par la grace de l'Esprit qui les enseigne au dedans?"
7 "Au Fils de Dieu" – "ao Filho de Deus."

Eram teus, e tu mos deste. Ao acrescentar estas palavras, ele põe em relevo, em primeiro lugar, a eternidade da eleição; e, em segundo lugar, o modo como devemos considerá-la. Cristo declara que os eleitos pertenceram perenemente a Deus. Este, pois, os distingue dos réprobos, não pela fé, nem por qualquer mérito, mas por pura graça; pois enquanto se acham totalmente alienados dele, contudo os considera como seus em seu propósito secreto. A infalibilidade dessa eleição pela livre graça[8] está nisto: que ele encomenda à guarda de seu Filho todos aqueles a quem elegeu, para que não pereçam; e este é o ponto para o qual devemos volver nossos olhos, para que estejamos plenamente certos de que pertencemos à agremiação dos filhos de Deus; pois a predestinação divina é por sua própria natureza oculta, porém se nos manifesta unicamente em Cristo.

E eles têm guardado tua palavra. Este é o terceiro passo; pois o primeiro é a eleição por livre graça; e o segundo é que o dom pelo qual somos incluídos na proteção de Cristo. Havendo sido recebidos por Cristo, pela fé somos congregados ao redil. A palavra de Deus é proclamada para os réprobos, porém só lança raízes nos eleitos, por isso lemos que eles a *guardam*.

7. Agora já sabem. Aqui nosso Senhor expressa qual é a principal parte na fé, a qual consiste em crermos em Cristo de tal maneira que a fé não repousa satisfeita em contemplar a carne, senão que percebe seu poder divino. Pois ao dizer: *Eles já sabem que todas as coisas que me foram dadas provêm de ti*, sua intenção é dizer que os crentes sentem que tudo quanto possuem é celestial e divino. E se não percebermos Deus em Cristo teremos que continuar incessantemente em estado de hesitação.

8. E eles as receberam. Ele expressa a forma desse conhecimento. É porque já receberam a doutrina que ele lhes ensinou. Mas para que ninguém pense que sua doutrina é humana ou terrena em sua origem, ele declara que Deus é o Autor dela, ao dizer: *As palavras que me*

---

8 "La certitude de ceste election gratuite."

deste eu lhas dei. Ele fala de conformidade com seu costume ordinário, na pessoa do Mediador ou Servo de Deus, ao dizer que nada ensinara senão o que havia recebido do Pai; porque, visto que sua condição pessoal era ainda humilde, enquanto estava na carne; e visto que sua majestade divina se achava velada sob a forma de servo, sob a pessoa do Pai ele simplesmente quer dizer Deus. Contudo devemos manter pela afirmação que João fez no início de seu Evangelho que, no que concerne em Cristo ser o Verbo Eterno de Deus, ele era sempre um só Deus com o Pai. Portanto, o significado é que Cristo era uma fiel testemunha de Deus aos discípulos, de modo que sua fé estava fundada exclusivamente na veracidade de Deus, já que o próprio Pai falava no Filho. O *receber* de que ele fala é oriundo de haver ele eficazmente manifestado o nome de seu Pai por intermédio do Espírito Santo.

E verdadeiramente têm conhecido. Ele agora reitera, em outros termos, o que previamente mencionara; pois *Cristo veio do Pai e foi enviado* por ele tem o mesmo significado do que vem antes, que *todas as coisas que ele tem procedem do Pai*. O significado equivale a isto: a fé deve projetar seus olhos diretamente para Cristo, contudo ao ponto de não formar nenhuma concepção dele que seja terrena ou inferior, mas deve ser projetada para seu divino poder, de modo que creiam firmemente que ele tem perfeitamente Deus em si, bem como tudo o que pertence a Deus.

E têm crido. É preciso observar-se também que na sentença anterior ele emprega o verbo *conhecer*, e agora ele emprega o verbo *crer*; pois assim ele mostra que nada que se relaciona a Deus pode ser conhecido senão pela *fé*, mas que na *fé* existe tal certeza que ela é com razão chamada *conhecimento*.

9. Oro por eles. Até aqui Cristo apresentou o que pudesse granjear para os discípulos favor junto ao Pai. Ele agora formula a oração propriamente dita, na qual ele mostra que nada pede senão o que seja agradável à vontade do Pai, porque ele pleiteia com o Pai em favor somente daqueles a quem o Pai mesmo espontaneamente ama. Ele declara francamente que *não ora pelo mundo*, porque sua solicitude é tão-só por seu rebanho, o qual ele recebeu das mãos do Pai. Mas isso poderia parecer um absurdo; pois não há melhor norma de oração do que seguir a Cristo como nosso Guia e Mestre. Ora, somos concitados a *orar por todos* [1Tm 2.1], e Cristo mesmo mais tarde orou indiscriminadamente por todos: *Pai, perdoa-lhes, porque não sabem o que fazem* [Lc 23.34]. Minha resposta é que as orações que oferecemos por todos se limita, não obstante, aos eleitos de Deus. Devemos orar para que esta pessoa, ou aquela pessoa, e toda pessoa seja salva, e assim incluímos toda a raça humana, porque não podemos ainda distinguir os eleitos dos réprobos; no entanto, enquanto desejarmos a vinda do reino de Deus, igualmente oramos para que Deus destrua seus inimigos.

Existe só esta diferença entre os dois casos: que oramos pela salvação de todos quantos sabemos terem sido criados segundo a imagem de Deus e que possuem a mesma natureza que a nossa; e deixamos ao critério divino os que ele bem sabe serem réprobos. Mas na oração que aqui se relata há alguma razão especial, que não deve ser produzida como um exemplo; pois Cristo não ora agora em obediência ao impulso da fé e do amor para com os homens, mas, adentrando o santuário celestial, ele põe diante de seus olhos os juízos secretos do Pai, os quais se acham velados de nós, enquanto andarmos por fé.

Além disso, aprendemos dessas palavras que Deus escolheu do mundo aos que ele quis, para que sejam os herdeiros da vida, e que esta distinção não é feita de conformidade com o mérito humano, mas que depende de seu mero beneplácito. Pois aqueles que pensam que a causa da eleição está nos homens devem começar com a fé. Ora, Cristo declara expressamente que aqueles que *lhe foram dados* pertencem *ao Pai*; e é indubitável que são *dados* para que creiam, e que a fé emana deste ato de *dar*. Se a origem da fé provém deste ato de dar, e se a eleição vem antes dela quanto à ordem e tempo, o que resta senão que reconhecemos que aqueles a quem Deus deseja que sejam salvos dentre o mundo são eleitos por livre graça? Ora, visto que Cristo ora tão-somente pelos eleitos, é necessário que creiamos na doutrina da eleição, se quisermos que ele ore junto ao Pai por nossa salvação. Portanto, uma grave injúria se faz aos crentes por aqueles que tudo fazem para apagar o conhecimento da eleição dos corações dos crentes, porque os privam da súplica intercessão do Filho de Deus.[9] Essas palavras servem também para expor a estupidez dos que, sob o pretexto da eleição, se entregam à indolência, enquanto ela deveria, antes, despertar-nos à solicitude em oração, como Cristo nos ensina por meio de seu exemplo.

10. E todas as coisas que são minhas são tuas. O objetivo da sentença anterior é mostrar que o Pai infalivelmente ouvirá o Filho. "Não rogo a ti", diz ele, "por alguém que não seja aqueles que reconheces serem *teus*, pois não tenho nada à parte de ti, e por isso não ficarei satisfeito com uma recusa." Na segunda sentença, *e as que são tuas são minhas*, ele mostra que tem boas razões para cuidar dos eleitos; pois são *seus* em decorrência de serem eles *de seu Pai*. Todas essas coisas são expressas para a confirmação de nossa fé. Não devemos buscar salvação em qualquer outro lugar além de Cristo. Mas não ficaremos satisfeitos em termos Cristo, se não soubermos que possuímos Deus nele. Devemos, pois, crer que existe uma tal unidade entre o Pai e o Filho, ao ponto de ser impossível que tenham algo em separado um do outro.

E eu sou neles glorificado. Isso está conectado com a segunda sentença do versículo, *e as tuas são minhas*; pois segue ser compreensível que ele, de sua parte, promova a salvação deles; e este é um testemunho muitíssimo excelente para confirmar nossa fé, a saber: que Cristo nunca cessará de cuidar de nossa salvação, visto que ele é *em nós glorificado*.

11. E já não estou no mundo. Ele assinala outra razão pela qual ora tão ansiosamente pelos discípulos, isto é, porque logo cada um deles estará privado da presença física dele, sob a qual tinham repousado até agora. Enquanto ele habitava com eles, cuidou deles *como a galinha ajunta seus pintinhos sob suas asas* [Mt 23.37]; mas agora que

---

9 "D'autant qu'ils les privent de la recommandation et intercession du Fils de Dieu."

está para partir, ele pede ao Pai que os guarde em sua proteção. E age assim por causa deles; porquanto lhes provê um remédio para seu tremor, para que confiem em Deus mesmo, em cujas mãos, por assim dizer, ele agora os confia. Produz não pouca consolação quando aprendemos que o Filho de Deus se torna ainda mais solícito pela salvação de seu povo, quando sua presença física se aparta deles; pois devemos concluir disto que, enquanto estivermos labutando em dificuldades no seio do mundo, ele mantém seus olhos postos em nós, para enviar, de sua glória celestial, alívio para nosso estresse.

Pai santo. Toda a oração é pronunciada com este objetivo: que os discípulos não percam o ânimo, como se sua condição fosse piorar com a ausência física de seu Mestre. Pois Cristo, tendo sido designado pelo Pai para ser por algum tempo o guardião deles, e tendo agora cumprido os deveres desse ofício, os devolve, por assim dizer, às mãos do Pai, para que doravante desfrutem de sua proteção e sejam sustentados por seu poder. Portanto significa que, quando os discípulos forem privados da presença física de Cristo, não sofram nenhuma perda, porque Deus os recebe sob sua guarda, cuja eficácia jamais cessa.

Para que sejam um. Isto realça o modo no qual seriam guardados; pois aqueles a quem o *Pai* celestial decretou *guardar* ele congrega em *santa* unidade da fé e do Espírito. Mas como não basta que os homens estejam de acordo em algumas coisas, ele acrescenta: **como nós somos.** Então nossa unidade será realmente feliz, quando ela exibir a imagem de Deus o Pai e de Cristo, como a cera toma a forma do selo que é impresso nela. Mas de que maneira o Pai, bem como Jesus Cristo[10] seu Filho, *são um*, explicarei sucintamente mais adiante.

[17.12, 13]

Enquanto eu estava com eles no mundo, eu os guardei em teu nome. Aos que me deste eu os guardei, e nenhum deles se perdeu, exceto o filho da perdição; para que se cumprisse

---

10 "Le Pere, et Jesus Christ son Fils."

a Escritura. E agora vou para ti, e fala essas coisas no mundo, para que minha alegria seja completa neles.

12. Enquanto eu estava com eles no mundo. Cristo afirma que os guardara no nome de seu Pai; pois ele se representa apenas no caráter de servo, que nada fazia senão pelo poder e sob a proteção de Deus. Portanto, ele quer dizer que era mui irracional supor que agora eles perecem, como se com sua partida o poder de Deus estivesse extinto ou morto. Mas pode-se concluir ser um grande absurdo que Cristo entregasse ao Pai o ofício de guardá-los, como se, depois de haver concluído o curso de sua vida, ele cessasse de ser o guardião de seu povo. A resposta é óbvia. Ele fala aqui somente da guarda visível, a qual terminava com a morte de Cristo; pois enquanto ele habitava na terra, não carecia emprestar o poder de outro a fim de guardar seus discípulos; mas tudo isso se relaciona com a pessoa do Mediador, o qual se manifestou por breve tempo sob a forma de servo. Mas agora ele concita os discípulos, tão logo comecem a se privar do auxílio externo, a erguerem seus olhos diretamente para o céu. Daí inferirmos que Cristo guarda os crentes hoje não menos que fazia outrora, porém de uma forma diferente, porque a majestade divina é publicamente exibida nele.

Que me deste. Uma vez mais emprega o mesmo argumento, a saber: que seria sumamente inconveniente que o Pai rejeitasse aqueles a quem seu Filho, por ordem sua, guardou até o término de seu ministério; como se ele dissesse: "O que me confiaste eu fielmente executei, e cuido para que *nada se perca* em minhas mãos; e ao receberes agora o que havias confiado a mim, cabe a ti veres se o mesmo continua em segurança e saudável."

Exceto o filho da perdição. Judas é excetuado, e não sem razão; pois ainda que ele não fosse um dos eleitos e do genuíno rebanho de Deus, contudo a dignidade de seu ofício deu-lhe a aparência de ser dele; e de fato ninguém teria formado uma opinião diferente a seu respeito, enquanto mantinha aquela elevada posição. Testada pelas regras da gramática,[11] a exceção é incorreta; mas se examinarmos a matéria mais de perto, era necessário que Cristo falasse assim, em acomodação à opinião comum dos homens. Mas, para que ninguém conclua que a eterna eleição de Deus foi subvertida pela condenação de Judas, ele imediatamente acrescenta que ele era *o filho da perdição*. Com estas palavras Cristo tem em mente que sua ruína, que de súbito ocorreria diante dos olhos dos homens, foi conhecida de Deus muito antes; pois *o filho da perdição*, segundo o idioma hebreu, denota um homem que é arruinado, ou que está devotado à destruição.

Para que se cumprisse a Escritura. Isso está relacionado com a sentença anterior. Judas apostatou *para que se cumprisse a Escritura*. Mas seria um argumento muito infundado alguém inferir disto que a revolta de Judas devesse ser atribuída a Deus antes que a ele mesmo, porque a perdição jazia nele sob uma necessidade. Porque o curso dos acontecimentos não deve ser atribuído às profecias, só porque foram preditos nelas; e, aliás, os profetas de nada mais tratam senão do que deveria acontecer, ainda que não tivessem falado disto. Portanto, não é nas profecias que devemos ir em busca da causa dos acontecimentos. Reconheço que nada acontece senão o que já está designado por Deus, mas a única pergunta que se deve fazer agora é se as coisas que foram preditas põem os homens sob uma necessidade, o que já demonstrei ser falso.

Ora, o desígnio de Cristo era transferir para a Escritura a causa da ruína de Judas, porém só pretendia tirar a ocasião de tropeço, o qual poderia abalar as mentes fracas.[12] Ora, o método de removê-lo é mostrar que o Espírito de Deus há muito tempo testificara que tal evento se concretizaria; pois comumente nos extasiamos ante aquilo que é novo e súbito. Esta é uma admoestação sumamente proveitosa e admite extensa aplicação. Pois como sucede que em nossos dias a maioria dos homens apostata por causa dos escândalos, senão porque não se lembram dos testemunhos da Escritura,

---

11 "Selon la reigle de grammaire."
12 "Les consciences infirmes" – "consciências fracas."

por meio dos quais Deus, sobejamente, tem fortificado seu povo, predizendo de antemão todos os males e angústias que se manifestariam ante seus olhos?

13. E essas coisas eu falo no mundo. Aqui Cristo mostra que a razão pela qual ele estava tão solícito em orar em prol de seus discípulos não era por estar ansioso por sua futura condição, mas, antes, para prover um remédio para sua ansiedade. Sabemos quão inclinadas nossas mentes são em buscar auxílios externos; e se estes se apresentam, avidamente nos apoderamos deles e não permitimos facilmente que eles nos sejam tirados. Cristo, pois, ora a seu Pai na presença de seus discípulos, não porque necessitasse de palavras, mas para remover deles toda dúvida. *Falo no mundo*, diz ele; ou, seja, dentro dos ouvidos deles, ou na presença deles,[13] para que sua mente se acalmasse; pois sua salvação já não corria perigo, tendo sido posta por Cristo nas mãos de Deus.

Para que tenham minha alegria completa. Ele a chama *minha alegria*, porque era necessário que os discípulos a obtivessem dele; ou, se alguém preferir expressá-lo mais sucintamente, ele a chama *minha*, porque ele é o Autor, a Causa e o Penhor dela; pois em nós nada existe senão perplexidade e intranquilidade, porém em Cristo só existe paz e alegria.

[17.14-19]
Eu lhes dei tua palavra, e o mundo os odiou; porque não são do mundo, assim como eu não sou do mundo. Não peço que os tires do mundo, mas que os guardes do mal. Eles não são do mundo, assim como eu não sou do mundo. Santifica-os por meio de tua verdade; tua palavra é a verdade. Como me enviaste ao mundo, eu também os tenho enviado ao mundo. E é por causa deles que eu me santifico, para que também eles sejam santificados pela verdade.

---

13 "En leur presence."

14. Eu lhes dei tua palavra. Ele emprega um argumento diferente ao orar ao Pai em favor de seus discípulos. Isso se deve à necessidade que eles tinham de sua assistência em decorrência *do ódio do mundo*. Ele também declara a causa de tal *ódio*, a saber: eles tinham abraçado *a palavra* de Deus, a qual o mundo não pode receber; como se quisesse dizer: "Pertence a ti proteger aqueles que, por causa de *tua palavra*, são *odiados pelo mundo*." Devemos gora ter na lembrança o que acabamos de ouvir, isto é, que o propósito desta oração é que *a alegria de Cristo se concretizasse em nós*. Portanto, como normalmente sucede de a ira do mundo acender-se contra nós a tal ponto que concluímos ter chegado nossa destruição, aprendamos a sobraçar de vez este escudo, a saber: que Deus jamais abandona aqueles que lutam pela defesa do evangelho.

Porque eles não são do mundo. Ele declara que seus discípulos *não são do mundo*, porque todos aqueles a quem ele regenera por obra de seu Espírito são separados *do mundo*. Deus não permite que suas ovelhas vagueiem por entre os lobos, sem demonstrar que ele é seu Pastor.

15. Não peço que os tires do mundo. Ele mostra em que consiste a segurança dos crentes;[14] não que sejam isentos de todo e qualquer aborrecimento e que vivem no luxo e vida mansa, mas que, em meio aos perigos, eles continuam em segurança através da assistência de Deus. Pois ele não chama a atenção do Pai para aquilo que deva ser feito, mas, ao contrário, faz provisão para a fraqueza deles, para que, mediante o método já prescrito por ele, restringissem seus desejos, os quais são propensos a ir além de todos os limites. Em suma, ele promete a seus discípulos a graça do Pai; não para poupá-los de toda ansiedade e dificuldade, mas para muni-los com força invencível contra seus inimigos e não permitir que sejam esmagados pelo pesado fardo das contendas que haverão de enfrentar. Se, pois, quisermos ser *guardados* segundo a regra que Cristo estabeleceu, não devemos dese-

---

14 "Des fideles."

jar isenção dos males, nem orar a Deus que imediatamente nos ponha naquele estado de bem-aventurado repouso, mas devemos descansar satisfeitos com a infalível certeza da vitória; e, no ínterim, resistir corajosamente a todos os males dos quais Cristo orou a seu Pai que desfrutássemos de feliz resultado. Em suma, Deus não *tira* seu povo *do mundo*, só porque ele não quer que sejam fracos e indolentes; mas ele *os livra do mal*, para que não sejam esmagados; pois ele quer que lutem, porém não permite que sejam mortalmente feridos.

16. Eles não são do mundo. Para que o Pai celestial fosse mais favoravelmente disposto a assisti-los, ele uma vez mais diz que *o mundo inteiro* os odeia, e ao mesmo tempo declara que esse ódio não se origina de alguma falta neles, mas porque o mundo odeia a Deus e a Cristo.

17. Santifica-os por meio de tua verdade. Esta *santificação* inclui o reino de Deus e sua justiça; ou, seja, quando Deus nos renova por seu Espírito, ele confirma em nós a graça da renovação e a leva até o fim. Portanto, ele pede em primeiro lugar que o Pai santifique os discípulos, ou, em outros termos, que ele os consagre inteiramente a si e os defenda como sua herança sacra. Em seguida, ele realça os meios de *santificação*, e não sem razão; pois há fanáticos que se dedicam a tagarelar sobre a *santificação* com infantilidade tão inútil, porém negligenciam a verdade de Deus, pela qual nos consagra a si. Além disso, como há outros que também tagarelam tolamente sobre *a verdade*, e, contudo não levam em conta *a palavra*, Cristo expressamente afirma que *a verdade*, pela qual Deus santifica seus filhos, não se encontra em qualquer outro lugar senão *na palavra*.

Tua palavra é a verdade. Por *palavra*, aqui, ele denota a doutrina do evangelho, a qual os apóstolos já tinham ouvido dos lábios de seu Mestre e a qual mais tarde iriam pregar a outros. Neste sentido, Paulo diz que *a Igreja foi purificada com a lavagem de água pela palavra da vida* [Ef 5.26]. Aliás, é somente Deus que santifica; mas como *o evangelho é o poder de Deus para a salvação de todo o que crê* [Rm 1.16], quem se aparta do evangelho como o instrumento, torna-se mais e mais sujo e contaminado.

A *verdade* é aqui tomada, à guisa de eminência, pela luz da sabedoria celestial, na qual Deus se manifesta a nós, para que nos forme a sua imagem. É verdade que a pregação externa *da palavra* por si mesma não realiza isso, pois essa pregação é impiamente profanada pelos réprobos; lembremo-nos, porém, de que Cristo fala dos eleitos, a quem o Espírito Santo eficazmente regenera *por meio da palavra*. Ora, como os apóstolos não estavam totalmente destituídos desta graça, devemos inferir das palavras de Cristo que a *santificação* não é instantaneamente completada em nós no primeiro dia, mas que fazemos progresso nela ao longo de todo o curso de nossa vida, até que, por fim, Deus, havendo despido de nós as vestimentas da carne, nos encha com sua justiça.

18. Como me enviaste ao mundo. Ele confirma sua oração com outro argumento; isto é, porque a vocação de Cristo e dos apóstolos é a mesma vocação e é comum a ambos. "Agora", diz ele, "os designo a um ofício que até agora mantive por teu mandamento e por isso é necessário que sejam munidos com o poder de teu Espírito, para que sejam aptos a suportar tão pesada incumbência."

19. E por causa deles eu me santifico. Com estas palavras ele explica mais claramente de que fonte flui essa *santificação*, a qual é completada em nós pela doutrina do evangelho. É porque ele se consagrou ao Pai que sua santidade nos alcança; pois como a bênção nas primícias se difunde por toda a colheita, assim o Espírito de Deus nos purifica pela santidade de Cristo e nos faz participantes dela. Tampouco isso só é feito por imputação, pois nesse aspecto lemos que ele *se fez nossa justiça*; mas ainda lemos que ele se fez *nossa santificação* [1Co 1.30], porque ele, por assim dizer, nos apresentou a seu Pai em sua própria pessoa, para que sejamos renovados para a verdadeira santidade por meio de seu Espírito. Além disso, ainda que esta santificação pertença a toda a vida de Cristo, contudo a ilustração mais elevada dela foi dada no sacrifício de sua morte; pois então ele demonstrou ser o verdadeiro Sumo Sacerdote, por consagrar o templo, o altar, todos os vasos e o povo, pelo poder de seu Espírito.

[17.20-23]

E não peço só por estes, mas também por aqueles que crerem em mim por intermédio de sua palavra; para que todos sejam um, como tu, ó Pai, és em mim, e eu em ti, que também sejam um em nós; para que o mundo creia que tu me enviaste. E eu lhes dei a glória que me deste; para que sejam um, como nós somos: eu neles, e tu em mim, para que sejam perfeitos em um; e para que o mundo saiba que tu me enviaste e os tens amado,[15] como me amaste.

20. E não peço só por estes. Ele agora dá um amplo giro a sua oração, a qual até aqui incluíra só os apóstolos; pois ele a estende a todos os discípulos do evangelho, enquanto existirem alguns deles no término do mundo. Esta é certamente uma base notável de confiança; pois se crermos em Cristo através da doutrina do evangelho, não podemos entreter nenhuma dúvida de que já estamos reunidos com os apóstolos em sua fiel proteção, de modo que nenhum de nós perecerá. Esta oração de Cristo é uma armadura segura e quem se abrigar nela estará seguro de todo e qualquer naufrágio; pois é como se Cristo solenemente jurasse que devotaria seu cuidado e diligência em prol de nossa salvação.

Ele começou com seus apóstolos, para que sua salvação, que sabemos ser infalível, nos fizesse mais seguros de nossa própria salvação; e por isso, sempre que Satanás nos atacar, aprendamos a buscar este refúgio: que não é sem propósito que o Filho de Deus nos uniu com os apóstolos, de modo que a salvação de todos fosse atada, por assim dizer, no mesmo feixe. Portanto, não há nada que deva mais poderosamente incitar-nos a abraçar o evangelho; pois visto ser uma bênção inestimável sermos apresentados a Deus pela mão de Cristo e ser preservados da destruição, assim devemos com razão amá-lo e cuidar dele acima de todas as demais coisas. Neste aspecto a demên-

---

15 "Et que tu les animes" – "e que os amaste."

cia do mundo é monstruosa. Todos desejam a salvação; Cristo nos instrui no caminho de sua obtenção, do qual se alguém se desviar não lhe resta nenhuma esperança, contudo, raramente, uma pessoa em cem se digna de receber o que lhe foi graciosamente oferecido.

Porque os que crerem em mim. Devemos atentar para esta forma de expressão. Cristo ora *por todos aqueles que crerem nele*. Com estas palavras ele nos lembra do que algumas vezes já dissemos: que nossa fé deve olhar para ele. A sentença que vem imediatamente a seguir, *por intermédio de sua palavra*, expressa admiravelmente o poder e natureza da fé, e ao mesmo tempo nos é uma confirmação familiar que sabe que nossa fé está fundada no evangelho ensinado pelos apóstolos. Que o mundo, pois, nos condene mil vezes, isso só nos satisfaria: porque Cristo nos reconhece como seus herdeiros, e roga junto ao Pai por nós.

Mas ai dos papistas, cuja fé se acha tão afastada desta regra, que não envergonham de vomitar esta hórrida blasfêmia: que não há na Escritura nada senão o que é ambíguo e que pode ser subvertida de várias formas. A tradição da Igreja é por isso seu único guia autoritativo no qual eles creem. Lembremo-nos , porém, que o Filho de Deus, que é o único competente para julgar, não aprova nenhuma outra fé[16] senão aquela que é extraída da doutrina dos apóstolos, e infalível informação de que a doutrina não se encontra em nenhum outro lugar senão em seus escritos.

Devemos ainda observar aquela forma de expressão, *crer por intermédio de sua palavra*, a qual significa que a fé é procedente do ouvir, porque a pregação externa dos homens é o instrumento pelo qual Deus nos atrai à fé. Segue-se que Deus é, estritamente falando, o Autor da fé e os homens são *os ministros por meio de quem cremos*, como nos preceitua Paulo [1Co 3.5].

21. Para que sejam um. Ele uma vez mais estabelece que o propósito de nossa felicidade consiste na unidade, e com razão; pois a ruína da raça humana consiste em que, havendo a mesma alienado de Deus,

---

16 "Qui seul en peut et doit prononcer, n'approve point d'autre foy."

ela é também por si mesma esfacelada e dispersa. Portanto, a restauração dela, ao contrário, consiste em ser ela propriamente unida em um só corpo, como Paulo declara que a perfeição da Igreja consiste em que: *Procurando guardar a unidade do Espírito pelo vínculo da paz. E ele mesmo deu uns para apóstolos, e outros para profetas, e outros para evangelistas, e outros para pastores e doutores, querendo o aperfeiçoamento dos santos, para a obra do ministério, para a edificação do corpo de Cristo... que é a cabeça. Do qual todo o corpo, bem ajustado, e ligado pelo auxílio de todas as juntas, segundo a justa operação de cada parte, faz o aumento do corpo, para sua edificação em amor* [Ef 4.3, 11-16]. Por essa razão, sempre que Cristo falar sobre unidade, lembremo-nos quão humilhante e dolorosamente, quando separado dele, o mundo se acha disperso; e, em seguida, aprendamos que o começo de uma vida bem-aventurada está em que sejamos todos governados e que todos vivamos, unicamente pelo Espírito de Cristo.

Além disso, deve-se entender que, em cada exemplo no qual Cristo declara, neste capítulo, que ele *é um com o Pai*, ele não fala simplesmente de sua essência divina, mas que ele é denominado *um* com respeito a seu ofício medianeiro, e no que respeita ser ele nossa Cabeça. Muitos dos pais, sem dúvida, interpretaram essas palavras no sentido em que, absolutamente, Cristo é *um* com o Pai, porque ele é o Deus eterno. Mas em suas disputas com os arianos foram levados a tomar passagens isoladas e a torcer seu sentido natural a fim de empregá-las contra seus antagonistas.[17] Ora, o desígnio de Cristo era amplamente distinto daquele que surgiu na mente deles, em sua mera especulação sobre sua Deidade secreta; pois ele arrazoa com o fim de mostrar que devemos ser *um*, do contrário a *unidade* que ele tem com o Pai seria infrutífera e sem valor para nós. Para compreender corretamente o que se pretendia com a expressão de que Cristo e o Pai são *um*, devemos tomar cuidado para não privar a Cristo de seu ofício como Mediador, mas, antes, devemos vê-lo no caráter de a Cabeça da

---

17 "Et les ent tirees hors de leur simple sens pour s'en servir contre les adversários."

Igreja e unido a seus membros. E assim a cadeia de pensamento será preservada, e a fim de evitar que a *unidade* do Filho com o Pai seja infrutífera e sem valor, o poder dessa *unidade* deve ser difundido através de toda a corporação dos crentes. Daí também inferirmos que somos *um* com o Filho de Deus;[18] não porque ele nos transmita sua substância, mas porque, pelo poder de seu Espírito, ele nos comunica sua vida e todas as bênçãos que ele recebeu do Pai.

Para que o mundo creia. Alguns explicam a palavra *mundo* significando os eleitos, os quais, naquele tempo, estavam ainda dispersos; visto, porém, que a palavra *mundo*, ao longo de todo este capítulo, denota os réprobos, sinto-me mais inclinado a adotar uma opinião distinta. Ocorre que, imediatamente depois, ele traça uma distinção entre todo seu povo e o mesmo *mundo* de que agora faz menção.

O verbo *crer* tem sido usado inexatamente pelo evangelista em lugar do verbo *saber*; isto é, quando os incrédulos, convencidos por sua própria experiência, percebem a glória celestial e divina de Cristo. A consequência é que *crendo, não creem*, porque tal convicção não penetra o sentimento íntimo do coração. E uma vingança justa de Deus é que o esplendor da glória divina ofusque os olhos dos réprobos, porque não merecem ter uma clara e pura visão dela. Ele depois usa o verbo *saber*, no mesmo sentido.

22. E eu lhes tenho dado a glória que me deste. Que se observe aqui que, enquanto um padrão de perfeita felicidade era exibido em Cristo, ele nada possuía que lhe pertencesse peculiarmente, mas, antes, era rico a fim de enriquecer aos que criam nele. Nossa felicidade está em termos a imagem de Deus restaurada e novamente formada em nós, a qual foi desfigurada pelo pecado. Cristo é não só a vívida imagem de Deus, no que concerne ser ele o Verbo de Deus, mas inclusive em sua natureza humana, a qual ele tinha em comum conosco, a semelhança *da glória* do Pai foi gravada para que formasse seus membros à semelhança dela. Paulo também nos ensina isto: *que todos*

---

18 "Avec les Fils de Dieu."

nós, com o rosto descoberto, refletindo como um espelho **a glória do Senhor**, *somos transformados de glória em glória na mesma imagem, como pelo Espírito do Senhor* [2Co 3.18]. Daí se segue que ninguém deve ser considerado entre os discípulos de Cristo, a menos que percebamos *a glória de Deus* impressa nele, como um selo, por meio da semelhança de Cristo. Para o mesmo propósito são as palavras que seguem imediatamente:

23. Eu neles, e tu em mim. Ele pretende ensinar que nele habita toda a plenitude de bênçãos, e que o que estava oculto em Deus é agora manifesto nele, para que ele o comunique a seu povo, como a água, fluindo da fonte por vários canais, rega os campos de todos os lados.

E os amaste.[19] Ele quer dizer que é uma exibição mui notável e um penhor mui excelente do amor de Deus para com os crentes, que o mundo seja compelido a sentir, quer queira quer não, quando o Espírito Santo, que neles habita, envia os raios da justiça e da santidade. De fato há outras formas inumeráveis em que Deus diariamente testifica de seu amor paternal para conosco, mas a marca da adoção é justamente é preferível a todas elas. Ele também acrescenta: *e os amaste,* **como me tens amado.** Com estas palavras ele pretendia realçar a causa e origem do amor; pois a partícula *como* significa *porque*, e as palavras, *como me tens amado*, significam: **porque** *me tens amado*; pois a Cristo tão-somente pertence o título *Bem-amado* [Mt 3.17; 17.5]. Além disso: que o amor que o Pai celestial nutre para com a Cabeça se estende a todos os membros, de modo que ele a ninguém ama que não seja em Cristo.

Não obstante, isso dá origem a alguma aparência de contradição; pois Cristo, como dissemos em outro lugar, declara que o amor indizível de Deus para com *o mundo* foi a razão por que *ele deu seu Filho unigênito* [Jo 3.16]. Se a causa deve vir antes do efeito, inferimos que Deus o Pai *amou* os homens à parte de Cristo; isto é, antes que ele fosse designado como o Redentor. Respondo que nessa e em passagens

---

19 "Et que tu les aimes" – "E que os amaste."

similares *o amor* denota a mercê com que Deus foi movido a favorecer pessoas indignas, e inclusive a favorecer seus inimigos, antes que os reconciliasse consigo. Aliás, é uma maravilhosa bondade de Deus, e inconcebível para a mente humana, que, exercendo benevolência para com os homens a quem ele não podia senão odiar, ele removeu a causa do ódio, para que não houvesse nenhuma obstrução para seu amor. E Paulo nos informa que há duas formas nas quais somos amados em Cristo: primeiro, porque o Pai *nos elegeu nele antes da fundação do mundo* [Ef 1.4]; e, segundo, porque em Cristo Deus *se reconciliou conosco* e tem provado que é gracioso para conosco [Rm 5.10]. E assim somos ao mesmo tempo os inimigos e os amigos de Deus, até que a expiação, tendo sido feita por nossos pecados, sejamos restaurados ao favor divino. Mas quando somos justificados pela fé, então é que, propriamente dito, começamos a ser amados por Deus, como um filho por um pai. Esse amor pelo qual Cristo foi designado para ser a pessoa em quem fomos graciosamente escolhidos antes que nascêssemos, e enquanto estávamos ainda arruinados em Adão, está oculto no coração de Deus, e excede infinitamente à capacidade da mente humana. Aliás, nenhuma pessoa jamais sentirá que Deus é gracioso para com ela, a menos que perceba que Deus é pacificado em Cristo. Mas como todo atrativo pelo amor de Deus se desvanece quando Cristo é afastado, assim seguramente podemos concluir que, uma vez que é pela fé que somos enxertados em seu corpo, não há perigo de apostatarmos *do amor de Deus*; pois este fundamento de que somos *amados* não pode ser subvertido, porque o Pai *amou* seu Filho.[20]

[17.24-26]
Pai, eu quero que aqueles que me deste também estejam comigo onde eu estiver; para que vejam minha glória que me deste; pois me amaste antes da fundação do mundo. Pai Justo, o mundo não te conheceu, porém eu te conheci, e estes têm

---

20 "Pource que le Pere a aimé son Fils."

conhecido que tu me enviaste. E eu lhes declarei teu nome, e o declararei; para que o amor com que me amaste esteja neles, e eu nele [esteja].

24. Pai, eu quero. *Querer* substitui *desejar*,[21] pois não expressa uma ordem, mas uma oração. Pode, porém, ser entendido de duas maneiras: ou que ele quer que os discípulos desfrutem de sua eterna presença, ou que Deus, por fim, os receba no reino celestial, para onde ele vai antes deles.

Para que vejam minha glória. Alguns explicam *ver sua glória* como equivalente a participar *da glória* que Cristo possui. Outros o explicam como sendo conhecer pela experiência da fé o que Cristo é, e quão imensa é sua majestade. Pessoalmente, depois de avaliar criteriosamente toda a matéria, creio que Cristo fala da felicidade perfeita dos crentes, como se quisesse dizer que seu desejo não será satisfeito até que tenham sido recebidos no céu. De igual forma explico *a* **contemplação** *da glória*. Naquele tempo viram *a glória* de Cristo, assim como uma pessoa fechada no escuro obtém, através de pequenas frestas, uma luz tênue e sombria. Cristo então deseja que eles façam um progresso tal que cheguem a desfrutar do pleno esplendor do céu. Em suma, ele pede ao Pai que os conduza, por ininterrupto progresso, à plena visão de sua *glória*.

Porque me amaste. Isso também se harmoniza melhor com a pessoa do Mediador do que só com a Deidade de Cristo. Seria abrupto dizer que o Pai amou sua Sabedoria; e ainda que fôssemos admiti-lo, a conexão da passagem nos leva a um ponto de vista diferente. Cristo, inquestionavelmente, falava como a Cabeça da Igreja, quando previamente orou para que os apóstolos fossem unidos com ele, e para que vissem *a glória* de seu reinado. Ele agora diz que o amor do Pai é a causa dela; e por isso se deduz que ele era *amado* no que tange a sua designação como o Redentor do mundo. Com esse amor o Pai o amou

---

21 "Quand il dit, *Je veux*, c'est comme s'il disoit, *Je desire*" – "Quando ele diz: *eu quero*, é como se ele dissesse: *eu desejo*."

antes da fundação do mundo, para que ele pudesse ser a pessoa em quem o Pai amaria seus eleitos.

25. Pai Justo. Ele compara seus discípulos *ao mundo*, com o intuito de descrever mais plenamente a aprovação e favor que receberam do *Pai*, pois é próprio que aqueles que só conhecem a Deus, a quem o mundo inteiro rejeita, sejam distinguidos acima dos demais, e mais propriamente Cristo roga com peculiar ardor por aqueles a quem a incredulidade *do mundo* não impede de reconhecerem a Deus. Ao denominá-lo *Pai Justo*, Cristo desafia o mundo e sua malícia; como se quisesse dizer: "Por mais arrogantemente que o mundo despreze e rejeite a Deus, contudo ele nada subtrai de mim e não pode impedir que a honra de sua justiça permaneça intocada." Com estas palavras ele declara que a fé dos santos deve estar fundamentada em Deus, de uma maneira tal que, embora *o mundo todo* se oponha, ela nunca fracassará; justamente como, nos dias atuais, devemos acusar o papa de injustiça, a fim de que reivindiquemos para Deus o louvor que lhe é devido.

Eu, porém, te conheci, e estes têm conhecido que me enviaste. Cristo não diz meramente que Deus era *conhecido* dos discípulos, mas menciona dois passos: primeiro, que *ele conhecia o Pai*; e, segundo, que *os discípulos sabiam que ele fora enviado pelo Pai*. Mas como ele acrescenta imediatamente em seguida que ele lhes tem *declarado o nome* do Pai, ele os elogia, como eu já disse, pelo conhecimento de Deus, o qual os separa do resto do mundo. Contudo devemos atentar para a ordem da fé, como aqui descrita. O Filho saiu do seio do Pai e, propriamente dito, só ele *conhece* o Pai; e, portanto todos quantos desejam aproximar-se de Deus devem recorrer a Cristo para que sejam atendidos e devem devotar-se a ele; e depois de ter sido conhecido pelos discípulos ele, por fim, os levará a Deus o Pai.

26. E lhes tenho declarado teu nome, e o declararei. Cristo cumpre o ofício de Mestre, porém, a fim de fazer o Pai conhecido, ele empregou a revelação secreta do Espírito, e não apenas o som de sua voz. Portanto, ele quer dizer que ensinou os discípulos com eficácia.

Além disso, sua fé sendo ao mesmo tempo muito fraca, ele promete maior progresso para o futuro, e assim os prepara a esperar mais abundante graça do Espírito Santo. Embora ele fale dos apóstolos, devemos extrair disto uma exortação geral, a saber: esforçar-se para fazer constante progresso e não pensar que temos corrido tão bem que já não temos uma longa viagem diante de nós, enquanto estamos cercados pela carne.

Para que o amor com que me amaste esteja neles. Isto é, para que os ames em mim, ou para que *o amor com que me amaste* lhes seja estendido; pois, estritamente falando, *o amor com que Deus nos ama* não é outro senão aquele *com que amou* seu Filho desde o princípio, para tornar-nos também aceitáveis a ele, e capazes de sermos *amados* em Cristo. E de fato, como eu disse um pouco antes, no que diz respeito a nós, à parte de Cristo, somos odiados por Deus, e ele só começa a amar-nos quando somos unidos ao corpo de seu amado Filho. É um valioso privilégio da fé que saibamos que Cristo foi *amado* pelo Pai por nossa causa, para que fôssemos feitos participantes do mesmo amor e pudéssemos desfrutá-lo para sempre.

E eu neles. Esta sentença merece nossa atenção, pois ela nos ensina que a única maneira na qual somos incluídos nesse amor que ele menciona é que Cristo habita em nós; porque, como o Pai não pode olhar para seu Filho sem ter diante de seus olhos todo o corpo de Cristo, assim, se quisermos ser vistos nele, temos de ser realmente seus membros.

Capítulo 18

[18.1-6]
Tendo Jesus dito essas palavras, saiu com seus discípulos para o ribeiro Cedron, onde havia um horto, no qual ele entrou e seus discípulos. E Judas, que o traía, também conhecia o lugar; pois Jesus com frequência se juntava ali com seus discípulos. Então Judas, tendo recebido um grupo de soldados e oficiais dos principais sacerdotes e fariseus, foi para lá com lanternas, tochas e armas. Ora, conhecendo Jesus todas as coisas que estavam para lhe sobrevir, adiantou-se e disse-lhes: A quem buscais? Responderam-lhe: A Jesus de Nazaré. Disse-lhes Jesus: Sou eu. E Judas, que o traía, também estava com eles. Portanto, assim que lhes disse: Sou eu, recuaram, e caíram por terra.

1. Tendo Jesus dito essas palavras. Nesta narrativa, João passa por alto muita coisa que os outros três evangelistas relatam, e ele age assim de propósito, como se sua intenção fosse coligir muitas coisas dignas de serem registradas, acerca das quais eles nada dizem; e, portanto, que o leitor recorra aos outros evangelistas para encontrar o que aqui está ausente.

Para o ribeiro Cedron. No original grego há um artigo prefixado a *Cedron*, o qual pareceria notificar que *o ribeiro* recebe esse nome dos *cedros*; mas isso provavelmente constitui um erro que tem invadido o texto, pois o vale ou ribeiro **Cedron** é às vezes mencionado na Escritura. O lugar foi assim chamado por ser *escuro* ou *lúgubre*, porque, sendo um vale cavernoso, era sombrio. Sobre esse ponto, contudo, não polemizo. Apenas afirmo o que é mais provável. O que principalmente se deve considerar é a intenção do evangelista ao designar o lugar, pois seu objetivo era mostrar que Cristo caminhava para a morte voluntariamente. Ele foi para um lugar que bem sabia ser bem conhecido de *Judas*. Por que ele agiu assim, senão para apresentar-se intencionalmente ao traidor e aos inimigos? Tampouco ele se deixou desviar por inadvertência, pois de antemão conhecia tudo quanto estava para acontecer. João em seguida menciona também que ele foi ao encontro deles. Ele, pois, enfrentou a morte, não por constrangimento, mas voluntariamente, para ser um sacrifício voluntário; pois sem obediência a expiação não nos teria sido granjeada.

Além disso, ele adentrou o horto, não com o propósito de buscar um lugar de refúgio secreto, mas para que tivesse melhor oportunidade e mais privacidade para a oração. O fato de haver orado três vezes para ser poupado da morte [Mt 26.44] não é inconsistente com essa obediência voluntária de que já falamos;[1] pois era necessário que ele enfrentasse dificuldades, a fim de poder ser vitorioso. Ora, havendo subjugado o terror da morte, ele avança rumo a ela livre e espontaneamente.

3. Judas, pois, tendo recebido um grupo de soldados. O fato de *Judas* chegar acompanhado de soldados e de um séquito tão numeroso é sinal de uma má consciência, a qual sempre estremece sem razão plausível. É certo que o *grupo de soldados* foi recebido da parte do governador, o qual enviou também um capitão à testa de mil soldados; pois, no caso de súbitos motins, uma guarnição ficava estacionada na cidade, e o governador pessoalmente mantinha uma corporação militar onde quer que estivesse. O restante se compunha de *oficiais* enviados pelos *sacerdotes*. João, porém, faz menção à parte dos *fariseus*, porque eram mais enfurecidos do que todo o restante, como se se preocupassem mais com a religião.

---

1 Sobre este ponto o leitor fará bem consultando a exposição e argumento bem elaborados de nosso autor, em *Harmony of the Evangelists*, Vol. III, pp. 226-234.

4. Jesus, pois, sabendo. O evangelista declara com mais franqueza que Cristo estava plenamente pronto a marchar rumo à morte, mas ao mesmo tempo descreve o grande poder que ele exercia através de uma única palavra, a fim de informar-nos que os ímpios não tinham poder sobre ele, exceto até onde ele lhes dava permissão.
5. Sou eu. Pausadamente responde ser aquele *a quem buscavam*, e, contudo, como se fossem golpeados por uma violenta tempestade, ou, melhor, por um raio, caem prostrados em terra. Portanto, não há nele carência de poder que porventura impeça suas mãos, caso ele o quisesse; mas seu desejo era obedecer a seu Pai, por cujo decreto, ele sabia muito bem, estava destinado a morrer.

Podemos inferir deste fato quão terrível e alarmante para os ímpios será a voz de Cristo quando subir a seu trono para julgar o mundo. Naquele momento ele não passava de um cordeiro pronto para o sacrifício. Sua majestade, no que diz respeito a sua aparência, estava totalmente ofuscada, no entanto, quando pronuncia uma só palavra, seus inimigos armados e corajosos desabam. E qual foi a palavra? Ele não troveja nenhuma temível excomunhão contra eles, mas simplesmente responde: *Sou eu*. Qual, pois, será o resultado quando ele vier, não para ser julgado pelos homens, mas para ser o Juiz de vivos e mortos, não naquela aparência humilde e desprezível, mas daquela ofuscante glória celestial e acompanhado por seus anjos? Naquele momento ele pretendia dar uma prova daquela eficácia que Isaías atribui a sua voz. Entre outros atributos gloriosos de Cristo, o profeta relata que ele *julgará com justiça aos pobres, e repreenderá com equidade aos mansos da terra; e ferirá a terra com a vara de sua boca, e com o sopro de seus lábios matará ao ímpio* [Is 11.4]. Aliás, o cumprimento dessa profecia é expresso por Paulo como sendo prorrogada para o fim do mundo [2Ts 2.8]. No entanto, diariamente vemos os ímpios, com toda sua fúria e orgulho, aterrados pela voz de Cristo; e quando aqueles homens que foram prender a Cristo caíram. Ali se exibiu um visível emblema daquele medo que os ímpios sentem em seu íntimo, quer queiram, quer não, quando Cristo fala por intermédio de seus ministros. Além disso, como esta era em alguma medida acidental a voz de Cristo, a quem peculiarmente pertence erguer os homens que se achavam prostrados em estado de morte, indubitavelmente nos manifesta um poder tal que nos eleva ao céu.

[18.7-9]
Tornou-lhes, pois, a perguntar: A quem buscais? E disseram: A Jesus de Nazaré. Respondeu Jesus: Já vos disse que sou eu. Se, pois, me buscais, deixai ir estes. Para que se cumprisse a palavra que havia dito: Dos que me deste nenhum se perdeu.

7. Tornou-lhes, pois, a perguntar. Desse fato se manifesta aquele poderoso efeito daquela cegueira com que Deus fere a mente dos ímpios e quão terrível é a estupidez daqueles que, pelo justo juízo de Deus, se deixam seduzir por Satanás. Se bois e asnos caem, são tocados por algum tipo de sentimento; mas esses homens, depois de presenciarem uma franca exibição do poder divino de Cristo, vão em frente tão destemidamente ao ponto de não perceberem nele nem mesmo um vislumbre de homem. Não, Judas mesmo permanece imóvel. Aprendamos, pois, a temer o juízo divino, pelo qual os réprobos, entregues nas mãos de Satanás, se tornam mais estúpidos que as feras brutas. Tampouco se pode duvidar de que Satanás os impeliu com fúria selvagem a uma tão desesperada audácia; pois não há insanidade que impulsione o homem com tamanha violência como esse gênero de cegueira. Os ímpios, depois de terem sido *entregues a uma mentalidade réproba* [Rm 1.28], de nada mais cuidam depois de arrojar-se contra Deus senão em fugir. Aliás, sentem seu poder, porém não ao ponto de se disporem a obedecer; pois preferem ser golpeados centenas de vezes a que ceder. Em suma, sua malícia é um véu a impedi-los de observar a luz de Deus; sua obstinação os faz mais duros do que o granito, de modo que nunca toleram ser subjugados.

8. Eu já vos disse que sou eu. Aqui notamos como o Filho de Deus não só se submete à morte de livre vontade, para que por sua obediência ele pudesse apagar nossas transgressões, mas também como ele cumpre o ofício de bom Pastor, protegendo seu rebanho. Ele vê o ataque dos lobos e não espera até que venham às ovelhas que foram confiadas a seu cuidado, mas imediatamente se prontifica a guardá--las. Portanto, sempre que os ímpios ou os demônios nos atacam, não tenhamos dúvida de que este bom Pastor está pronto² a socorrer-nos. Não obstante, por meio de seu exemplo Cristo estabeleceu para os pastores uma norma que deve ser seguida, caso queiram cumprir seu ofício de uma maneira correta.

9. Destes nenhum se perdeu. Esta passagem parece ser citada de uma forma apropriada, já que se relaciona mais com suas almas do que com seus corpos; pois Cristo não guardou os apóstolos em segurança até o fim, porém isto ele fez: em meio a incessantes perigos, e inclusive em meio à morte, até que sua salvação fosse assegurada. Eis minha resposta: o evangelista não fala meramente de sua vida física, mas, antes, diz que Cristo, poupando-os por certo tempo, fez provisão para sua salvação eterna. Consideremos quão profunda era sua fraqueza; o que pensaríamos que fariam eles caso fossem induzidos ao teste? Portanto, enquanto Cristo não decidisse que seriam testados além da resistência que ele lhes dera, ele os resgata da destruição eterna. E desse fato podemos extrair uma doutrina geral, ainda que prove nossa fé através de muitas tentações, todavia jamais permitirá que enfrentemos perigos extremos sem nos suprir com força para vencermos. E de fato vemos como ele continuamente suporta nossa fraqueza quando ele se manifesta para repelir os tantos ataques de Satanás e dos homens perversos, porque ele vê que ainda não somos aptos nem preparados para os mesmos. Em suma, ele nunca introduz seu povo no campo de batalha enquanto ele não estiver plenamente treinado, de modo que, mesmo perecendo, eles não perecem, porque eles sempre lucram, quer para a morte, quer para a vida.

---

2 "Que ce bom Pasteur ne soit prest."

[18.10-14]
Então Simão Pedro, tendo uma espada, desembainhou-a e feriu o servo do sumo sacerdote, e cortou-lhe a orelha direita; e o nome do servo era Malco. Jesus, pois, disse a Pedro: Põe tua espada na bainha. Não beberei eu o cálice que meu Pai me deu? Então o bando, o capitão e os oficiais dos judeus agarraram Jesus e o prenderam. E o levaram primeiramente a Anás; pois ele era o sogro de Caifás, que era o sumo sacerdote naquele ano. E Caifás foi quem aconselhou os judeus que convinha que um homem morresse pelo povo.

10. Então Simão Pedro, tendo uma espada, desembainhou-a. O evangelista então descreve néscio *zelo de Pedro*, que tentou defender seu Mestre de uma forma ilícita. De fato, ousada e corajosamente ele corre grande risco em defesa de Cristo; mas visto que desconsidera o que sua vocação demanda, e o que Deus permite, sua ação está muito longe de merecer encômio; ao contrário, recebe de Cristo severa reprimenda. Aprendamos, porém, que na pessoa de *Pedro* Cristo condena tudo aquilo que os homens ousam tentar movidos por suas próprias fantasias. Esta doutrina é eminentemente digna de atenção; pois nada é mais comum do que defender, sob o manto do zelo, tudo quanto fazemos, como se não fosse de nenhuma importância se Deus aprova ou não o que presumimos estar certo, prudência essa que nada mais é do que mera vaidade.

Se porventura nada virmos de impuro no *zelo de Pedro*, pelo menos deveríamos ficar satisfeitos com esta única razão: que Cristo declara que seu ato o desagradou. Vemos, porém, que não se deveu a ele que Cristo não foi desviado da morte, e que seu nome não foi exposto a um estigma perpétuo. Porque, ao agir com violência em relação ao capitão e aos soldados, ele cumpre o papel de um salteador, porquanto resiste o poder que Deus havia designado. Uma vez que Cristo já era suficientemente odiado pelo mundo, este ato singular poderia propiciar plausibilidade a todas as calamidades que seus inimigos falsamente lhe atribuíam. Além disso, era excessivamente temerário que Pedro tentasse provar sua fé pelo uso de sua espada, enquanto ele nem mesmo conseguia brandir bem sua língua. Ao deparar-se com a oportunidade de fazer confissão, ele nega seu Mestre; e agora, sem a autorização de seu Mestre, ele provoca tumulto.

Advertidos por um exemplo tão chocante, aprendamos a conservar nosso zelo dentro de limites próprios; e como a licenciosidade de nossa carne está sempre solícita a tentar mais do que Deus ordena, aprendamos que nosso zelo será mal sucedido toda vez que nos aventurarmos a empreender algo contrário à palavra de Deus. De vez em quando sucede que o começo nos faz lisonjeiras promessas, mas que, por fim, ele nos castigará por nossa temeridade. Que a obediência, pois, seja o fundamento de tudo o que empreendermos. Devemos ainda lembrar-nos que aqueles que resolveram pleitear a causa de Cristo nem sempre se conduzem tão habilmente que não cometam alguma falta; e, portanto, devemos com mais desvelo rogar que o Senhor nos guie em cada ato com o espírito de prudência.

11. Põe tua espada na bainha. Com esta ordem Cristo reprova a ação de Pedro. Mas devemos atentar para a razão, a saber: que não se permitia a um indivíduo em particular pôr-se em oposição àqueles que foram investidos com autoridade pública; pois isso pode ser inferido dos outros três evangelistas que relatam a declaração geral de Cristo: *Aquele que fere com espada, pela espada perecerá* [Mt 26.52]. Devemos ainda precaver-nos de repelir nossos inimigos pela força ou violência, mesmo quando injustamente nos provocarem, exceto até onde as instituições e leis da comunidade admitirem. Pois quantos vão além dos limites de sua vocação, ainda que granjeiem o aplauso do mundo inteiro, jamais obterão, por sua conduta, a aprovação de Deus.[3]

Não beberei eu o cálice que meu Pai me deu? Esta parece constituir a razão primordial por que Cristo deveria guardar silêncio, para que fosse *conduzido ao sacrifício como um cordeiro* [Is 53.7]; mas isso

---

3 O leitor achará os conceitos de nosso autor sobre este tema expresso plenamente na *Harmony of the Evangelists*, Vol. III. p. 244.

serve ao propósito de um exemplo, pois a mesma paciência é exigida de todos nós. A Escritura compara as aflições a poções medicinais; porque, como o dono de uma casa distribui comida e bebida a seus filhos e servos, assim Deus tem esta autoridade sobre nós: ele tem o direito de tratar a cada um de nós como bem lhe apraz; e se ele nos contempla com prosperidade, ou nos humilha com adversidade, dizemos que ele administra uma poção doce ou amarga. A poção designada para Cristo era que ele sofresse a morte de cruz para a reconciliação do mundo. Portanto, ele diz que precisa beber o cálice que *seu Pai mediu e lhe entregou*.

De igual forma devemos também estar preparados para suportar a cruz. Contudo não devemos ouvir os fanáticos que nos dizem que não devemos buscar remédios para as doenças e para qualquer outro gênero de estresse, a fim de não rejeitarmos *o cálice* que o Pai celestial[4] porventura nos apresente. Sabendo que *temos de morrer uma vez* [Hb 9.27], devemos estar preparados para a morte; mas o tempo de nossa morte é desconhecido, nos sendo desconhecido, o Senhor nos permite defender nossa vida por meio daqueles auxílios que ele mesmo designou. Devemos pacientemente suportar doenças, por mais graves que sejam elas para nossa carne; e ainda que não nos pareçam ser mortais, devemos buscar alívio para as mesmas; apenas sejamos cuidadosos para não tentarmos algo que não seja permitido pela palavra de Deus. Em suma, contanto que isto permaneça perenemente fixo em nosso coração: *que se cumpra a vontade do Senhor* [At 21.14], quando buscarmos livramento dos males que nos oprimem, não nos recuemos de beber *o cálice* que o Senhor nos destinou.

12. Então o grupo de soldados e o capitão. É possível que pareça estranho que Cristo, que fez com que os soldados se prostrassem em terra com uma única palavra, agora se deixe *apanhar*, pois se pretendia entregar-se por fim a seus inimigos, que necessidade havia de

---

4 "Le Pere Celeste."

realizar um milagre como esse? Mas a demonstração do poder divino era vantajosa em dois aspectos: primeiro, serve para remover o escândalo, a saber: para que não concluamos que Cristo desistiu como se deixasse vencer -se pela fraqueza; e, segundo, prova que sua morte foi totalmente voluntária. Portanto, até onde pudesse ser útil, ele sustentou seu poder contra seus inimigos; mas quando era necessário obedecer a seu Pai, ele se restringiu para que pudesse oferecer-se como sacrifício. Lembremo-nos, porém, de que o corpo do Filho de Deus foi ferido para que nossas almas fossem libertadas das peias do pecado e de Satanás.

13. E o conduziram primeiramente a Anás. Os outros evangelistas omitem esta circunstância, porque ela não afeta muito a substância da narrativa; pois nada se fez ali que fosse digno de registro. Talvez a conveniência do lugar os induzisse a prender Cristo na casa de Anás, até que o sumo sacerdote convocasse o conselho.

O sumo sacerdote naquele ano. Sua intenção não é dizer que o ofício do sumo sacerdote era anual, como muitos equivocadamente têm imaginado, mas que *Caifás era o sumo sacerdote* naquele ano, o que transparece claramente de Josefo. Mediante a injunção da lei, esta honra era perpétua, e só terminava com a morte daquele que o mantinha; mas a ambição e as disputas domésticas deram ocasião aos governadores romanos de destronar um sumo sacerdote e a pôr outro em seu lugar, a seu bel-prazer, ou por dinheiro ou por favor. Assim, Vitélio destituiu Caifás e designou Jônatas, o filho de Anás, para ser seu sucessor.

14. O qual aconselhara os judeus. O evangelista reitera a opinião de Caifás, a qual observamos anteriormente; pois Deus usou a boca imunda de um ímpio e traiçoeiro *sumo sacerdote* para pronunciar uma predição [Jo 11.50], justamente como ele guiou a língua do profeta Balaão, contrariando sua vontade, para que ele se visse constrangido a abençoar o povo, ainda que o que ele realmente queria era amaldiçoá-los, com o fim de conquistar o favor do rei Balaque [Nm 23.7, 8].

[18.15-18]
E Simão Pedro e outro discípulo seguiram a Jesus;[5] e esse discípulo era conhecido do sumo sacerdote; por isso ele entrou com Jesus no átrio do sumo sacerdote. Pedro, porém, permaneceu do lado de fora da porta. O outro discípulo, pois, que era conhecido do sumo sacerdote, saiu e falou àquela que guardava a porta e trouxe Pedro para dentro.[6] Então a porteira disse a Pedro: Não és tu também um dos discípulos desse homem? Disse ele: Não sou. E os serventes e oficiais, que haviam acendido uma fogueira, porquanto estava frio, ficaram ali e se aqueciam; e Simão Pedro também ficou ali com eles, e se aquecia.

15. E outro discípulo. Há quem se deixe arrastar por mera conjetura a supor que esse *discípulo* era o evangelista[7] João, visto que tinha o costume de se referir a si mesmo sem mencionar seu nome. Não obstante, que intimidade poderia João ter com um soberbo *sumo sacerdote*, já que era um humilde pescador? E como era possível que ele, sendo um dos domésticos de Cristo, tivesse o hábito de visitar a casa do *sumo sacerdote*? É mais provável que ele não fosse um dos doze, mas que fosse chamado discípulo por haver abraçado a doutrina do Filho de Deus.

João não é muito exato no arranjo da narrativa, ficando satisfeito em esboçar um breve sumário; pois depois de haver relatado que Pedro negou Cristo uma vez, ele entremeia outras matérias e em seguida volta às outras duas negações. Leitores desatentos foram levados por esta circunstância a concluir que a primeira negação ocorreu na casa de *Anás*. Entretanto, as palavras não comunicam tal significado; em vez disso, expressam claramente que foi a porteira do sumo sacerdote que constrangeu Pedro a negar Cristo. Portanto, devemos entender

---

5 "Or Simon Pierre, avec un autre disciple, suyvoit Jesus." – "Ora, Simão Pedro, com outro discípulo, seguira a Jesus."
6 "Et parla à la portiere, *laquelle fit entrer* Pierre" – "e falaou àquela que guardava a porta, *que trouxe* Pedro *para dentro*."
7 "Nostre Evngeliste."

que, quando Cristo foi levado à presença do sumo sacerdote, não se dava admissão a qualquer pessoa que quisesse entrar, mas o discípulo que era conhecido do *sumo sacerdote* solicitou, como um favor pessoal, que Pedro fosse admitido. Não há razão para se duvidar que zelo santo foi o motivo que induzira ambos a seguirem a Cristo, mas visto que Cristo claramente declarou que poupava Pedro e os demais, ele que era tão fraco teria achado muito melhor gemer e orar em algum canto escuro do que ter acesso à presença de alguém. Ele agora empreende, com grande solicitude, a cumprir um dever do qual Cristo o isentara; e quando chega o momento de confessar sua fé, na qual deveria ter perseverado até a morte, sua coragem falha. É preciso levar sempre em conta o que o Senhor requer de nós para que os que são fracos não empreendam em fazer o que é desnecessário.

17. Então a porteira disse a Pedro. Pedro é introduzido no pátio do sumo sacerdote; mas isso lhe custa muito porque, quando põe seus pés ali, ele se vê constrangido a negar a Cristo. Ao tropeçar tão vergonhosamente no primeiro passo, a loucura de vanglória é exposta. Ele se havia vangloriado de que provaria ser um companheiro corajoso e apto a marchar rumo à morte com firmeza; e agora, à simples voz da porteira, e uma voz que não se fazia acompanhar de ameaça, ele se vê turbado e se despe de suas armas. Tal é a demonstração do poder humano. Certamente toda a força que parece haver no homem se converte em fumaça, a qual imediatamente se esvai. Ao nos vermos do lado de fora do campo de batalha, nos revelamos corajosos; mas a experiência mostra que nosso falar soberbo é néscio e sem fundamento; e mesmo quando Satanás não faz ataques, inventamos para nós mesmos falsos alarmes que nos perturbam antes do tempo. A voz de uma débil mulher terrificou a Pedro; e o que se dá conosco? Não tremem0s continuamente ao leve som de uma folha que cai? Uma falsa aparência de perigo, que ainda estava distante, fez Pedro tremer. E a cada dia não fugimos também de Cristo movidos por absurdos pueris? Em suma, nossa coragem é de tal natureza que facilmente se esvai quando não existe inimigo algum; e assim Deus vinga a arrogância humana reduzindo as mentes aterradas a um estado de debilidade. Um homem, cheio de vigor, porém de vento, promete que alcançará uma fácil vitória sobre o mundo inteiro; no entanto, tão logo divisa a sombra de cardo, imediatamente treme. Portanto, aprendamos a não ser corajosos em nada mais senão no Senhor.

Não sou. Na realidade isso não parece ser uma negação absoluta de Cristo; quando, porém, Pedro teme reconhecer ser *um dos discípulos de Cristo*, equivale a uma afirmação de que ele nada tinha a ver com ele. É preciso que este fato seja cuidadosamente observado: que ninguém pode imaginar que já escapou de agir da parte de um sofista, quando essa é apenas uma maneira indireta para esquivar-se da confissão de sua fé.

18. E Simão Pedro também ficou ali com eles. Quando o evangelista acrescenta que *Pedro ficou ali junto ao fogo, juntamente com os oficiais e servos*, isso serve para conectar as várias partes da narrativa, como veremos mais adiante. Mas isso mostra quão grande era a estupidez de Pedro, quando, sem a mínima preocupação, *aquentava-se* juntamente com uma multidão de ímpios, depois de haver negado seu Mestre; ainda que seja possível que se visse constrangido pelo medo, ao sair da casa do sumo sacerdote, a não incorrer em outro perigo do mesmo gênero.

[18.19-24]

E o sumo sacerdote interrogou Jesus acerca de seus discípulos e acerca de sua doutrina. Respondeu-lhe Jesus: Eu falei francamente ao mundo; sempre ensinei na sinagoga e no templo, onde todos os judeus se congregam, e nada falei em secreto. Por que me interrogas? Interroga aos que têm ouvido o que lhes falei; eis que eles sabem o que eu tenho dito. E tendo dito essas coisas, um dos oficiais que ali estava feriu Jesus com a palma de sua mão, dizendo: Respondes assim ao sumo sacerdote? Respondeu-lhe Jesus: Se eu falei mal, dá testemunho do mal; mas se [falei] bem, por que me feres? Ora, Anás o enviara amarrado a Caifás o sumo sacerdote.

19. E o sumo sacerdote interrogou Jesus. O *sumo sacerdote* interroga Cristo, como se ele não passasse de algum indivíduo sedicioso, que dividisse a Igreja em partes, arregimentando *discípulos*; e o interroga como se ele fosse falso profeta, que envidasse todo seu esforço para corromper a pureza da fé com *doutrinas* novas e nocivas. Nosso Senhor[8] Jesus Cristo, havendo cumprido plena e fielmente o ofício de mestre, não apresenta uma nova defesa; mas, para que não abandonasse a causa da verdade, ele mostra que estava preparado para defender tudo quanto *havia ensinado*. Não obstante, ele igualmente reprova a impudência do sumo sacerdote, o qual inquire sobre uma matéria perfeitamente bem conhecida, como se a mesma fosse duvidosa. Não satisfeito em haver rejeitado o Redentor oferecido, juntamente com a salvação que lhes prometera, igualmente condena toda a exposição da lei.

20. Falei francamente ao mundo. É um erro pueril no qual alguns têm incorrido, a saber: pensarmos que essa réplica de Cristo condena os que explicam a palavra de Deus a grupos particulares, quando a tirania dos ímpios não lhes permite explicá-la publicamente; pois Cristo não argumenta quanto ao que é lícito e ao que não é lícito, mas sua intenção era destronar a insolente malícia de Caifás.

Esta passagem, contudo, parece ser inconsistente com outra declaração de Cristo, onde ele concita os apóstolos a *proclamarem dos telhados o que fora sussurrado em seus ouvidos* [Mt 10.27]; e ainda, quando declara: *Porque a vós é dado conhecer os mistérios do reino dos céus, mas a eles não lhes é dado* [Mt 13.11], e que portanto ele a ninguém confere esse favor senão aos doze apóstolos. Respondo que, quando ele diz na passagem ora em pauta, que *nada falava em secreto*, isso se refere à substância da doutrina, a qual era sempre a mesma, ainda que a forma do ensino fosse variada; pois ele não fala em diferentes formas entre os discípulos, ao ponto de instruí-los de maneira diferenciada; nem agia com astúcia, como se intencionalmente

---

8 "Nostre Seigneur."

pretendesse ocultar do povo o que ele falava a um pequeno grupo de pessoas no interior da casa. Portanto, ele podia testificar com uma boa consciência que publicamente declarara e honestamente proclamara a substância de sua doutrina.

22. E tendo dito essas coisas. Isso é adicionado com o fim de informar-nos, em primeiro lugar, quão grande era a fúria dos inimigos de Cristo e quão tirânico era seu governo; e, em segundo lugar, que sorte de disciplina existia entre aqueles sacerdotes. Assentavam-se como juízes, porém sua crueldade assemelhava-se à das bestas ferozes. Convoca-se um concílio no qual deveria ter prevalecido a máxima gravidade; contudo, um só *oficial* é tão ousado e presunçoso que, em meio aos processos judiciais, e na presença dos juízes, ele fere a pessoa acusada, em quem não conseguiu descobrir nenhum vestígio de culpa. Portanto, não surpreende que a doutrina de Cristo fosse condenada por uma assembleia bárbara, da qual não só toda a justiça, mas igualmente toda humanidade e modéstia foram banidas.

23. Seu eu falei mal. Isto é, "Se porventura pequei, então acusa-me, para que, quando a causa for julgada, eu seja punido de conformidade com a ofensa; porque esse não é um modo lícito de proceder, porém uma ordem bem diferente e uma modéstia bem distinta deveriam ser mantidas nas cortes judiciais." Cristo se queixa, pois, de que uma grave injúria se praticaria contra ele, caso não tivesse cometido nenhuma ofensa; e que, mesmo sendo culpado de cometer ofensa, contudo deveriam proceder de uma maneira lícita, e não com fúria e violência.

Mas Cristo parece não observar, no presente exemplo, a regra que em outro lugar ele mesmo estabelece para seus seguidores: *Não resistais ao mal; mas, se alguém te bater na face direita, deixa-lhe também a capa* [Mt 5.39]. Respondo que na paciência cristã, nem sempre o dever daquele que for ferido é deixar de responder à injúria sofrida sem dizer sequer uma palavra, mas, antes de tudo, suportá-la com paciência; e, em segundo lugar, renunciar a qualquer pensamento de vingança e *esforçar-se por vencer o mal com o bem* [Rm 12.21]. Os ímpios já são tão poderosamente impelidos pelo espírito de Satanás a injuriar outros a fim de que ninguém os provoque. Portanto, é uma néscia exposição das palavras de Cristo apresentada por aqueles que as consideram por um prisma tal, como se nos fosse ordenado oferecer novos incentivos aos que já são tão dispostos à prática do mal; pois ele não quer dizer nada mais senão que cada um de nós esteja mais disposto a fazer uma segunda injúria do que vingar a primeira; de modo que nada há que impeça o cristão de protestar quando tiver sido injustamente tratado, contanto que sua mente esteja isenta de rancor e sua mão, de vingança.

24. Ora, Anás o enviara amarrado. Esta sentença deve ser lida à guisa de parênteses; porque, tendo dito que Cristo foi levado à casa de Anás, e tendo continuado sua narrativa, como se a assembleia dos sacerdotes se reunisse ali, o evangelista então lembra ao leitor que Cristo foi levado da casa de Anás para a casa do sumo sacerdote. Mas como o tempo do verbo grego (ἀπέστειλε) tem levado muitos a cometer equívoco, tenho preferido traduzi-lo pelo tempo mais-que--perfeito: *Enviara*.[9]

[18.25-27]
E Simão Pedro estava de pé ali, e se aquentava. Disseram-lhe, pois: És também um de seus discípulos? Ele o[10] negou, e disse: Não sou. Um dos servos do sumo sacerdote, que era parente daquele cuja orelha Pedro cortara, disse: Não te vi no horto com ele? Então Pedro o negou novamente;[11] e imediatamente o galo cantou.

25. Ele o negou. Que fato chocante é a estupidez de Pedro, o qual, depois de haver negado seu Mestre, não só continua insensível ao arrependimento, porém se faz ainda mais empedernido pela própria indulgência que o leva a pecar! Se cada um deles por sua vez lhe perguntasse, ele não hesitaria em negar seu Mestre mil vezes. Tal é a

---

9 "J'ay mieux aimé tourner en ceste sorte, Avoit envoyé; que, Il a envoyé" – "Decidi traduzi-lo desta forma: *Anás enviara*, em vez de *Anás enviou*."
10 "Il le nia."
11 "Le nia derechef."

forma que Satanás encontra para intensificar ainda mais a miséria dos homens, depois de os haver degradado. Devemos ainda atentar para a circunstância que é relatada pelos outros evangelistas [Mt 26.74; Mc 14.71], ou, seja: que *ele começou a maldizer e a jurar, dizendo que não conhecia a Cristo*. Assim sucede a tantas pessoas todos os dias. A princípio, a falta não será tão grande; em seguida, ela se torna habitual; e, por fim, depois que a consciência já se acha entorpecida, aquele que se habituou a desprezar a Deus concluirá que nada mais lhe é ilícito, porém ousará a cometer as maiores perversidades. Nada nos é melhor, pois, do que nos pôr em guarda o quanto antes, para que aquele que é tentado por Satanás, enquanto a corrupção ainda não o atingiu de cheio, não se permita a mínima indulgência.

27. Imediatamente o galo cantou. O evangelista faz menção do *cantar do galo* a fim de informar-nos que Pedro avisado por Deus naquele exato momento; e por essa razão os outros evangelistas nos dizem que *ele então se lembrou das palavras do Senhor* [Mt 26.75; Mc 14.72], ainda que Lucas relate que o mero *cantar do galo* não produziu nenhum efeito em Pedro, enquanto Cristo não *olhou para ele* [Lc 22.61]. Assim, quando alguém tenha começado a cair movido pelas sugestões de Satanás, nenhuma voz, nenhum sinal, nenhum aviso o fará recuar, até que o Senhor mesmo lance sobre ele seu olhar.

[18.28-32]

Então conduziram Jesus da casa de Caifás à sala de audiência do governador;[12] e era de manhã cedo; e eles mesmos não entraram no átrio para que não se maculassem, e pudessem comer a páscoa.[13] Então Pilatos saiu fora e disse-lhes: Que acusação apresenteis contra este homem? Responderam e disseram-lhe: Se ele não fosse malfeitor, não to teríamos entregue. Então Pilatos lhes disse: Tomai-o e julgai-o de acordo com vossa lei. Então os judeus lhe disseram: Não nos é lícito matar pessoa al-

---

12 "In Prætorium" – "au Pretoire" – "para o Pretório."
13 "L'agneau de pasque" – "o cordeiro pascal."

guma. Para que se cumprisse a palavra de Jesus, que ele falara, significando por qual tipo de morte ele morreria.

28. Então conduziram Jesus. O julgamento que o evangelista menciona ocorreu antes de romper o dia; contudo não há dúvida de que seus urros ecoaram por toda a cidade com o intuito de inflamar sua população. Assim a fúria do povo acendeu-se de repente, como se todos, a uma só voz, exigissem que Cristo fosse declarado digno de morte. Ora, o julgamento foi conduzido pelos sacerdotes, não que estivesse em seu poder pronunciar uma sentença, mas para que, depois de excitar o preconceito contra ele mediante sua decisão prévia, o entregassem ao governador, como se ele já tivesse sido exaustivamente examinado.[14] Os romanos deram o título de *Prætorium* tanto à casa ou palácio[15] do governador, quanto ao tribunal onde costumava-se decidir as causas [judiciais].

Para que não se maculassem. Ao abster-se de toda *contaminação*, sendo purificados de conformidade com a injunção da lei, para que *pudessem comer a Páscoa* do Senhor, sua religião, nesse aspecto, merece elogio. Mas há dois erros em ambos os aspectos que são mui hediondos. O primeiro consiste[16] em não considerarem eles que já se achavam mais contaminados em seu coração do que se tivessem se comprometidos a entrar em qualquer lugar por mais profano que fosse; e o segundo consiste em se excederem numa questão tão irrelevante e negligenciarem o que é da mais elevada relevância. *Para os impuros e incrédulos*, diz Paulo, *nada é puro; porque sua mente já está contaminada* [Tt 1.15]. Esses hipócritas, porém, ainda que estejam saturados de malícia, ambição, fraude, crueldade e avareza, ao ponto de quase infectarem céu e terra com seu abominável odor, tão-somente

---

14 "Mais à fin de le livrer au juge, etant desja chargé, et comme suffisament conveincu par leur premiere cognoissance et les interrogatoires qu'ils luy avoient faites" – "mas entregá-lo ao juiz como alguém previamente acusado, e sendo já suficientemente convencido por seu julgamento prévio e pelas perguntas já formuladas e a ele dirigidas."
15 "La maison ou palais du gouverneur."
16 "La premiere faute est."

receiam as máculas externas. Assim, pois, é uma intolerável zombaria esperarem eles agradar a Deus não contraindo qualquer mácula pelo mero toque em alguma coisa impura, embora já tenham desconsiderado a genuína pureza.

Outro erro conectado com a hipocrisia consiste em que, embora sejam criteriosos na realização de cerimônias, contudo não nutrem nenhum escrúpulo pela negligência de questões da mais elevada relevância. Porquanto Deus ordenou aos judeus que cumprissem aquelas cerimônias que estão contidas na lei, por nenhuma outra razão senão para que se habituassem ao amor e à prática da genuína santidade. Além disso, nenhuma parte da lei os proibia de entrar na causa de um gentio, senão que era uma precaução derivada das tradições dos pais que ninguém pudesse, durante a noite, contrair qualquer contaminação provinda de uma casa impura. Mas aqueles veneráveis expositores da lei, ainda que cuidadosamente tentassem *coar um mosquito*, contudo *engoliam o camelo*[17] sem qualquer hesitação [Mt 23.24]; e é costumeiro da parte dos hipócritas considerar um crime mais grave matar uma pulga do que matar um ser humano. Este erro está estreitamente aliado a outro: dar maior preferência às tradições humanas do que aos santos mandamentos de Deus. Para que pudessem *comer a páscoa* de uma maneira própria, desejavam guardar-se puros. Não obstante, presumem que a impureza se confina ao interior dos muros da casa do governador, porém, não hesitam, ainda que céu e terra sejam testemunhas, em perseguir um inocente até a morte. Em suma, observam a sombra da *páscoa* com uma falsa e pretensa reverência, no entanto, não só violam a genuína *páscoa* com mãos sacrílegas, mas também tudo fazem, quanto está em seu poder, para sepultá-la em eterno olvido.[18]

29. Então Pilatos saiu fora. Este pagão não se indispõe em estimular uma superstição, à qual ridiculariza e despreza; mas no ponto primordial da causa ele cumpre o dever de um bom juiz, quando ele lhes ordena que, se tivessem alguma acusação, então a apresentas-

---

17 Veja-se *Harmony of the Evangelists*, Vol. III p. 93.
18 "De la ruiner et en abolir la memoire à jamais."

sem. Os sacerdotes, em contrapartida, não tendo autoridade suficiente para condenar aquele a quem denunciam como sendo culpado, não oferecem qualquer outra resposta além de dizer que ele fosse mantido sob sua decisão prévia.

30. Se ele não fosse malfeitor, não to teríamos entregue. Indiretamente, se queixam de Pilatos, dizendo que ele não põe o devido crédito na integridade deles. "Por que tu, sem o mínimo respeito", dizem eles, "não averiguas se a pessoa a quem processamos merece morrer?" Essa é atitude com que homens perversos, a quem Deus tem erguido a elevado grau de honra, cegados como estavam por sua grandeza pessoal, se permitem fazer o que bem querem. Tal também é a natureza inebriante do orgulho.[19] Querem que Cristo seja considerado malfeitor, e por nenhuma outra razão[20] senão porque assim o acusam. Mas se chegarmos à veracidade da questão, que atos de um malfeitor acharíamos nele, a não ser que curara todo tipo de doenças, expulsara demônios de várias pessoas, fizera um paralítico e um coxo andarem, restaurara a vista ao cego, audição ao surdo e vida ao mundo? Tais eram os fatos reais, e aqueles homens os conheciam muito bem; mas, como eu disse há pouco, quando os homens se deixam intoxicar com orgulho, nada é mais difícil do que despertá-los para que formem um são e correto juízo.

31. De acordo com vossa lei. Pilatos, ofendido com bárbaro e violento procedimento dos sacerdotes, indubitavelmente os reprova por afirmar que essa forma de condenação, a qual estavam por demais ansiosos para levar à concretização, estava em desacordo com a lei comum de todas as nações e com o consenso da raça humana; e, ao mesmo tempo, ele os censura por vangloriarem-se de que possuíam uma *lei* que lhes fora dada por Deus.

Tomai-o. Ele diz isso ironicamente; pois ele não lhes teria permitido pronunciar sobre um homem uma sentença de castigo capital; mas

---

19 "Voyla aussi comme orgueil remplit les gens d'une yvrognerie, et les met hors du sens."
 – "Veja-se também como o orgulho enche as pessoas com uma sorte de embriaguez e põe fora de seus sentidos."
20 "Et non pour autre raison."

é como se ele quisesse dizer: "Caso estivesse em vosso poder, instantaneamente já o terias executado, sem ser ouvido em sua própria defesa. Esta é a equidade de vossa lei, condenar um homem sem crime algum?" Assim agem os ímpios, pronunciando falsamente o nome de Deus como justificativa de sua conduta, expondo sua santa doutrina aos reprovação de seus inimigos, e o mundo avidamente utiliza isso como uma ocasião para lançar calúnia.

A nós não nos é permitido. Estão equivocados os que pensam que os judeus recusam a oferta, a qual Pilatos lhes fez; antes, sabendo que ele lhes dirigia escárnio: *Tomai-o*, respondem: "Tu não o permitirias; e já que és o juiz, exerce teu ofício."

32. Para que se cumprisse a palavra de Jesus. Finalmente, o evangelista acrescenta que era necessário que isso fosse feito a fim de que a predição que Cristo pronunciara *se cumprisse: O Filho do homem será entregue nas mãos dos gentios* [Mt 20.19]. E, se quisermos ler com proveito a história da morte de Cristo, o ponto primordial é levar em conta o eterno propósito de Deus. O Filho de Deus é posto diante do tribunal de um homem mortal. Se presumirmos que isso foi feito pelo capricho humano, e não erguermos nossos olhos para Deus, nossa fé necessariamente seria confundida e mergulhada em vexame. Mas quando percebemos que, pela condenação de Cristo, nossa condenação diante de Deus é obliterada, porque foi do agrado do Pai celestial tomar esse método de reconciliar consigo o gênero humano, soerguidos bem alto por essa singular consideração, ousadamente e sem qualquer vergonha, nos gloriamos inclusive na ignomínia de Cristo. Portanto, aprendamos, em cada parte desta narrativa, a volver nossos olhos para Deus como o Autor de nossa redenção.

[18.33-36]
Então Pilatos entrou novamente na sala de audiência e chamou Jesus, e disse-lhe: Tu és o Rei dos judeus? Respondeu-lhe Jesus: Tu dizes isso de ti mesmo, ou outros to disseram de mim? Respondeu Pilatos: Porventura sou eu judeu? Tua própria nação

e os sacerdotes te entregaram a mim. Que fizeste? Respondeu Jesus: Meu reino não é deste mundo; se meu reino fosse deste mundo, meus servos se empenhariam para que eu não fosse entregue aos judeus. Mas agora meu reino não daqui.

33. Então Pilatos entrou novamente na sala de audiência. É provável que muitas coisas fossem ditas de ambas as partes, o que o evangelista passa por alto; e essa conclusão pode ser prontamente extraída dos outros evangelistas. João, porém, insiste principalmente num único ponto: que Pilatos fez uma laboriosa inquirição se de fato Cristo era acusado justa ou injustamente. Na presença do povo, que se inflamava com o espírito de sedição, nada se poderia fazer que não fosse de uma maneira sediciosa. Ele, pois, *entra novamente na sala de audiência*; e de fato sua atenção é absolver a Cristo; Cristo, porém, pessoalmente, com o fim de obedecer a seu Pai, se apresenta para ser condenado; e esta é a razão por que é tão reticente em suas respostas. Tendo um juiz que lhe era favorável, e que de bom grado se inclinava a ouvi-lo, não lhe era difícil defender sua causa; porém leva em conta com que propósito ele viera ao mundo e para o quê ele é agora chamado pelo Pai. Portanto, de seu próprio arbítrio se contém de falar, para que não viesse a escapar da morte.

És tu o Rei dos judeus? Nunca teria passado pela mente de Pilatos formular esta pergunta sobre *o reino*, se tal acusação não fosse feita contra Cristo pelos judeus. Ora, Pilatos avalia o que era mais ofensivo em todo aquele quadro com o fim de absolver o prisioneiro. A tendência da resposta de Cristo é mostrar que não há motivo para tal acusação; e assim ela contém uma refutação indireta; como se dissesse: "É absurdo formular tal acusação contra mim, pois nem mesmo a mais leve suspeita dela pode recair sobre mim."

Tudo indica que Pilatos tomou como sendo impróprio que Cristo lhe perguntasse por que suspeitava dele como culpado de tal crime;[21]

---

21 "De tel crime."

e por isso ele colericamente o censura, dizendo que todo o mal provém de *sua própria nação*. "Estou sentado aqui no caráter de juiz", diz ele; "não são os estrangeiros, mas teus próprios patrícios, quem te acusam. Não há razão, pois, para que eu me envolva em vossas disputas. Ser-te-ia permitido por mim e pelos romanos viver em paz; porém suscitas distúrbios entre vós mesmos, e me sinto relutantemente compelido a dar um basta neles."

36. Meu reino não é deste mundo. Com estas palavras ele reconhece ser um *rei*, porém, até onde era necessário provar sua inocência, ele se isenta da calúnia, pois declara que não existe nenhuma discordância entre seu reino e o governo ou ordem política;[22] como se quisesse dizer: "Sou falsamente acusado, como se tivesse tentado produzir distúrbio ou promover uma revolução nos negócios públicos. Tenho pregado sobre *o reino de Deus*; porém este é espiritual, e por isso não tens nenhum direito de suspeitar que eu esteja aspirando ao poder régio." Esta defesa foi feita por Cristo diante de Pilatos, porém a mesma doutrina é útil aos crentes até o fim do mundo; pois se o reino de Cristo fosse terreno, ele seria falho e mutável, porque *a forma deste mundo passa* [1Co 7.31]. Mas agora, visto que se declara que o mesmo é celestial, isso nos assegura de sua perpetuidade. E assim sucede que o mundo inteiro é subvertido, contanto que nossa consciência esteja sempre direcionada para *o reino* de Cristo, não obstante ela permanecerá firme, não só em meio aos abalos e convulsões, mas inclusive em meio a terríveis ruínas e destruição. Se formos cruelmente tratados pelos ímpios, contudo nossa salvação é assegurada pelo *reino* de Cristo, o qual não está sujeito aos caprichos humanos. Em suma, ainda que haja inumeráveis tempestades pelas quais *o mundo* é continuamente agitado, *o reino* de Cristo, no qual devemos buscar tranquilidade, é separado do *mundo*.

Somos ensinados também sobre qual é a natureza desse *reino*; pois se ele nos fizesse felizes segundo a carne e nos trouxesse rique-

---

22 "Et le gouvernement ou ordre politique."

zas, prazeres e tudo o que é desejável para o usufruto da presente vida, ele exalaria o odor da terra e do mundo; mas agora, embora nossa condição seja aparentemente miserável, contudo nossa verdadeira felicidade permanece intata. Daqui aprendemos também que são estes os que pertencem a esse *reino*: os que, tendo sido renovados pelo Espírito de Deus, contemplam a vida celestial em santidade e justiça. Contudo merece igualmente nossa atenção que não se diz que o reino de Cristo não está *neste mundo*; pois sabemos que ele tem sua sede em nossos corações, como também Cristo diz em outra passagem: *O reino de Deus está dentro de vós* [Lc 17.21]. Mas, estritamente falando, *o reino de Deus*, enquanto habita em nós, é estranho ao mundo, porque sua condição é totalmente diferente.

Meus servos se esforçariam. Ele prova que não almejava nenhum reino terreno, porque ninguém se move nem toma armas em seu apoio; pois se um indivíduo em particular reivindicar autoridade régia, esse mesmo deve conquistar o poder por meio de homens sediciosos. Nada desse gênero se vê em Cristo; e por isso segue-se que ele não é um *rei* terreno.

Aqui, porém, surge uma pergunta: Não é lícito defender *o reino* de Cristo por meio de armas? Pois quando se ordena que reis e príncipes[23] *beijem o Filho de Deus* [Sl 2.10-12], recebem não só a ordem de submeter-se a sua autoridade em seu caráter particular, mas também empregam todo o poder que possuem na defesa da Igreja e na manutenção da piedade. Em primeiro lugar, respondo que chegam à conclusão de que a doutrina do evangelho e o culto divino puro não devem ser defendidos pelas armas devido a seu raciocínio inábil e ignorante; pois o argumento de Cristo tem por base apenas os fatos do caso em mãos, a saber: quão frívolas eram as calúnias que os judeus tinham lançado contra ele. Em segundo lugar, ainda que os reis piedosos defendam *o reino* de Cristo pelo uso da espada, contudo isso é feito de uma maneira diferente daquela na qual os reinos profanos cos-

---

23 "Quand il est commandé aux Rois et Princes."

tumam ser defendidos. Pois o reino de Cristo, sendo espiritual, deve ser fundamentado na doutrina e no poder do Espírito. De igual modo, sua edificação é também promovida; pois nem as leis e os éditos dos homens, nem os castigos infligidos por eles penetram as consciências. Contudo isso não impede os príncipes de acidentalmente defender o reino de Cristo: em parte, designando a disciplina externa; e, em parte, oferecendo à Igreja sua proteção contra os perversos. Entretanto, resulta da depravação do *mundo* o fato de *o reino* de Cristo ser fortalecido mais pelo sangue dos mártires do que pelo socorro das armas.

[18.37-40]
Disse-lhe, pois, Pilatos: Então tu és rei? Respondeu Jesus: Tu dizes que eu sou rei. Por essa causa foi que nasci, e por essa causa vim ao mundo, para dar testemunho da verdade; todo aquele que é da verdade ouve minha voz. Disse-lhe Pilatos: Que é a verdade? E, dizendo isso, tornou a ir ter com os judeus, e disse-lhes: Não acho nele culpa alguma. Mas vós tendes por costume que eu vos solte alguém durante a páscoa; quereis, pois, que eu vos solte o Rei dos judeus? Então todos gritaram novamente, dizendo: Esse homem não, mas Barrabás. Ora, Barrabás era um salteador.

37. Tu dizes que eu sou rei. Embora Pilatos já tivesse se inteirado, da resposta anterior, que Cristo reivindica para si alguma sorte de reino, contudo agora Cristo assevera a mesma coisa com mais firmeza; e não satisfeito com isso, ele formula um adendo que serve de selo, por assim dizer, para ratificar o que dissera. Daí inferirmos que a doutrina concernente ao *reino* de Cristo é de uma importância não ordinária, visto que ele julgou que a mesma era digna de uma afirmação tão solene.

Por essa causa foi que nasci, para dar testemunho da verdade. Sem dúvida esse é um sentimento geral; mas deve ser visto em relação com o local que ele mantém na presente passagem. As palavras significam ser natural que Cristo fale *a verdade*; e, em seguida, que ele foi enviado pelo Pai com *esse propósito*; e, consequentemente, que este é seu ofício peculiar. Não há perigo, pois, que sejamos enganados por confiarmos nele, visto ser impossível que aquele que foi comissionado por Deus e cuja disposição natural o leva a manter *a verdade*, ensine algo que não seja *verdadeiro*.

Todo aquele que é da verdade. Cristo adicionou isto com o propósito não tanto de exortar Pilatos (pois ele sabia que nada lucraria agindo assim), mas de defender sua doutrina contra as vis acusações que foram lançadas sobre ela; como se quisesse dizer: "É-me imputado como crime ter eu asseverado que *sou rei*; e, no entanto, esta é uma verdade inquestionável, a qual é recebida com reverência e sem hesitação por todos quantos têm um correto juízo e um são entendimento." Ao afirmar que eles são *da verdade*, ele não quer dizer que conhecem naturalmente a verdade, mas que são dirigidos pelo Espírito de Deus.

38. Que é a verdade? Há quem pense que Pilatos formula esta pergunta movido por curiosidade, como homens profanos costumam às vezes nutrir ardente desejo de aprender algo que lhes seja novo ou nada mais intentam senão gratificar seus ouvidos. Em minha opinião pessoal, antes creio que ela é uma expressão de desdém; pois Pilatos cria estar sendo insultado profundamente quando Cristo o representou como destituído de conhecimento *da verdade*. Aqui vemos em Pilatos uma doença tão costumeira entre os homens. Ainda que estejamos bem conscientes de nossa ignorância, contudo há poucos que se dispõem a confessá-la; e a consequência é que a maioria dos homens rejeita a verdadeira doutrina. Em seguida o Senhor, que é o grande Mestre dos humildes, cega os soberbos e assim os golpeia com o castigo que merecem. Da mesma soberba vem a lume tal desdém para que os soberbos não queiram submeter-se ao aprendizado, porquanto todos reivindicam sagacidade e acuidade mental. Crê-se ser *a verdade* algo corriqueiro; porém Deus declara, em contrária, que ela muito excede à capacidade do entendimento humano.

O mesmo sucede em outras questões. Os artigos primordiais da teologia são estes: a maldição pronunciada sobre a raça humana, a corrupção da natureza, a mortificação da carne, a renovação da vida, a reconciliação efetuada por livre graça através do único sacrifício, a imputação da justiça, por meio da qual o pecado é aceito por Deus, e a iluminação do Espírito Santo. Estes, sendo paradoxais, são desdenhosamente rejeitados pelo entendimento ordinário dos homens. Portanto, poucos fazem progresso na escola de Deus, porque raramente encontramos uma pessoa em dez que atentam para as primeiras e elementares instruções; e por que esse é o caso, senão porque medem a sabedoria secreta de Deus por seu próprio entendimento?

Que Pilatos falou desdenhosamente é evidente à luz da circunstância que logo em seguida se sobressai. Em suma, ele fica irado com Cristo por gloriar-se de manifestar *a verdade*, a qual anteriormente esteve em trevas. Não obstante, tal indignação manifestada por Pilatos mostra que os ímpios nunca rejeitam a doutrina do evangelho tão desrespeitosamente como não sendo algo movido por sua própria eficácia. Porque, ainda que Pilatos não procedesse de forma a tornar-se humilde e suscetível de instrução, contudo ele se vê constrangido a sentir alguma compunção interior.

39. Mas vós tendes por costume. Pilatos desde o princípio ponderava sobre como poderia salvar a vida de Cristo; ele tentou manter o meio termo a fim de aplacar fúria do povo que nutria uma raiva tão furiosa, pois ele cria que seria suficiente que Cristo, sendo desmascarado como *malfeitor*, fosse estigmatizado com perpétua ignomínia. Ele, pois, escolhe Barrabás primeiro que os demais a fim de que, à guisa de comparação com aquele homem, o ódio que nutriam por Cristo fosse aplacado. Porque Barrabás era universal e veementemente detestado por causa de seus crimes atrozes. E de fato há algo mais detestável do que *um salteador*? Lucas [23.19], porém, relata que, em adição a isso, ele era culpado de outros crimes.

O fato de os judeus o preferirem a Cristo não se deu sem uma singular interposição da providência divina; pois teria sido sumamente inconveniente que o Filho de Deus fosse resgatado da morte por um preço tão execrável. Não obstante, por sua morte ele foi precipitado na mais profunda ignomínia, de modo que, em consequência da soltura de *Barrabás*, ele foi crucificado entre dois salteadores; pois ele tomou sobre si os pecados de todos, os quais não podiam ser expiados de nenhuma outra forma; e a glória de sua ressurreição, por meio desta veio imediatamente em seguida, fez com que sua própria morte fosse um esplêndido triunfo.

Sem dúvida ,tal *costume*, por meio do qual o governador romano entregava aos judeus, a cada ano, por ocasião da páscoa, algum criminoso envolvido em algum crime sórdido e hediondo, era feito a fim de honrar a sacralidade do dia, mas na realidade nada mais era do que uma execrável profanação dele; pois a Escritura declara que, *aquele que inocenta o culpado é abominação aos olhos de Deus* [Pv 17.15]; e por isso ele longe está de deleitar-se nesse tipo impróprio de perdão. Aprendamos por meio de tal exemplo que nada é mais ridículo do que tentar servir a Deus com nossas próprias invenções; porque, tão logo comecem os homens a seguir suas próprias imaginações, não haverá fim até que, cedendo a alguma de suas mais absurdas estultícias, insultem abertamente a Deus. A regra para o culto divino, pois, deve ser tomada de nenhuma outra fonte senão de sua própria designação.

Capítulo 19

[19.1-6]
Pilatos, pois, tomou então a Jesus, e o açoitou. E os soldados, tecendo uma coroa de espinhos, lha puseram na cabeça, e lhe vestiram com um manto de púrpura, e diziam: Salve, Rei dos judeus! E davam-lhe bofetadas. Então Pilatos saiu outra vez, e disse-lhes: Eis que eu vo-lo trago, para que saibais que não achei culpa alguma nele. Jesus, pois, saiu, usando a coroa de espinhos e o manto de púrpura. E disse-lhes:[1] Eis o homem! Vendo-o, pois, os principais sacerdotes e os oficiais, gritaram, dizendo: Crucifica-o, crucifica-o. Disse-lhes Pilatos: Tomai-o e crucificai-o; porque não acho culpa alguma nele.

1. Pilatos, pois, tomou então a Jesus. Pilatos continua firme em sua intenção original; mas à ignomínia anterior ele adiciona uma segunda: na esperança de que, quando Cristo fosse açoitado, os judeus se sentissem saciados com esse castigo superficial. Depois de esforços tão árduos, e sem qualquer êxito, devemos reconhecer nisso o decreto celestial, por meio do qual Cristo fora designado à morte. Não obstante, sua inocência é atestada pelo testemunho do juiz, para que nos fosse assegurado que ele era isento de todo e qualquer pecado, e para que viesse a ser o substituto como uma pessoa culpada no lugar de outras e recebesse o castigo devido aos pecados de outros. Vemos também em Pilatos um notável exemplo de uma consciência vacilante.

---

1 "Et Pilate leur dit." – "E Disse-lhes Pilatos."

Ele absolve Cristo com seus lábios e reconhece que *não há nele culpa alguma*, contudo lhe aplica o castigo como se fosse culpado. Assim, os que não têm coragem suficiente para defender com inabalável constância o que é certo, serão arremessados de um lado a outro e levados a adotarem opiniões opostas e conflitantes. Todos nós condenamos *Pilatos*, no entanto, é deprimente afirmar que há tantos *Pilatos*[2] no mundo que continuam *açoitando a Cristo*, não só em seus membros, mas também em sua doutrina. Muitos há que, com o propósito de salvar a vida dos que são perseguidos por amor ao evangelho, impiamente os constrangem a negar a Cristo. O que é isso senão expor Cristo ao ridículo, para que ele viva uma vida desonrosa? Outros selecionam e aprovam determinadas partes do Evangelho e então rasgam em fatias todo o Evangelho. Acreditam que terão feito um bem excessivamente grande se corrigirem uns poucos e grosseiros abusos. Seria melhor que a doutrina fosse sepultada por algum tempo, do que ser *açoitada* dessa forma, porque ela fluiria novamente a despeito do diabo e dos tiranos; mas nada é mais difícil do que restaurar a sua pureza depois de a mesma ter sido uma vez corrompida.

2. E os solados, tecendo uma coroa de espinhos. Isso inquestionavelmente foi feito pela autorização de Pilatos, com o fim de afixar um estigma infamante no Filho de Deus por este *ter-se feito a si mesmo rei*; e isso com o fim de satisfazer a fúria dos judeus, como se ele se convencesse de que as acusações assacadas contra Cristo estivessem bem fundamentadas. Contudo a perversidade e a insolência dos soldados correram mais livremente do que fora ordenado pelo juiz. Quão ímpia e avidamente os homens agarram a oportunidade de fazer o mal sempre que a mesma lhes é oferecida. Aqui, porém, visualizamos a espantosa crueldade da nação judaica,[3] cuja mente não se move de compaixão por um espetáculo tão lastimável, mas tudo isso é dirigido por Deus a fim de reconciliar consigo o mundo por intermédio da morte de seu Filho.

---

2 "Tant de Pilates."
3 "Cependant on voit icy une cruanté merveilleuse en ce peuple des Juifs."

6. Tomai-o. Ele não desejava entregar Cristo nas mãos deles, nem abandoná-lo a sua fúria; simplesmente declara que ele não seria seu executor. Isso é evidente à luz da razão imediatamente acrescida, ao dizer que *ele não achava culpa alguma nele*; como se quisesse dizer que nunca se deixará persuadir a derramar sangue inocente para a satisfação deles. Que são somente os sacerdotes e oficiais que demandam que ele seja crucificado, é evidente à luz da circunstância de que a demência do povo não era tão grande, não fosse a contribuição da gritaria [das autoridades judaicas] para acendê-la.

[19.7-11]
Responderam-lhe os judeus: Temos uma lei, e de acordo com nossa lei ele deve morrer, porque a si mesmo se fez o Filho de Deus. Quando, pois, Pilatos ouviu essa expressão, ficou ainda mais atemorizado. E novamente entrou na sala de audiência e disse a Jesus: De onde és tu? Mas Jesus não lhe deu resposta. Então disse-lhe Pilatos: Não me falas a mim? Não sabes que eu tenho poder para crucificar-te, e poder para soltar-te? Respondeu Jesus: Nenhum poder contra mim terias, se do alto não te fosse dado; por isso aquele que me entregou a ti maior pecado tem.

7. Temos uma lei. O que querem dizer é que, ao processarem a Cristo, agem corretamente, e não movidos pelo ódio nem por sentimento pecaminoso; porque percebiam que Pilatos lhes dirigira uma censura direta. Ora, eles falam como estando na presença de um homem ignorante *da lei*; como se quisesse dizer: "É-nos permitido viver segundo nosso próprio costume, e nossa religião não tolera que um homem se vanglorie de ser *o Filho de Deus*." Além disso, essa acusação não era totalmente isenta de plausibilidade, porém erravam seriamente na aplicação dela. A doutrina geral era indubitavelmente verdadeira, ou, seja: que não era lícito aos homens assumirem qualquer honra devida exclusivamente a Deus, e que aqueles que reivindicassem para si o que é exclusivamente peculiar a Deus *mereciam ser punidos com* *a morte*. Mas a fonte de seu erro se relacionava à pessoa de Cristo, porquanto não consideravam quais são os títulos atribuídos pela Escritura ao Messias, dos quais poderiam facilmente ter aprendido que ele era o *Filho de Deus*, e nem mesmo se dignaram em inquirir se Jesus era ou não o Messias a quem Deus outrora prometera.

Vemos, pois, como deduziram uma falsa conclusão de um princípio verdadeiro, pois seu raciocínio era negativo. Tal exemplo nos adverte a distinguir criteriosamente entre uma doutrina geral e a aplicação da mesma;[4] pois há muitas pessoas ignorantes e indispostas que rejeitam os próprios princípios exarados na Escritura, caso uma vez tenham sido enganados por alguma semelhança com a verdade. E tal licenciosidade faz tão grande progresso no mundo todos os dias. Portanto, tenhamos em mente que devemos guardar-nos contra a imposição, de modo que princípios que são verdadeiros permaneçam em todo seu vigor, e que a autoridade da Escritura não seja ofuscada.

Em contrapartida, podemos facilmente achar uma resposta para os ímpios, aos quais falsa e impropriamente recorrem ao testemunho da Escritura e aos princípios que extraem dela como apoio para seus maus desígnios. E é justamente assim que os papistas, quando enaltecem em termos celestiais a autoridade da Igreja, nada apresentam sobre o quê todos os filhos de Deus não estão de acordo. Mantêm que a Igreja é a mãe dos crentes; que ela é a coluna da verdade; que ela deve ser ouvida; que ela é guiada pelo Espírito Santo.[5] Tudo isso devemos

---

4 "entre la doctrine generale et l'application d'icelle."
5 Essas afirmações a respeito de "*A Igreja*" são consideradas por nosso autor como sendo o que os lógicos chamam "a proposição maior do silogismo"; e pela palavra latina, *hypothesis*, traduzida para o francês, *l'application*, ele evidentemente quer dizer a proposição menor, a qual ele afirma ser não só destituída de prova, mas completamente falsa. Sua própria educação e hábitos anteriores, como advogado, naturalmente o levaram a formular o argumento nessa forma, especialmente quando relacionado com um processo criminal; pois mesmo em nossos dias acusações invariavelmente assumem a forma de silogismo. Tudo indica que ele concebeu a acusação contra Cristo como transcorrendo assim: "Qualquer mero homem, a si mesmo se declarando *o Filho de Deus*, é culpado de blasfêmia, e merece morrer. Jesus de Nazaré, porém, que não passa de um mero homem, *a si mesmo se fez o Filho de Deus*. Portanto, *de acordo com nossa lei, Jesus deve morrer*." A proposição maior não pode ser questionada, sendo claramente tomada da lei de Moisés. A proposição menor consiste de duas partes. 1. Jesus é um mero homem. 2 Jesus *a si mesmo se fez o Filho de Deus*. A segunda parte é verdadeira, porém

admitir, mas quando desejam apropriar-se de toda a autoridade que é devida à Igreja, impiamente, e com sacrílega presunção, tomam posse do que absolutamente lhes pertence. Pois devemos inquirir sobre que bases eles assumem como sendo verdadeiro que merecem o título de *A Igreja*; e aqui fracassam completamente. De igual modo, quando praticam furiosa crueldade contra todos os santos, agem assim sob este pretexto: que a eles se ordenou a defesa da fé e da paz da Igreja. Mas quando examinamos a matéria mais detidamente, vemos claramente que não há nada que exista menos no coração do que a defesa da verdadeira doutrina; que nada os afeta menos do que a preocupação pela paz e harmonia, senão que apenas lutam para sustentar sua própria tirania. Os que se satisfazem com princípios gerais e não atentam para as circunstâncias, imaginam que os papistas estão certos em atacar-nos; mas a investigação da matéria imediatamente dissipa a fumaça por meio da qual enganam os simples.[6]

8. Ele ficou ainda mais amedrontado. Estas palavras podem ser explicadas de duas formas. A primeira é que Pilatos teve medo de que alguma culpa lhe fosse imputada, caso surgisse algum tumulto, por não haver ele condenado a Cristo. A segunda é que, depois de ter ouvido o título *o Filho de Deus*, sua mente foi movida pela religião. Este segundo conceito é confirmado pelo que vem imediatamente em seguida:

9. E novamente entrou na sala de audiência, e disse a Jesus: *De onde és tu?* Pois é evidente à luz desse fato que ele caiu em estado de perplexidade e angústia, porque *ficou com medo* de que viesse ser culpado de sacrilégio, caso pusesse sua mão *no Filho de Deus*. É preciso observar que, quando ele pergunta *de onde Cristo era*, ele não inquire sobre seu país de origem, mas é como se ele quisesse dizer: "És um homem nascido na terra, ou és proveniente de algum deus?" Portanto,

---

a primeira é falsa; e, consequentemente, todo o argumento, aparentemente plausível, cai por terra. Deveria ter sido do conhecimento dos judeus que a honrosa posição *do Filho de Deus*, ainda que não pudesse, sem blasfêmia, ser reivindicada por um mero filho de Adão, pertencia por direito a Jesus de Nazaré, de quem, mesmo antes de seu nascimento, o anjo disse à Virgem Maria: *por isso também o Santo que de ti há de nascer será chamado Filho de Deus* [Lc 1.35].

6 "Ces fumees, par lesquelles ils abusent les simples."

a interpretação que dou a esta passagem é que Pilatos, abalado pelo medo de Deus, ficou perplexo e dominado pela dúvida quanto ao que deveria fazer;[7] pois ele via, de um lado, o excitamento de uma revolta; e, do outro, a consciência o impedia de ofender a Deus por tentar ele evitar o perigo.

Esse exemplo é sumamente digno de observação. Ainda que o semblante de Cristo fosse tão desfigurado, não obstante, assim que Pilatos ouviu o nome de Deus, apoderou-se dele o *medo* de ofender a majestade de Deus em um homem que era totalmente humilde e desprezível. Se a reverência por Deus exercesse tanta influência sobre uma pessoa não religiosa, não seriam piores que os réprobos os que então julgam as coisas divinas como uma diversão e troça, displicentemente e sem qualquer *temor*? Pois realmente Pilatos é uma prova de que os homens têm naturalmente senso religioso, os quais não toleram ser destemidamente arremessados em qualquer direção que queiram, quando a questão se relaciona com as coisas divinas. Essa é a razão por que eu disse: os que, ao compendiarem a doutrina da Escritura, não se deixam impressionar com a majestade de Deus, mais do que se estivessem disputando acerca da sombra de um asno, *são entregues a uma mente depravada* [Rm 1.28]. Não obstante, um dia sentirão, para sua destruição, que veneração se deve ao nome de Deus, a qual ora tratam com desdém e ultrajante zombaria. É chocante perceber quão arrogantemente os papistas condenam a clara comprovada verdade de Deus, e como cruelmente derramam sangue inocente. Solicito ao leitor que averigúe donde provém aquela estúpida embriaguez, se não é porque não se lembram de que tem algo a ver com Deus?

E Jesus não lhe deu resposta. Não devemos pensar ser estranho que Jesus não responda; pelo menos, se tivermos em mente o que men-

---

7 "Il estoit en perplexité et doute de ce qu'il devoit faire." – A fraseologia latina é muito idiomática, sendo formada de uma notável passagem de *Plautus*: "Quod inter sacrum, ut aiunt , et saxum hæserit." – "Ele se viu perplexo, como dizem, entre a vítima e a faca sacrificial." Uma estreita semelhança com isso se pode observar num provérbio francês: "Etre entre le marteau et l'enclume." – *Estar entre o martelo e a bigorna.*

cionei previamente, que ele não estava diante de Pilatos para defender sua própria causa – como comumente se dá com pessoas acusadas que estão desejosas de ser inocentadas –, mas, antes, queria enfrentar a condenação; pois era oportuno que fosse condenado, quando compareceu em nosso lugar. Eis a razão por que ele não apresenta nenhuma defesa e, no entanto o silêncio de Cristo não é inconsistente com o que Paulo diz: *Lembrai-vos de que Cristo, diante de Pilatos, fez uma boa confissão* [1Tm 6.13]; pois ali ele sustentou a fé do evangelho, quanto era necessário e sua morte nada mais foi do que o selo da doutrina enunciada por ele. Cristo nada deixou por fazer de tudo o que era necessário, porém fez uma confissão legítima, embora tenha guardado silêncio no tocante a esperar a absolvição. Além disso, havia algum perigo de Pilatos absolver a Cristo como sendo um dentre os pretensos deuses, como Tibério que queria ser tido como um dos deuses romanos. Portanto, com seu silêncio, Cristo dissipou essa tola superstição.

10. Não sabes que eu tenho poder para crucificar-te? Isso mostra que o medo com que Pilatos de repente se viu apoderado foi transitório, sem qualquer raiz sólida; pois agora, desfazendo todo e qualquer temor, se prorrompe em arrogante e monstruoso desdém contra Deus. Ele ameaça Cristo, como se ele não fosse o Juiz do próprio céu; mas isso sempre sucede às pessoas sem religião, as quais, sacudindo de si o temor de Deus, imediatamente voltam a sua natural disposição. Daí inferirmos também que não é sem boas razões que *o coração humano* seja chamado *enganoso* [Jr 17.9]; porque, ainda que algum temor de Deus habite nele, dali procede também todo gênero de impiedade. Todos quantos, pois, não são regenerados pelo Espírito de Deus, ainda que manifestem por algum tempo alguma reverência pela majestade de Deus, de repente demonstrarão, mediante atos opostos, que tal temor era hipócrita.

Vemos, uma vez mais, em Pilatos a imagem de um homem soberbo, que por sua ambição se deixa levar à demência; pois quando deseja exaltar seu poder, ele se priva de todo louvor e reputação pela justiça. Reconhece que Cristo é inocente, e por isso se apresenta não superior a um salteador, quando se gaba de que tem poder para cortar sua garganta! E assim, as consciências perversas, nas quais não reinam a fé e o verdadeiro conhecimento de Deus, são necessariamente agitadas e ali se acham presentes vários sentimentos da carne, os quais se digladiam entre si; e assim Deus toma magistral vingança contra o orgulho dos homens, quando vão além de seus limites, ao ponto de reivindicar para si poder infinito. Ao se condenarem por causa da injustiça, estampam em si ainda maior opróbrio e desgraça. Portanto, nenhuma cegueira é maior do que a do orgulho; e isso não surpreende, visto que os soberbos sentem a mão de Deus, contra os quais ela golpeia, como que armada com vingança. Portanto, lembremo-nos de que não devemos temerariamente entregar-nos a tola vanglória, para que não nos vejamos expostos ao ridículo; especialmente pelo fato de que os que ocupam uma alta posição devem conduzir-se com modéstia e que não se envergonhem de estar sujeitos a Deus e a suas leis.

11. Nenhum poder terias. Há quem explique isso em um sentido geral, ou, seja: que nada é feito no mundo senão pela permissão divina; como se Cristo dissesse que Pilatos, ainda que pensasse poder fazer todas as coisas, só faria aquilo que Deus permitisse. Sem dúvida, é verdadeira a afirmação: que este mundo é regulado pela disposição de Deus, e que, por mais que os ímpios se esforcem, contudo não podem mover um dedo senão como o poder secreto de Deus que dirige. Quanto a mim, porém, prefiro a opinião dos que limitam esta passagem ao ofício do magistrado; pois com essas palavras Cristo repreende a fútil vanglória de Pilatos por exaltar-se como se o poder que possuía não proviesse de Deus; como se quisesse dizer: Reivindicas demais para ti, como se um dia não tivesses que prestar contas a Deus; mas foi segundo sua providência que te foi dado o assento de juiz. Considera, pois, que seu trono celestial está muito acima deste tribunal. É impossível achar alguma admoestação melhor adaptada para reprimir a insolência dos que governam sobre outros, para que não abusem de sua autoridade. Os pais imaginam que podem fazer o que quiserem a seus filhos; o esposo, a sua esposa; o senhor, a seus servos; o príncipe, a seu povo; a não ser quando olham para Deus, o qual já determinou que a autoridade deles será limitada por uma regra fixa. **Portanto, aquele que me entregou a ti.** Há quem pense que isso declara os judeus como sendo mais culpados do que Pilatos, porque, com perverso ódio e maliciosa traição, se enfureceram contra um homem inocente, isto é, os que eram indivíduos comuns, e não investidos com autoridade legal. Creio, porém, que esta circunstância torna sua culpa mais hedionda e menos justificável sobre outra base, a saber: que constrangem um governo divinamente designado a satisfazer seus desejos ilícitos; pois é um monstruoso sacrilégio perverter uma santa ordenança de Deus com o intuito de promover alguma perversidade. O salteador que, com sua própria mão, corta a garganta de um desditoso transeunte é, com justiça, encarado com profunda aversão; mas aquele que, sob as formas de um processo judicial, entrega à morte uma pessoa inocente é muito mais perverso. Cristo, entretanto, não agrava a culpa deles com o propósito de atenuar a de Pilatos; pois ele não institui uma comparação entre ele e eles; mas, antes, os incluem todos na mesma condenação, porque igualmente corrompem um poder santo. Há apenas esta diferença: que ele faz um ataque direto aos judeus, porém censura indiretamente a Pilatos, o qual aquiesce com o desejo perverso deles.

[19.12-16]
Daquele momento em diante Pilatos procurava soltá-lo; mas os judeus gritavam, dizendo: Se soltas esse homem não és amigo de César; quem se faz rei é contra César. Portanto, quando Pilatos ouviu isso, levou Jesus para fora, e assentou-se no tribunal, no lugar chamado Pavimento; e, em hebraico, Gabatá.
E era a preparação da páscoa, cerca da hora sexta; e ele disse

aos judeus: Eis vosso Rei!⁸ Eles, porém, gritavam: Fora com ele, fora com ele, crucifica-o. Disse-lhes Pilatos: Devo crucificar vosso Rei? Responderam os principais sacerdotes: Não temos rei senão César. Portanto, ele então lhos entregou para ser crucificado; e tomaram a Jesus e o levaram.

12. Daquele momento em diante Pilatos procurava soltá-lo. Ainda que Pilatos não se conduzisse conscientemente e agia mais por ambição do que em consideração à justiça, e por isso se mostra miseravelmente irresoluto, contudo sua modéstia é recomendável com base neste fato: quando é severamente reprovado por Cristo ele não se deixa levar pela paixão, mas, ao contrário, se sente ainda mais disposto a soltá-lo. Ele é o juiz, no entanto gentilmente permite que a pessoa acusada o reprove; e de fato raramente se encontra uma pessoa em cem que tão moderadamente suporte uma reprovação, mesmo entre os iguais.

Tu não és amigo de César. Quando as ameaças prevalecem, Pilatos condena a Cristo; pois nada podia fazer que fosse mais odioso ou mais próprio a produzir erro do que ser tido em suspeita de deslealdade a César. "Tu mostras", dizem eles, "que não te preocupas com a autoridade de César, se absolveres aquele que fez todo empenho para lançar tudo em confusão." Tal perversidade por fim definiu a resolução de Pilatos, o qual, até agora, só tinha sido abalado por seus furiosos clamores. Tampouco é sem boas razões que o evangelista tão laboriosamente examina e detalha essas circunstâncias; pois nos é de grande importância saber que Pilatos não condenou a Cristo antes de tentar várias vezes absolvê-lo com seus próprios lábios, a fim de que desse fato aprendamos que foi por nossos pecados que ele foi condenado, e não por sua própria causa. Disso podemos também aprender quão voluntariamente ele se ofereceu para morrer, quando desdenhou va-

---

8 Juiz da falsidade de vossa acusação, pela descrição do homem que, dizeis vós, tem aspirado a realeza! O que achais numa pessoa tão humilde para respirar tirania ou usurpação? Tem ele soldados, ou dinheiro, ou nascimento? E que o podeis ganhar entregando à morte um homem que é incapaz de fazer a menor injúria? – Teofilacto.

ler-se da disposição favorável do juiz para com ele; e de fato foi essa obediência que levou sua morte a ser *um sacrifício de cheiro suave* [Ef 5.2], para apagar todos os pecados.

13. E sentou-se no tribunal. Desse fato vemos que opiniões conflitantes passaram pela mente de Pilatos, como se ele se visse num palco no qual tinha que agir como dois personagens. Ele senta-se no *tribunal* a fim de pronunciar solenemente a sentença de morte contra Cristo, e na forma costumeira.[9] E, no entanto, ele declara abertamente que ele age assim relutantemente e contra sua consciência. Ao denominar Cristo de *rei*, ele fala ironicamente, significando que a acusação dos judeus contra ele não passava de algo trivial; ou, melhor, com o propósito de aplacar sua fúria, eles os adverte que sobreviria desgraça a toda a nação se tal notícia se difundisse, a saber: que uma pessoa daquela nação fora condenada à morte por aspirar o poder régio.

No lugar que é chamado Pavimento, porém em hebraico é Gabatá. Quando o evangelista diz que גבתא (*Gabbatha*) era o nome *hebraico* do lugar, ele quer dizer o idioma caldaico ou siríaco, o qual estava então em voga; pois em hebraico גבה (*Gabach*) significa *ser grandioso*. Portanto, era próprio que Cristo fosse condenado *em um lugar grandioso*, para que, vindo do céu como o supremo Juiz, nos absolvesse no último dia.

14. Cerca da hora sexta. Os evangelistas parecem diferir entre si e até mesmo contradizer-se na computação do tempo. Os outros três evangelistas dizem que houve *trevas cerca da hora sexta*, enquanto Cristo pendia na cruz [Mt 27.45; Mc 15.33; Lc 23.44]. Marcos também diz expressamente que era *a terceira hora* quando a sentença foi pronunciada contra ele [Mc 15.25]. Mas isso pode ser facilmente explicado. É suficientemente claro à luz de outras passagens que o dia era, naquele tempo, dividido em quatro partes, como também a noite era constituída de quatro vigílias. Consequentemente, os evangelistas às vezes distribuem não mais de quatro horas a cada dia, e estendem

---

9 "Solennellement à la façon accoustumee."

cada hora a três, e, ao mesmo tempo, consideram o espaço de uma hora, que estava para terminar, como pertencente à próxima parte. Segundo esse cálculo, João relata que Cristo foi condenado *cerca da hora sexta*, porque o tempo do dia estava terminando *na sexta hora*, ou na segunda parte do dia. Daí inferirmos que Cristo foi crucificado na, ou cerca da *hora sexta*; pois o evangelista em seguida faz menção [v. 20] de *o lugar era perto da cidade*. *As trevas* começaram entre a hora sexta e nona, e terminaram ainda na hora nona, momento em que Cristo morreu.

15. Não temos senão César. Esta é uma demonstração de chocante demência, a saber: que os sacerdotes, que deviam estar bem familiarizados com a lei, rejeitam a Cristo, em quem a salvação do povo estava plenamente contida, de quem todas as promessas dependiam e sobre quem toda sua religião estava fundamentada; e de fato, ao rejeitarem a Cristo, se privam da graça de Deus e de toda bênção. Vemos, pois, que gênero de insanidade se apoderara deles. Suponhamos que Jesus Cristo não fosse o Cristo;[10] não obstante não tinham nenhuma justificativa em não reconhecer *nenhum outro rei senão César*. Porque, em primeiro lugar, se revoltam contra o reino espiritual de Deus; e, em segundo lugar, preferem a tirania do império romano, contra o qual tinham profunda aversão, a um governo justo como o que Deus lhes prometera. Assim os ímpios, a fim de repelir a Cristo, não só se privam da vida eterna, mas atraem sobre suas cabeças todo gênero de misérias. Em contrapartida, a única felicidade dos santos é viverem eles sujeitos à autoridade de Cristo, quer, segundo a carne, sejam postos sob um governo justo e legítimo, ou sob a opressão dos tiranos.

16. Portanto, ele então lhos entregou para ser crucificado. Sem dúvida Pilatos se viu constrangido pela importunação deles a *entregar* Cristo; no entanto, isso não foi feito de uma forma tempestiva, mas foi solenemente condenado na forma ordinária, porque havia também dois salteadores que, depois de serem examinados, foram ao mesmo

---

10 "Que Jesus Christ ne fust point le Christ."

tempo condenados à crucifixão. João, porém, emprega esta expressão a fim de tornar ainda mais plenamente evidente que Cristo, embora não fosse condenado por crime algum, foi entregue à insaciável crueldade do povo ensandecido.

[19.17-22]
E, carregando ele sua cruz, saiu para um lugar chamado [o lugar] da Caveira, e Gólgota[11] em hebraico; onde o crucificaram, e outros dois com ele, um de cada lado, e Jesus no meio. E Pilatos escreveu também um título, e o pôs sobre a cruz; e estava escrito: JESUS DE NAZARÉ, O REI DOS JUDEUS. E muitos dos judeus leram esse título, porque o lugar onde Jesus foi crucificado ficava próximo à cidade; e foi escrito em hebraico, grego e latim. Os principais sacerdotes dos judeus, pois, disseram a Pilatos: Não escrevas: O Rei dos Judeus, mas que ele disse: Eu sou o Rei dos Judeus. Respondeu Pilatos: O que escrevi, escrevi.

17. E saiu para um lugar. As circunstâncias que aqui se relatam contribuem grandemente, não só para mostrar a veracidade da narrativa, mas igualmente para edificar nossa fé. Devemos buscar a justiça através da satisfação feita por Cristo. Para provar que ele é o sacrifício por nossos pecados, ele queria ser tirado da cidade e ser pendurado num madeiro; pois o costume era, em cumprimento à injunção da lei, que os sacrifícios, cujo sangue era derramado pelos pecados, fossem realizados no campo [Lv 6.30; 16.27]; e a mesma lei declara ser *maldito todo aquele que é pendurado num madeiro* [Dt 21.23]. Ambas se cumpriram em Cristo, para que fôssemos plenamente convencidos de que se fez expiação por nossos pecados mediante o sacrifício de sua morte; que ele *nos resgatou da maldição da lei, fazendo-se maldição por nós* [Gl 3.13]; que Deus *o fez pecado por nós; para que nele fôssemos feitos justiça de Deus* [2Co 5.21]; que ele foi levado para fora da cidade

---

11 Ou, Calvaire" – "ou, Calvário."

a fim de levar consigo, e eliminar, nossas máculas que foram postas sobre ele [Hb 13.12]. Para o mesmo propósito é a afirmação sobre os salteadores, a qual vem imediatamente em seguida:

18. E outros dois com ele, um de cada lado, e Jesus no meio. Como se a severidade do castigo não fosse em si mesma suficiente, ele é pendurado *no meio* de dois salteadores, como se ele não só merecesse ser classificado com outros salteadores, mas fosse visto como o mais ímpio e o mais detestável de todos eles. É preciso que tenhamos sempre em mente que os perversos executores de Cristo nada fizeram senão o que fora determinado pela mão e propósito de Deus;[12] pois Deus não entregou seu Filho às iníquas paixões deles, mas determinou que, segundo sua própria vontade e beneplácito, ele seria oferecido como sacrifício. E se houve as melhores razões para o propósito de Deus, em todas essas coisas, a saber, que ele determinou que seu Filho sofresse, então devemos nós considerar, de um lado, o terrível peso de sua ira contra o pecado, e, por outro, sua infinita bondade para conosco. De nenhuma outra forma poderia nossa culpa ser removida senão pelo Filho de Deus tornando-se maldição por nós. Vemo-lo sair em direção a um lugar maldito, como se estivesse contaminado por uma massa de todas as sortes de delitos, para que ali se mostrasse como sendo maldito diante de Deus e dos homens. Com certeza somos prodigiosamente estúpidos, se porventura não virmos claramente neste espelho com que repugnância Deus considera o pecado; e somos mais duros que o granito, se não tremermos ante um juízo como este.

Quando, por outro lado, Deus declara que nossa salvação lhe era tão preciosa, que não poupou a seu Filho unigênito, que rica bondade e espantosa graça visualizamos ali! Quem, pois, fizer uma justa avaliação das causas da morte de Cristo, juntamente com o benefício que ela nos traz, não considerará, como fazem *os gregos*, a doutrina *da cruz uma loucura*, nem, como fazem *os judeus*, a considerará *um escândalo*

---

12 "N'ont rien fait qui n'eust este decreté et ordonné par le conseil de Dieu." – "nada fizeram que não tivesse sido decretado e designado pelo propósito de Deus."

[1Co 1.23], mas, ao contrário, um valioso emblema e penhor do poder, da sabedoria, da justiça e da bondade de Deus.

Ao dizer João que o nome do lugar era *Gólgota*, ele significa que, no idioma caldaico ou siríaco, ele era chamado גלגלתא (*Gulgaltha*). O nome se deriva de גלגל (*Gilgel*[13]), que significa *envolver*, porque *um crânio é redondo como uma bola ou globo*.[14]

19. E Pilatos escreveu também um título. O evangelista relata a memorável ação de Pilatos, depois de haver pronunciado a sentença. Talvez seja verdade que era costume afixar *títulos* quando se executavam malfeitores, para que a causa do castigo fosse conhecida de todos, e para que servisse ao propósito de exemplo. Em Cristo, porém, há esta circunstância extraordinária: o *título* que lhe é afixado não implica desdita; pois a intenção de Pilatos era vingar-se indiretamente dos judeus (os quais, por sua obstinação, tinham arrancado dele uma injusta sentença de morte contra um homem inocente), e, na pessoa de Cristo, lançou opróbrio sobre toda a nação. E assim ele não estigmatiza Cristo com o cometimento de delito algum.

Mas a providência de Deus, que guiou a mão de Pilatos, tinha em vista um objetivo mais elevado. Aliás, não ocorreu a Pilatos celebrar a Cristo como o Autor da salvação, o Nazareno de Deus e o Rei de um povo eleito; Deus, porém, lhe ditou este enaltecimento do evangelho, ainda que nada soubesse quanto ao significado do que escrevera. Foi a mesma diretriz secreta do Espírito que fez com que *o título* fosse publicado em três idiomas; pois não é provável que essa fosse uma prática ordinária, o Senhor, porém, mostrou, por meio desse arranjo preparatório, que o tempo então havia chegado quando o nome de seu Filho se tornaria conhecido por toda a terra.

21. Os principais sacerdotes dos judeus então disseram a Pilatos. Sentem que são ferinamente censurados; e por isso queriam que o

---

13 O Pihel de גלל (*Galal*).
14 "O lugar onde Cristo foi crucificado parece ter recebido esse nome não – como alguns imaginavam – porque a forma do monte se assemelha a uma cabeça humana, mas porque estava cheio de crânios de malfeitores que ali foram mortos." Schleusner sobre a palavra Γολγοθᾶ.

título fosse alterado, de modo a não envolver a nação em desdita, porém que toda a culpa fosse lançada sobre Cristo. Mas, ainda assim não conseguiram ocultar seu profundo ódio pela verdade, já que a menor parte dela contém mais do que são capazes de suportar. Assim Satanás sempre inspira seus servos a tudo fazer para extinguir ou, pelo menos, ofuscar, por suas próprias trevas, a luz de Deus, tão logo o mais tênue raio dela brilhe.

22. O que escrevi, escrevi. A firme resolução de Pilatos deve ser atribuída à providência divina; pois não pode haver dúvida de que tentavam, de várias maneiras, alterar sua resolução. Saibamos, pois, que ela foi mantida pela mão divina, de modo a permanecer inamovível. Pilatos não cedeu às solicitações dos sacerdotes e não permitiu corromper-se por elas; Deus, porém, testificou, por meio de seus lábios, a firmeza e estabilidade do reino de seu Filho. E se no escrito de Pilatos o reino de Cristo veio a ser conhecido como sendo tão sólido que não podia ser abalado por todos os ataques conjuntos dos inimigos, que valor devemos juntar aos testemunhos dos profetas, cujas línguas e mãos Deus consagrou ao seu serviço?

O exemplo de *Pilatos* nos lembra também que é nosso dever permanecer inabaláveis na defesa da verdade. Um pagão se recusa a retratar-se de algo que justa e oportunamente escreveu concernente a Cristo, ainda que não entendesse nem considerasse o que estava escrevendo. Quão grande, pois, será nossa desonra se, terrificados por ameaças ou perigos, nos esquivarmos da profissão de sua doutrina, a qual Deus já selou em nossos corações por meio de seu Espírito! Além disso, é preciso observar ainda quão detestável é a tirania dos papistas que proíbem a leitura do Evangelho e de toda a Escritura pelo povo comum. Pilatos, ainda que fosse um homem corrupto e, em outros aspectos, instrumento de Satanás, não obstante foi, por uma secreta orientação, designado a ser um arauto do evangelho, para que publicasse um breve sumário dele em três idiomas. Portanto, em que categoria incluiríamos os que tudo fazem para que o conhecimento dele seja suprimido, já que se revelam ainda piores que Pilatos?

[19.23, 24]
Tendo, pois, os soldados crucificado a Jesus, tomaram suas vestes e fizeram quatro partes, uma para cada soldado. Tomaram também sua túnica. A túnica, porém, era sem costura, toda tecida de alto a baixo. Disseram, pois, entre si: Não a rasguemos, mas lancemos sortes sobre ela, para ver de quem será. Para que se cumpra a Escritura, a qual diz: Dividiram minhas vestes entre si, e sobre minha vestidura lançaram sortes. Os soldados, pois, fizeram essas coisas.

23. Tendo, pois, os soldados. Os outros evangelistas também fazem menção *da partilha das vestes de Cristo entre os soldados* [Mt 27.35; Mc 15.24; Lc 23.34]. Eram quatro os soldados que *partiram* entre si todas suas *vestes*, exceto *a túnica*, a qual, sendo *sem costura*, não podia ser dividida, e por isso *lançaram sortes* sobre ela. Para fixar nossa mente na contemplação do propósito de Deus, os evangelistas nos lembram que, também nesta ocorrência, havia um cumprimento bíblico. Entretanto, pode-se concluir que a passagem do Salmo 22.18, citada por eles, seja impropriamente aplicada ao tema em mãos. Pois ainda que Davi nela se queixe de que se achasse exposto como presa de seus inimigos, ele faz uso da palavra *vestes* para denotar, metaforicamente, toda sua propriedade; como se quisesse dizer, em poucas palavras, que "tinha sido despido e nu pelos ímpios"; e quando os evangelistas desconsideram a figura, se apartam do significado natural da passagem. Mas devemos lembrar, em primeiro lugar, que o Salmo não deve ser restringido a Davi, como se faz evidente à luz de muitas partes dele, especialmente de uma sentença na qual se acha escrito: *Proclamarei teu nome entre os gentios* [Sl 22.22], a qual deve ser explicada em referência a Cristo. Não surpreende, pois, se aquilo que foi palidamente prefigurado em Davi seja visto em Cristo com toda aquela superior clareza que a verdade deve ter quando comparada com uma representação figurada dela.

Aprendamos também que Cristo foi despido de suas vestes para que ele nos vestisse com justiça; que seu corpo nu foi exposto aos insultos dos homens para que comparecêssemos em glória diante do tribunal de Deus. Quanto ao significado alegórico ao qual alguns intérpretes tem torcido esta passagem, fazendo-a significar que os hereges rasgam a Escritura em fatias, é também forçado; ainda que eu não faça objeção a comparação como esta – que, como *as vestes* de Cristo foram uma vez divididas por *soldados* ímpios, assim, em nossos dias, há homens perversos que, com suas invenções estranhas, rasgam toda a Escritura, com a qual Cristo está vestido, a fim de que ele possa manifestar-se a nós. A perversidade dos papistas, porém, acompanhada de chocante blasfêmia contra Deus, é intolerável. Eles nos dizem que a Escritura é rasgada pelos hereges em fatias, mas que *a túnica* – isto é, a Igreja – permanece intata; e assim lutam por provar que, sem prestar nenhuma atenção à autoridade da Escritura, a unidade da fé consiste no mero título da Igreja; como se a unidade da Igreja estivesse em si mesma fundada em algo mais além da autoridade da Escritura. Quando, pois, separam a fé da Escritura, de modo que ela continue a estar unida somente à Igreja, com tal divórcio não só despem Cristo de suas *roupas*, mas fazem em pedaços seu corpo por meio de chocante sacrilégio. E ainda que admitamos o que eles afirmam, que *a túnica sem costura* é uma figura da Igreja, eles estarão muito longe de vencer a parada; pois ainda restará ser provado que a Igreja está posta sob sua autoridade, da qual não mostram nenhum sinal.

[19.25-27]

> Ora, junto à cruz de Jesus estava sua mãe e a irmã de sua mãe, Maria de Cleopas, e Maria Madalena. Jesus, pois, vendo ali sua mãe e o discípulo a quem ele amava em pé perto dela, disse a sua mãe: Mulher, eis aí teu filho! Então disse ao discípulo: Eis aí tua mãe! E daquela hora em diante o discípulo a levou para sua casa.

25. Ora, junto à cruz de Jesus. O evangelista, aqui, menciona incidentemente que, enquanto Cristo obedecia a Deus o Pai, ele não deixou de cumprir seu dever em relação a *sua mãe*. Aliás, ele se esqueceu de si mesmo e de tudo mais, até onde se fazia necessário para desincumbir--se da obediência a seu Pai, mas, depois de haver cumprido seu dever, ele não negligenciou o que lhe cumpria fazer por *sua mãe*. De fato aprendemos de que maneira devemos cumprir nosso dever para com Deus e para com os homens. Frequentemente sucede que, quando Deus nos chama à realização de algum dever, nossos pais, ou esposa, ou filhos nos arrastam em sentido contrário, de modo que não conseguimos satisfazer a todos. Se pusermos os homens no mesmo nível de Deus, nos sentimos sem rumo. Por isso devemos dar a preferência ao mandamento, ao culto e ao serviço de Deus; depois disso, quanto estiver em nós, devemos dar aos homens o que lhes é devido.

E, no entanto os mandamentos da primeira e da segunda tábuas da Lei nunca se chocam entre si, ainda que à primeira vista pareçam prestar a tal papel; mas devemos começar com o serviço divino, e em seguida dar aos homens um lugar inferior. Grande importância têm as seguintes afirmações: "Quem ama ao pai ou à mãe mais do que a mim, não é digno de mim" [Mt 10.37]; e: "Se alguém vier a mim e não aborrecer a seu pai e a sua mãe, e mulher, e filhos, e irmãos, e irmãs, e ainda sua própria vida, não pode ser meu discípulo" [Lc 14.26]. Devemos, pois, devotar-nos aos interesses dos homens, conquanto que no mínimo grau interfiram no serviço e obediência que devemos a Deus. Depois que tivermos obedecido a Deus, então no tempo oportuno pensaremos nos pais, na esposa e nos filhos; como Cristo assiste *sua mãe* só depois de estar ali na cruz para a qual ele foi chamado pelo decreto de seu Pai.

Entretanto, se atentarmos para o tempo, o lugar e quando essas coisas sucederam, o afeto de Cristo por sua mãe era digno de admiração. Nada digo acerca das severas torturas de seu corpo; nada digo acerca das zombarias que ele sofreu; mas, ainda que as horríveis blasfêmias contra Deus saturassem sua mente com inconcebível tristeza, e ainda que ele sustentasse uma terrível disputa com a morte eterna e com o diabo, contudo nenhuma dessas coisas o impediram de angustiar-se por *sua mãe*. Podemos igualmente aprender desta passagem qual é a honra que Deus, por intermédio da lei, nos ordena a prestar aos pais [Êx 20.]. Cristo designa *o discípulo* para ser seu substituto e o incumbe de sustentar e cuidar de *sua mãe*; e daí se segue que a honra que é devida aos pais consiste não em fria cerimônia,[15] mas no cumprimento de todos os deveres necessários.

Em contrapartida, devemos considerar a fé daquelas santas mulheres.[16] É verdade que, ao seguirem a Cristo até a cruz, demonstraram um afeto muito acima do ordinário; mas, se não tivessem sido sustentadas pela fé, nunca poderiam ter estado presentes nessa demonstração. Quanto ao próprio João, inferimos que, embora sua fé seja ofuscada por um breve tempo, ela não foi totalmente extinta. Quão vergonhoso seria se o medo da cruz nos detivesse de seguirmos a Cristo, quando a glória de sua ressurreição é exibida diante de nossos olhos, enquanto as mulheres nada viam nela senão desgraça e maldição!

Maria de Cleopas e Maria Madalena. Ele a denomina ou a esposa ou a filha de *Cleopas*; mas prefiro a última interpretação.[17] Ele afirma que ela era *a irmã da mãe de Jesus*, e, ao dizer isso, ele adota a fraseologia do idioma hebraico, que inclui primos e outros parentes[18] sob o termo *irmãos*. Vemos que não foi em vão que Maria Madalena foi libertada de *sete demônios* [Mc 16.9; Lc 8.2]; já que ela se mostrou até o fim ser uma fiel discípula de Cristo.

26. Mulher, eis aí teu filho![19] Como se quisesse dizer: "Doravante não mais serei um habitante da terra, de modo que não mais poderei cumprir em ti meus deveres de *filho*; e por isso ponho este homem em meu lugar para que ele desempenhe meu ofício." O mesmo significado tem quando ele diz a João: *Eis aí tua mãe!* Pois com essas palavras ele o responsabiliza por *sua mãe*, de cuidar dela como se fosse sua própria *mãe*.

---

15 "En froide ceremonie."
16 "De ces sainctes femmes."
17 "Il y en a aucuns qui pensent que c'estoit la femme de Cleopas: mon opinion est que c'estoit sa fille." – "Há alguns que pensam que ela era a esposa de Cleopas; minha opinião é que ela era, antes, sua filha."
18 "Les cousins et autres parens."
19 "Alguém que será tão cuidadoso contigo como se fosse teu próprio filho."

Ao omitir a menção do nome de *sua mãe*, e ao chamá-la simplesmente *Mulher!*, há quem conclua que ele agiu assim com o fim de não ferir o coração dela com uma ferida ainda mais profunda. Não faço objeção a isso; mas há outra conjetura que é igualmente provável, a saber: que Cristo tencionava mostrar que, depois de haver completado o curso da vida humana, ele renuncia a condição na qual vivera e entra no reino celestial onde exerceria domínio sobre os anjos e os homens; pois sabemos que Cristo tinha sempre o costume de guardar os crentes de olharem para a carne e era especialmente necessário que assim fosse em sua morte.

27. O discípulo a levou para sua própria casa. É um emblema da reverência de um *discípulo* devida a seu mestre o fato de João assim prontamente obedecer à ordem de Cristo. Daí também ser evidente que os apóstolos tivessem suas famílias; pois João não poderia ter exercido hospitalidade em referência à mãe de Cristo, nem poderia tê-la *recebido em sua própria casa*, caso ele não tivesse uma casa e um modo regular de vida. Portanto, é tolo quem pensa que os apóstolos abandonaram suas propriedades e foram a Cristo nus e vazios; porém é pior que os tolos quem faz a perfeição consistir na mendicância.

[19.28-30]

Depois disso, Jesus, sabendo que todas as coisas estavam então cumpridas, para que se cumprisse a Escritura, disse: Tenho sede. Estava, pois, ali um vaso cheio de vinagre. E, embebendo uma esponja com vinagre, fixaram-na em hissopo e a puseram em sua boca. Quando, pois, Jesus tomou o vinagre, disse: Está consumado. E, inclinando a cabeça, rendeu seu espírito.

28. Jesus, sabendo que todas as coisas estavam então cumpridas. Intencionalmente, João passa por alto muitas coisas que se acham narradas pelos outros evangelistas. Ele agora descreve o último ato, o qual constituía um evento da maior importância.

Quando João diz que *estava ali um vaso*, ele fala do mesmo como de algo costumeiro. Tem havido muita controvérsia em torno deste tema; porém concordo com aqueles que acreditam (e de fato o costume é provado pela história) que ele era uma espécie de bebida usualmente administrada com o propósito de acelerar a morte dos miseráveis malfeitores, quando tivessem suportado tortura suficiente.[20] Ora, é preciso notar que Cristo não pede algo para *beber* enquanto *tudo não estivesse consumado*; e assim ele testifica de seu infinito amor para conosco e o inconcebível ardor de seu desejo de promover nossa salvação. Não há palavras que possam exprimir plenamente a amargura das angústias que ele suportou; e, contudo, não deseja ser libertado delas até que a justiça de Deus tenha sido satisfeita e até que haja feito uma expiação perfeita.[21]

Mas, como ele diz que todas as coisas estavam consumadas quando a parte mais importante estava ainda por ser concretizada, isto é, sua morte? Além disso, sua ressurreição não contribui para a concretização de nossa salvação? Eis minha resposta: João inclui aquelas coisas que se seguiriam imediatamente. Cristo não tinha ainda morrido, e nem tinha ainda ressuscitado; porém via que nada mais restava para impedi-lo de avançar para a morte e a ressurreição. Dessa forma ele nos instrui, por seu exemplo, para que prestemos perfeita obediência e não imaginemos ser difícil viver em harmonia com seu beneplácito, mesmo quando enfrentamos languidez em meio às mais cruciantes dores.

Para que se cumpra a Escritura. Do que é expresso pelos outros evangelistas [Mt 27.48; Mc 15.23, 36; Lc 23.36], prontamente pode-se

---

20 "On dispute diversement de ceci; mais je m'accorde à l'opinion de ceux qui disent (comme aussi l'usage en est approuvee par les histoires) que c'estoit une sorte de bruvage, duquel coustumierement on usoit pour avencer la mort des poures malfaiteurs, apres qu'ils avoyent este assez tormentez."
21 À cópia francesa tem uma frase adicional a esta sentença: "Comme s'il s'estoit oublié jusqu'ayant satisfait au payement de nos offenses, il declare qu'il n'est pas insensible, mais que l'amour qu'il nous portoit a surmonté toutes les angoisses." – "Como se ele houvera esquecido de suas próprias preocupações enquanto não desse plena satisfação por nossos pecados, ele declara que não é incapaz de sentir, mas que o amor que nutre por nós está muito acima de todas as dores que suportava."

concluir que a passagem referida é o Salmo 69.22: *Deram-me fel por minha comida e em minha sede me deram vinagre para beber.* Indubitavelmente, esta é uma expressão metafórica, e Davi tem em mente não só que lhe recusaram a assistência de que necessitava, mas que cruelmente agravaram suas angústias. Não há, porém, nenhuma inconsistência em dizer que o que fora obscuramente prefigurado em Davi era mais claramente exibido em Cristo, pois assim somos mais plenamente capacitados a perceber a diferença entre realidade e figuras, quando aquelas coisas que Davi sofreu, apenas de uma maneira figurada, são distinta e perfeitamente manifestadas em Cristo. Para mostrar que ele era a pessoa a quem Davi representava, Cristo decide beber *o vinagre*; e age assim com o propósito de corroborar nossa fé.

Tenho sede. Os que engendram um significado metafórico para a palavra *sede*, como se ele quisesse dizer que, em vez de uma bebida suave e agradável, como se pretendessem pelar sua garganta,[22] estão mais desejos de usar de esperteza do que promover sua edificação; e de fato são expressamente refutados pelo evangelista, quando diz que Cristo pediu vinagre ao avizinhar-se da morte; do quê se faz evidente que ele não desejava nenhuma coisa deleitosa.[23]

29. E, embebendo uma esponja com vinagre, fixaram-na em hissopo. Ao dizer que eles *fixaram a esponja em hissopo*, a intenção é dizer que a prenderam na ponta de um ramo de hissopo, para que pudessem erguê-la à boca de Cristo; porque, naquele país, o hissopo crescia à altura dos arbustos.[24]

30. Está consumado. Ele reitera a mesma palavra que empregara recentemente.[25] Ora, esta palavra que Cristo emprega bem que merece nossa atenção; pois revela que toda a consumação de nossa salvação, e

---

22 "Comme s'il vouloit dire qu'au lieu de bruvage doux et aimable, on luy a donné de l'amertume, comme pour luy escorcher le gosier."
23 "En quoy il appert qu'il n'estoit question de nulles delices."
24 "Car là les hyssopes sont grans comme petits arbrisseaux."
25 A reiteração da palavra é velada pela circunstância, a qual é traduzida no versículo 28 por *impleta*: **concluído**; e, no versículo 30, por *consummatum*: **terminado**. Ότι πάντα ἤδη τετέλεσται [v. 28], *que todas as coisas estavam agora completadas*. Τετέλεσται [v. 30], *Está consumado*, ou *Está concluído.*

todas as partes dela, estão contidas em sua morte. Já falamos que sua ressurreição não é separada de sua morte, mas Cristo simplesmente tenciona conservar nossa fé fixa somente nele, e não permite que desviemos nossa atenção de nada. Portanto, o significado consiste em que cada coisa que contribui para a salvação dos homens é encontrada em Cristo e não deve ser buscada em nenhum outro lugar; ou – que equivale à mesma coisa – que a perfeição da salvação está contida nele.

Há também um contraste implícito; pois Cristo contrasta sua morte com os antigos sacrifícios e com todas as figuras; como se quisesse dizer: "De tudo o que foi praticado sob a lei nada há que possuísse em si algum poder para fazer expiação pelos pecados, que pudesse aplacar a ira de Deus e granjear a justificação; mas agora a verdadeira salvação é exibida e manifestada ao mundo." Esta doutrina depende da abolição de todas as cerimônias da lei; pois seria absurdo seguir sombras, já que temos o corpo de Cristo.

Se dermos nosso assentimento a esta palavra que Cristo pronunciou, devemos ficar satisfeitos unicamente com sua morte para a salvação e não temos a liberdade de recorrer à assistência de nenhum outro sítio; pois aquele que foi enviado pelo Pai celestial para nos granjear a plena absolvição e consumar nossa redenção, bem sabia o que pertencia a seu ofício, e não fracassou no que sabia ser-lhe exigido. Foi principalmente com o propósito de dar paz e tranquilidade a nossas consciências que ele pronunciou estas palavras: *Está consumado*. Portanto, paremos neste ponto, caso não queiramos ser privados da salvação que ele conquistou para nós.[26]

Mas toda a religião do papado tende a levar os homens a engendrar para si inumeráveis métodos de buscar a salvação; e daí inferirmos que ela está transbordando com sacrilégios abomináveis. Mais especialmen-

---

26 As últimas poucas sentenças – começando com "pois aquele que foi enviado pelo Pai celestial" – não estão contidas no original latino, mas que foram extraídas da versão francesa do autor. "Car celuy qui estoit envoyé du Pere celeste pour nous acquitter pleinement, et achever nostre redemption, scavoit bien son office, et n'est pas espargné en ce quí il scavoit estre requis. Or notamment pour appaiser nos consciences, et nous faire contenter, il a prononcé ce mot, *Que c'estoit fait*. Arrestons-nous-y donc, si nous ne coulons estre frustrez du salut qu'il nous a acquis."

te, esta palavra de Cristo condena a abominação da missa. Todos os sacrifícios da lei já cessaram, pois a salvação dos homens já foi completada pelo singular sacrifício da morte de Cristo. Que direito, pois, têm os papistas, ou que plausível escusa têm eles para dizer que estão autorizados a preparar um novo sacrifício para reconciliar Deus com os homens? Respondem que ele não é um novo sacrifício, mas o mesmo sacrifício que Cristo ofereceu. Mas isso é facilmente refutado: em primeiro lugar, não têm nenhum mandamento para oferecê-lo; e, em segundo lugar, Cristo, tendo uma vez consumado, por uma única oblação, tudo o que era necessário ser feito, declara, do alto da cruz, que tudo já *está consumado*. Portanto, são piores que forjadores, pois impiamente corrompem e falsificam a afirmação selada pelo precioso sangue do Filho de Deus.

E rendeu seu espírito. Todos os evangelistas tomam muito cuidado em mencionar a morte de Cristo, e com muita razão; pois dela obtemos nossa confiante esperança de vida, e igualmente dela obtemos um destemido triunfo sobre a morte, porque o Filho de Deus já a suportou em nosso lugar, e, em sua disputa com ela, já foi vitorioso. Mas devemos atentar para a fraseologia que João emprega, e a qual nos ensina que todos os crentes, que morrem em Cristo, pacificamente encomendam suas almas à guarda de Deus, o qual é fiel e não permitirá que pereça o que lhe foi confiado e preservado. Os filhos de Deus, bem como os réprobos, morrem; há, porém, esta diferença entre eles: que os réprobos entregam a alma, sem saberem para onde ela vai, ou o que virá acontecer com ela;[27] enquanto que os filhos de Deus a encomendam, com uma preciosa confiança, à proteção de Deus, que fielmente a guardará até o dia da ressurreição. A palavra *fôlego* [*espírito*] é manifestamente usada aqui para denotar a alma imortal.

[19.31-37]

Os judeus, pois, para que no sábado os corpos não permanecessem na cruz (pois era a preparação, e era grande o dia

---

27 "Ne sçachant ou il va, ne qu'il devient."

daquele sábado), rogaram a Pilatos que suas pernas fossem quebradas, e para que eles fossem retirados. Então os soldados foram e quebraram as pernas do primeiro e do outro que estavam crucificados com ele. Mas quando chegaram a Jesus, e viram que já estava morto, não quebraram suas pernas; mas um dos soldados traspassou seu lado com uma lança, e imediatamente, e logo saíram sangue e água. E aquele que o viu testificou, e seu testemunho é verdadeiro, e ele sabe que diz a verdade, para que vós creiais. E essas coisas foram feitas[28] para que se cumprisse a Escritura: Nenhum osso dele será quebrado. E outra vez, diz outra Escritura: Verão aquele a quem traspassaram.

31. Pois era a preparação. Esta narrativa também tende à edificação de nossa fé: primeiro, porque ela mostra que o que fora predito nas Escrituras se cumpria na pessoa de Cristo; e, segundo, porque ela contém um mistério de um valor não ordinário. O evangelista diz que *os judeus rogaram* que os corpos *fossem retidos* das cruzes. Indubitavelmente, isso fora ordenado pela lei de Deus; mas os judeus, como geralmente se dá com os hipócritas, dirigem toda sua atenção para as pequenas questões, porém passam por alto os maiores delitos sem qualquer hesitação. Pois, para uma estrita observância de seu sábado, são cuidados para evitar a contaminação externa; contudo não levam em conta quão chocante crime é tirar a vida de um homem inocente. Assim vimos um pouco antes que *não entraram na sala de audiência do governador para não serem contaminados* [Jo 18.28], enquanto todo o país era poluído por sua perversidade. Não obstante, por sua agência, o Senhor leva a bom termo o que era da maior importância para nossa salvação, a saber: que, por meio de maravilhoso arranjo, o corpo de Cristo permanece sem ser danificado, e "sangue e água emanam de um de seus lados".

---

28 "Car ces choses ont este faites." – "*Pois* essas coisas foram feitas."

E era grande o dia daquele sábado. Outra redação mais geralmente aprovada traz: *e aquele sábado era grande*. Mas a redação que eu tenho adotado é apoiada por muitos manuscritos que são antigos e de grande autoridade. Que o leitor faça sua própria escolha. Se lermos ἐκείνου no caso genitivo (ἐκείνου τοῦ σαββάτου, *daquele sábado*), a palavra *sábado* deve ser entendida no sentido de *a semana*; como se o evangelista quisesse dizer que a festa daquela semana era muito solene em decorrência da Páscoa. Ora, o evangelista fala do dia seguinte, o qual começava com o pôr-do-sol. Mas, se escolhermos antes ler ἐκείνη no caso nominativo, ἦν γὰρ μεγάλη ἡ ἡμέρα ἐκείνη τοῦ σαββάτου, *e que era o grande dia do sábado*, o significado será quase o mesmo em substância; só haveria esta diferença nas palavras: que a Páscoa, que ocorria no dia seguinte, tornaria aquele sábado ainda mais solene.

33. Mas quando chegaram a Jesus, e viram que já estava morto. O fato de quebrarem as pernas dos dois salteadores, e depois de ter feito isso acham Cristo já morto, e por isso não tocam seu corpo, se revela ser uma obra mui extraordinária da providência de Deus. Os ímpios, sem dúvida, dirão que ocorre naturalmente que alguém morra mais cedo que outros; mas se examinarmos cuidadosamente todo o curso da narrativa, seremos constrangidos a atribuir ao propósito secreto de Deus que a morte de Cristo se deu mais rápido do que a princípio se poderia esperar, e que isso impediu que *suas pernas fossem quebradas*.

34. Mas um dos soldados traspassou seu lado com uma lança. Quando *o soldado traspassou o lado de Cristo com sua lança*, ele fez isso com o propósito de certificar se ele de fato estava morto; Deus, porém, tinha em vista um objetivo mais elevado, como veremos imediatamente. Foi uma pueril invenção dos papistas ver na palavra grega λόγχε, que significa *uma lança*,[29] manufaturaram o nome próprio de um homem e deram o nome desse soldado de *Longinus*, e, para dar um ar de plausibilidade a sua história, nesciamente alegaram que anteriormen-

---

29 "Du mot Grec *lonchi*, qui signifie une lance."

te ele fora cego, e que, depois de ter recebido sua vista, se converteu à fé. Assim o colocaram no catálogo dos santos.[30] Visto que suas orações, onde quer que invoquem a Deus, repousa sobre intercessores, pergunto: Serão capazes de obter o pedido? Mas os que desprezam a Cristo e buscam as intercessões dos mortos, merecem que o diabo lhes mande espectros e fantasmas.

E imediatamente saíram sangue e água. Alguns têm se enganado imaginando que este foi um milagre; pois é natural que o *sangue*, quando se resfria, perca sua cor vermelha e adquira a aparência de *água*. É bem notório também que a água é contida na membrana que liga imediatamente os intestinos. O que os conduziu ao equívoco é que o evangelista se dê ao trabalho de explicar que *sangue* jorrou juntamente com *água*, como se fosse relacionar algo incomum e contrário à ordem da natureza. Ele, porém, teve uma intenção totalmente diferente; isto é, acomodar sua narrativa às passagens da Escritura que imediatamente anexa, e mais especialmente para que os crentes inferissem do que ele afirma em outro lugar, que Cristo *veio com água e sangue* [1Jo 5.6]. Com essas palavras ele quer dizer que Cristo trouxe a

---

30 O Dr. Bloomfield anexa a seguinte nota a este versículo: "Lemos que o epitáfio deste soldado (se genuíno) se encontra na Igreja de Santa Maria, em Lião, e reza assim: '*Qui Salvatoris latus Cruce Cuspide fixit,* **Longinus** *hic jact.*' – '*Aqui jaz* **Longinus**, *que traspassou com uma lança o peito do Salvador na cruz*'." Como o comentarista erudito advertiu assim sumariamente para este lendário conto, é bom que o leitor deve ser brevemente posto a par de todo ele, como foi coligido por Moreri de Tillemont e outros escritores eclesiásticos, em seu "Dictionary", sob o tópico St Longin (St. Longinus). Este St. Longinus é duplo: "Alguns dizem que ele foi *o soldado* que traspassou o lado de nosso Senhor com uma lança; e outros, que ele foi *o centurião* que ordenou a guarda da cruz. As lendas registram ambas essas pessoas como tendo se convertido à fé cristã, que sofreram o martírio e foram canonizadas." Moreri, contudo, ainda que um eclesiástico da igreja romana, viu-se constrangido a acrescentar: "*Esses atos de ambos os Longinuses são ambos manifestamente falsos; e as circunstâncias que alegam mutuamente se refutam.*" Tudo indica que o nome *Longinus* foi formado do grego λόγχη, *espada*; sendo *longinus* a forma latina de λόγχιμνος – *lanceiro*. Assim, descobre-se que *St. Longinus* é um santo semelhante a *Santa Verônica*, registrada por Brydone. "Os gregos", continua Moreri, "celebram o martírio de Longinus, *o centurião*, no dia 16 de outubro; os latinos, no dia 15 de março; e os cóptos, no dia 1 de novembro. O martírio de Longinus, *o soldado*, não é reconhecido pelos gregos; mas os latinos o comemoram em dias diferentes; alguns no dia 15 de março, alguns no dia 1 de setembro, outros no dia 22 de novembro, ou no dia 11 de dezembro." E assim vemos quão pouco isso merece credibilidade e o quanto possui de superstição, e em nada merece a atenção dos leitores do evangelho. – *Granville Penn's Annotations.*

verdadeira expiação e a verdadeira lavagem; pois, de um lado, perdão dos pecados e justificação; e, do outro, a santificação da alma estava prefigurada na lei por aqueles dois símbolos: *sacrifícios* e *lavagens*. Nos *sacrifícios*, o sangue expiava os pecados, e era um resgate para aplacar a ira de Deus. As *lavagens* [ou *abluções*] eram os emblemas da verdadeira santidade, e a medicina para tirar a impureza e remover as contaminações da carne.

Para que a fé não mais repousasse nesses elementos, João declara que o cumprimento de ambas essas graças está em Cristo; e aqui ele nos apresenta um emblema visível do mesmo fato. Os sacramentos que Cristo deixou a sua Igreja contêm o mesmo desígnio; pois a purificação e a santificação da alma, que consistem em *novidade de vida* [Rm 6.4], nos estão designadas no Batismo, e a Ceia do Senhor é o penhor de uma perfeita expiação. Eles, porém, diferem amplamente das antigas figuras da lei; pois exibem Cristo como estando presente, enquanto as figuras da lei apontavam para o que ainda estava distante. Por essa razão não discordo do que diz Agostinho, a saber: que nossos sacramentos emanaram do lado de Cristo, para que, pela fé, tiremos dele, como de uma fonte, o que representam, então somos realmente lavados de nossas máculas e renovados para uma vida santa, e então realmente vivemos diante de Deus, redimidos da morte e libertados da condenação.

36. Nenhum osso dele será quebrado. Esta citação é feita de Êxodo 12.46 e Números 9.12, onde Moisés trata do cordeiro pascal. Ora, Moisés toma por admitido que aquele cordeiro era uma figura do verdadeiro e único sacrifício, por meio do qual a Igreja seria redimida. Tampouco é isso inconsistente com o fato de que ele era sacrificado como o memorial de uma redenção que já havia sido feita; pois enquanto Deus pretendia que ele celebrasse o primeiro favor, ele também pretendia que ele exibisse o livramento espiritual da Igreja, o qual ainda era futuro. Por essa conta Paulo, sem qualquer hesitação, aplica a Cristo a regra que Moisés estabeleceu sobre comer o cordeiro: *Porque Cristo, nossa páscoa, foi sacrificado por nós. Por isso façamos a festa, não com o velho fermento, nem com o fermento da malícia e da* maldade, mas com o pão asmo da sinceridade e da verdade [1Co 5.7, 8]. Desta analogia ou semelhança a fé extrai um benefício não ordinário, pois em todas as cerimônias da lei vislumbra-se a salvação que foi manifestada em Cristo. Tal é também o desígnio do evangelista João, quando diz que Cristo era não só o penhor de nossa redenção, mas também o preço dela, porque nele vemos consumado o que foi previamente demonstrado ao povo antigo sob a figura da páscoa. Assim também os judeus são lembrados de que devem buscar em Cristo a substância de todas aquelas coisas que a lei prefigurava, mas que na realidade não concretizou.

37. Olharão para aquele a quem traspassaram. Esta passagem é violentamente corrompida por aqueles que se esforçam para explicá-la literalmente como uma referência a Cristo. Tampouco é esse o propósito com que o evangelista a cita, mas, antes, para mostrar que Cristo é aquele Deus que outrora se queixara, pelos lábios de Zacarias, que os judeus haviam traspassado seu coração [Zc 12.10]. Ora, Deus ali fala segundo o modo dos homens, declarando que é ferido pelos pecados de seu povo, especialmente por seu obstinado desdém a sua palavra, da mesma forma que um mortal recebe uma ferida mortífera, quando seu coração é *traspassado*. Como ele diz em outro lugar que *seu Espírito foi profundamente entristecido*.[31] Ora, como Cristo é *Deus manifestado na carne* [1Tm 3.16], João diz que em sua carne visível foi claramente realizado o que sua Majestade divina suportou dos judeus, quanto lhe foi possível suportar; não que Deus possa ser afetado pelos ultrajes dos homens, ou que as acusações que lhe são lançadas aqui da terra o possam atingir, mas porque por meio dessa forma de expressão ele pretendia declarar com que enorme sacrilégio a perversidade dos homens é censurável, quando ela se ergue em rebelião contra o céu. O que foi feito pelas mãos do soldado romano, o evangelista João com razão imputa aos judeus; como deles se diz em outro lugar: *cruci-*

---

31 Aqui a cópia latina de Calvino se refere às palavras de nosso bendito Senhor em Mateus 26.38: *Minha alma está triste até a morte*; mas a cópia francesa se refere a Isaías 63.10: *Mas se rebelaram e entristeceram* **seu Espírito Santo**.

ficaram o *Filho de Deus* [At 2.36], ainda que eles mesmos não tenham erguido sequer um dedo de seu corpo.

Agora vem a lume uma pergunta no tocante a esta passagem extraída do profeta:[32] Deus promete aos judeus arrependimento para a salvação, ou ele os ameaça de que virá como vingador? Em minha opinião, quando examino detidamente a passagem, creio que ela inclui ambos os elementos; ou, seja, que de uma nação indigna e inescrupulosa, Deus congregará um remanescente para a salvação, e que, por meio de sua terrível vingança, ele mostrará aos que o desprezam que eles terão a ver é com ele mesmo; pois sabemos que costumavam tratar os profetas tão insolentemente como se os profetas nada mais falassem senão fábulas, como se não tivessem recebido nenhuma comissão de Deus. Deus declara que não passarão impunemente, pois ele por fim manterá sua causa.

[19.38-42]

Depois dessas coisas, José de Arimateia (que era um discípulo de Jesus, porém secretamente, pelo temor dos judeus) rogou a Pilatos permissão para tirar o corpo de Jesus, e Pilatos lho permitiu. Então ele foi e tirou o corpo de Jesus. E foi também Nicodemos (aquele que anteriormente procurou Jesus de noite), levando cerca de cem libras de um composto de mirra e aloés. Então tomaram o corpo de Jesus e o envolveram em lençóis de linho com especiarias, como os judeus costumam fazer, na preparação para o sepulcro. E no lugar onde ele fora crucificado havia um horto; e no horto havia um sepulcro novo, no qual ninguém tinha ainda sido posto. Ali, pois, puseram Jesus por causa da preparação dos judeus e por estar perto aquele sepulcro.

38. José de Arimateia rogou a Pilatos. João então relata por quem, em que lugar e com que magnificência Cristo foi sepultado.

---

32 "On fait une question sur ce passage du prophete."

Faz menção de duas pessoas que sepultaram a Cristo, a saber: *José* e *Nicodemos*, dos quais o primeiro solicitou a Pilatos que lhe desse o corpo morto, o qual de outra forma ficaria exposto à iníqua violência dos soldados. Mateus [27.57] diz que ele era um *homem rico*, e Lucas [23.50], que era um *conselheiro*; isto é, ele detinha a posição de senador. Quanto a *Nicodemos*, já vimos no capítulo 3 deste Evangelho, que ele ocupava uma honrosa posição entre seus compatrícios; e que também era rico se pode inferir da grande despesa que ele fez para providenciar esse *composto*.

Portanto, até agora os ricos os tinham impedidos de professarem ser discípulos de Cristo e depois pudessem ter não menos influência em impedi-los de fazer uma profissão tão odiada e abominada. O evangelista diz expressamente que *José* anteriormente se recuara de *medo* de aventurar-se a declarar publicamente que era *discípulo* de Cristo; e como *Nicodemos*, ele reitera o que já vimos: que foi a Jesus secretamente, e *de noite* [Jo 3.2 e 7.50]. Donde, pois, derivaram tal heróica magnanimidade que, quando os negócios estão menos ativos, destemidamente saem à vista do público? Não digo nada do grande e evidente perigo que teriam incorrido; mas o ponto muito importante é que eles não tinham escrúpulo de pôr-se numa condição de perene guerra contra sua própria nação. É portanto indubitável que esta foi afetada por um impulso celestial, de modo que, *movidos pelo medo*, não renderam a honra que lhe era devida enquanto estava vivo, agora correm para seu corpo morto, como se fossem novas criaturas.

Levam consigo suas especiarias para embalsamarem o corpo de Cristo, porém jamais teriam agido assim, se tivessem sido perfumados com o suave perfume de sua morte. Isso mostra a veracidade do que Cristo dissera: *Se o grão de trigo não morrer, permanecerá só; mas se ele morrer, produzirá muito fruto* [Jo 12.24]. Porquanto temos aqui uma prova notável de que sua morte foi mais vivificante que sua vida; e tão grande foi a eficácia desse suave perfume que a morte de Cristo comunicou às mentes daqueles dois homens, que ele rapidamente extinguiu todos os deleites pertencentes à carne. Enquanto a ambição e o amor pelo dinheiro reinaram neles, a graça de Cristo não os atraiu; mas agora começam a sentir repugnância pelo mundo inteiro.

Além disso, aprendamos que seu exemplo põe em relevo o que devemos a Cristo. Aqueles dois homens, como testemunho de sua fé, não só desceram Cristo da cruz com grande risco de vida, mas ousadamente o conduziram ao sepulcro. Nossa indolência será vil e vergonhosa se agora que ele reina na glória celestial recusarmos-lhe a confissão de nossa fé. Quão menos justificável é a perversidade daqueles que, embora agora neguem a Cristo com vil hipocrisia, alegam em seu favor o exemplo de Nicodemos. Em uma coisa admito que se assemelham a ele: se empenham o máximo que podem em sepultar a Cristo; mas o tempo de sepultamento já passou, visto que ele já subiu e está sentado à destra do Pai, com o fim de reinar gloriosamente sobre anjos e homens, e para que toda língua proclame seu domínio [universal] [Fp 2.9, 10].

Secretamente, de medo dos judeus. Como esse medo é contrastado com a santa ousadia que o Espírito do Senhor operou no coração de *José*, há sobejas razões para se crer que ele [seu medo] não estava isento de culpa. Não que todo temor [ou medo], em decorrência do qual os crentes se protegem contra os tiranos e inimigos da Igreja, seja pecaminoso, mas porque a fraqueza da fé se manifesta sempre que a confissão da fé se esquiva *movida de medo*. É preciso que levemos sempre em conta o que o Senhor ordena, e até onde ele nos acena para avançarmos. Aquele que se detém em meio ao curso mostra que não confia em Deus, e aquele que põe um valor mais alto por sua própria vida do que se exibe o mandamento de Deus não pode contar com qualquer justificativa.

Que era discípulo de Jesus. Ao percebermos que o evangelista outorga a José a honrosa designação de *discípulo*, em um momento quando ele era excessivamente tímido e não se aventurava a professar sua fé diante do mundo, aprendemos desse fato quão graciosamente Deus age em favor de seu povo, e com paternal bondade ele perdoa suas ofensas. E, não obstante, os falsos *Nicodemos* não têm direito algum de gabar-se, os quais não só protegem sua fé velada no âmago de seu próprio peito, mas, ao pretenderem dar seu consentimento às ímpias superstições, fazem tudo quanto está em seu poder para negar que são *discípulos* de Cristo.

40. Como o costume dos judeus era sepultar. Enquanto Cristo suportava extrema agonia na cruz, Deus determinava que seu sepultamento fosse honroso, para que servisse como preparação para a glória de sua ressurreição. O dinheiro gasto nele, por parte de *Nicodemos* e *José*, é muito vultoso, pode-se concluir que fosse algo supérfluo; mas devemos considerar o desígnio de Deus, que inclusive os levou, por seu Espírito, a prestar essa honra a seu próprio Filho para que, pelo suave perfume de seu sepulcro, ele descesse nossos mortos da cruz. Mas aquelas coisas que estão fora do curso ordinário não devem ser reputadas como um exemplo.

Além disso, o evangelista afirma expressamente que ele foi sepultado segundo *o costume dos judeus*. Com estas palavras ele nos informa que esta era uma das cerimônias da lei; pois o povo antigo, que não recebeu uma declaração tão clara da ressurreição, e que não teve uma demonstração e garantia tais dela como nós temos em Cristo, carecia de tais auxílios em seu apoio, para que firmemente cressem e esperassem o advento do Mediador.[33] Devemos, pois, atentar para a distinção que existe entre nós, que já fomos iluminados pelo fulgor do evangelho, e os pais, a quem as figuras supriam a ausência de Cristo. Esta é a razão por que se podia então fazer concessão a uma mais vultosa pompa de cerimônias, as quais, em nossos dias atuais, não estariam isentas de culpa; pois aqueles que agora sepultam os mortos, gastando vultosas somas, estritamente falando não sepultam pessoas mortas, mas, antes, quanto está em seu poder, arrastam do céu o próprio Cristo, o Rei da vida, e o faz jazer na tumba, porquanto sua gloriosa ressurreição[34] já aboliu essas antigas cerimônias.

Entre os pagãos também há grande ansiedade e cerimonial no sepultamento de seus mortos, o que inquestionavelmente derivou

---

33 "La venue du Messias." – "A vinda do Messias."
34 "Sa ressurrection glorieuse."

sua origem dos antigos pais dos judeus,³⁵ da mesma maneira que os sacrifícios; mas, como não existe entre eles nenhuma esperança de ressurreição, não eram imitadores dos pais, mas meros 'macaqueadores' deles; pois a promessa e palavra de Deus é, por assim dizer, a alma que dá vida às cerimônias. Suprimam a palavra, e todas as cerimônias que os homens observam, ainda que exteriormente se assemelhem a culto de pessoas piedosas, nada mais é senão loucura ou vil superstição. De nossa parte, como já dissemos, devemos agora manter a sobriedade e moderação nessa questão, pois extravagância imoderada destrói o suave perfume da ressurreição de Cristo.

41. Ora, no lugar onde ele foi crucificado havia um horto. Este é o terceiro ponto, como eu já disse, que se deve observar na história do sepultamento. Ele é narrado pelo evangelista por várias razões. Em primeiro lugar, ele não ocorreu por acidente, mas por uma indubitável providência de Deus, a saber: que o corpo de Cristo foi sepultado *em um sepulcro novo*; pois embora ele morresse como morrem todos os homens, contudo, visto ser ele *o primogênito dos mortos* [Cl 1.18], e *as primícias dos que ressuscitam* [1Co 15.20], teve *um sepulcro novo, no qual ninguém ainda tinha sido sepultado*. Aliás, Nicodemos e José tinham um objetivo distinto em vista; porque, em decorrência do curto tempo que agora restava até o pôr-do-sol, que era o começo do sábado, buscavam a conveniência do lugar, porém, contrariando a intenção deles, Deus providenciou para seu próprio Filho *um sepulcro que não tivesse sido ainda usado*. Os homens bons são meramente gratificados por *estar o lugar ao alcance*, para que não viessem a violar o sábado; Deus, porém, lhes oferece o que não buscavam, para que o sepultamento de seu Filho tivesse algum emblema que o distinguisse da categoria dos demais homens. A situação local serviu também para provar a veracidade de sua ressurreição e jorrar não pouca luz sobre a narrativa que está contida no capítulo seguinte.

---

35 "Des Peres anciens des Juifs."

Capítulo 20

[20.1-9]
Ora, no primeiro dia da semana,[1] Maria Madalena vai de madrugada ao sepulcro, enquanto era ainda escuro, e vê a pedra rolada do sepulcro. Então corre e vai a Simão Pedro e ao outro discípulo a quem Jesus amava, e lhes diz: Tiraram o Senhor do sepulcro, e não sabemos onde o puseram. Então Pedro saiu com o outro discípulo, e foram ao sepulcro. E ambos corriam juntos, mas o outro discípulo ultrapassou Pedro, e chegou primeiro ao sepulcro. E, abaixando-se, viu no chão os lençóis, contudo não entrou. Então Simão Pedro, que o seguia, entrou no sepulcro, e viu os lençóis, e que o lenço que estava sobre sua cabeça não estava com os lençóis, porém enrolado num lugar à parte. Então entrou também o outro discípulo, que chegara primeiro ao sepulcro, e viu, e creu. Porque ainda não conheciam a Escritura, que era necessário que ele ressuscitasse dentre os mortos.

1. Ora, no primeiro dia da semana. Como a ressurreição de Cristo é o mais importante artigo de nossa fé, e sem ela a esperança de vida eterna se extinguiria, por essa razão os evangelistas se munem de precaução para prová-la, como João aqui colige muitas provas a fim de assegurar-nos que Cristo ressuscitou dentre os mortos. Pode-se achar

---

1 "Or le premier (des jours) du Sabbath, *ou, le premier jour de la semaine.*" "Ora, o primeiro (dos dias) do Sabbath, ou, *o primeiro dia da semana.*"

estranho, contudo, que ele não produza testemunhos mais competentes; pois começa com uma mulher. Mas assim se cumpre a declaração: *Deus escolheu as coisas loucas deste mundo para confundir as sábias; e Deus escolheu as coisas fracas deste mundo para confundir as fortes* [1Co 1.27]. Certamente não havia nada de mais grandeza terrena nos discípulos do que nas mulheres que seguiam a Cristo, mas como a Cristo aprouve considerá-los as principais testemunhas de sua ressurreição, sobre esta única base seu testemunho é considerado com a máxima deferência, e não é passível de qualquer objeção. Quanto aos sacerdotes e escribas, bem como a todo o povo, e inclusive Pilatos, nada senão grosseira e voluntária cegueira os impedia de firmemente crer que Cristo ressuscitara. Todos eles, pois, mereciam a declaração profética: *vendo, não vejam*; porém Cristo se revelou ao pequenino rebanho.

Entretanto, antes de avançar mais, é necessário mostrar como os evangelistas concordam entre si; porque, à primeira vista, parece haver alguma contradição em suas palavras. João menciona apenas uma mulher, *Maria Madalena*; Mateus [28.1] menciona duas, *Maria Madalena e a outra Maria*; Marcos [16.1] menciona três, *Maria Madalena, Maria* (mãe) *de Tiago e Salomé*; Lucas [24.10, 22] não fixa o número, mas apenas escreve que vieram mulheres, as quais tinham seguido a Cristo desde a Galileia. Mas a dificuldade é facilmente resolvida da seguinte maneira. Como Mateus insere os nomes de duas mulheres que eram mais conhecidas, e desfrutavam de maior reputação entre os discípulos, assim João se satisfaz só em mencionar o nome de *Maria Madalena*, contudo não exclui as demais; e de fato é evidente, à luz de suas palavras e em sua conexão, que ela não estava sozinha, pois imediatamente depois *Maria Madalena* diz, no plural: **Nós** não sabemos ónde o puseram. Portanto, embora João nada diga acerca de suas companheiras, contudo os outros evangelistas, que relatam que havia muitas em sua companhia, nada dizem que contradiga a narrativa de João.

A discrepância quanto ao *tempo* pode ser facilmente solucionada. Quando João diz que foram antes de clarear o dia, devemos entender que tinha saído em sua jornada durante a noite escura; que antes de chegarem ao sepulcro o dia amanheceu; e que no crepúsculo, depois do pôr-do-sol, quando terminou o sábado, levaram especiarias; e assim a narrativa dos outros evangelistas ficaria conciliada.

É possível chegar-se à conclusão de que exista outra aparência de contradição na declaração de João de que Maria com ninguém falou senão com ele e com *Pedro*, enquanto Lucas [24.10, 11] relata que ela foi aos onze apóstolos, e que *suas palavras lhes pareciam como contos infundados*. Mas isso é facilmente explicado, pois João intencionalmente passou por alto o resto dos apóstolos, porque somente ele e *Pedro* é que foram ao sepulcro. Quanto ao fato de Lucas só mencionar Pedro, é pela mesma razão que acabamos de assinalar em referência a *Maria Madalena* e as demais mulheres. É também provável que os outros nove discípulos se vissem detidos pelo medo, para que não fossem também facilmente observados caso fossem em grupo. Tampouco isso é inconsistente com o que Lucas parece sugerir, a saber: que desprezaram as palavras de Maria; pois imediatamente depois ele acrescenta que *Pedro correu* [Lc 24.12]. Ele, pois, tem em mente simplesmente isto: quando ouviram pela primeira vez, ficaram atônitos, mas que, por fim, *Pedro* recobrou coragem e a seguiu com o propósito de ver.

Quando Lucas relata que Cristo apareceu a Maria antes que ela tivesse informado aos discípulos que o sepulcro estava vazio, a ordem da narrativa é invertida. Isso é evidente à luz do contexto, pois ele acrescenta o que, nos conta João, aconteceu antes que ela visse a Jesus; tampouco há nisso algo estranho, pois os escritores hebreus relatam primeiro o que vem depois na ordem do tempo.

No primeiro dia da semana ou, literalmente, **no primeiro dia dos sábados**. O evangelista não relata quando ou como Cristo ressuscitou; pois lhes era suficiente explicar em que tempo e a quais pessoas sua ressurreição se fez conhecida. Portanto, João diz que Maria foi *no primeiro dia dos sábados*. Literalmente, as palavras podem ser traduzidas: *em um* (μιᾷ) *dia dos sábados*; mas é costumeiro entre os hebreus o uso da palavra אחד (*ehad*) *um*, em vez de *primeiro*, porque na contagem começamos com *um*. Ora, como cada dia sétimo era dedicado ao *resto*, eles chamavam toda a semana um *sábado*, conferindo essa honra à sacralidade do dia, para que o resto do tempo tivesse seu nome. As mulheres, pois, foram ao sepulcro no dia após o sábado, tendo no mesmo dia (porém após o pôr-do-sol) *levado especiarias*; e depois saíram da cidade secretamente, e durante a escuridão da noite, como as pessoas costumam fazer quando estão com medo. Ora, era *o primeiro dia dos sábados*, com respeito ao *sábado* seguinte, porque era o começo da semana, da qual *o sábado* era o término.

3. Pedro, pois, saiu. Havendo uma fé tão ínfima, ou, melhor, quase nenhuma fé, tanto nos discípulos quanto nas mulheres, é assustador que tivessem tão grande zelo; e de fato não é possível que os sentimentos religiosos os levassem a buscar a Cristo. Portanto, alguma semente de fé permanecia em seus corações, porém apagada por algum tempo, de modo a não terem consciência de possuir o que possuíam. Assim o Espírito de Deus às vezes opera nos eleitos de uma maneira secreta. Em suma, devemos crer que havia alguma raiz oculta da qual vemos fruto produzido. Ainda que esse sentimento de piedade, o qual possuíam, fosse confuso e acompanhado de muita superstição, embora eu lhe dê – ainda que não com exatidão – o nome de *fé*, porque era tão-somente pela doutrina do evangelho que ela era produzida, e não tinha nenhuma inclinação senão para Cristo. Desta semente por fim fluiu uma *fé* verdadeira e sincera, a qual, deixando o sepulcro, ascendeu à glória celestial de Cristo.

Quando a Escritura fala dos tênues primórdios da fé, ela diz que Cristo nasce em nós, e que nós, em contrapartida, nascemos nele; mas os discípulos devem ser situados quase abaixo da infância, pois são ignorantes quanto à ressurreição de Cristo, não obstante o Senhor os nutre como uma mãe nutre o filho que se encontra em seu ventre. Anteriormente se assemelhavam a crianças, e fizeram bem pouco progresso, mas a morte de Cristo os convertera em pessoas tão fracas, que tinham de ser outra vez *gerados* e *formados*, como diz Paulo aos Gálatas: *Meus filhinhos, por quem de novo* **sinto as dores de parto**, *até que* **Cristo seja formado** *em vós* [Gl 4.19].

Ao descobrirmos que Pedro, ainda que o menos apressado, é o primeiro a entrar no sepulcro, aprendamos disto que muitas pessoas a quem mais foi dado no fim do que parecia no início. E de fato às vezes vemos muitos que eram cheios de fervor no início, e quando vem o conflito desistem; enquanto outros, que pareciam ser morosos e indolentes, assumem nova coragem quando se divisa o perigo.

5. Vê no chão os lençóis. Os lençóis podem ser considerados como os despojos que se destinavam a levar à convicção na ressurreição de Cristo; pois não era provável que seu corpo estivesse nu para possibilitar sua remoção para outro lugar. Isso não teria sido feito por um amigo, nem mesmo por um inimigo.

7. E o lenço que estava sobre sua cabeça. Quando o evangelista diz que um *lenço foi enrolado em sua cabeça*, isso refuta a falsidade dos papistas que pretendem que todo o corpo foi envolvido numa peça de linho, realçando que o povo comum a chamam de "santa mortalha".[2] Não digo nada sobre sua grosseira ignorância do idioma latino, o que os levou a supor que a palavra *guardanapo* – denotando o que era usado para enxugar o suor do rosto, tal como um *lenço*[3] – significava uma cobertura para todo o corpo; tampouco diga algo sobre sua impudência em vangloriar-se de que ainda conservam mesmo *lenço* em cinco ou seis lugares diferentes. Mas tão grosseira falsidade é intolerável, porque contradiz abertamente a história evangélica. A isso se acrescenta um fabuloso milagre, o qual foi por eles inventado com este objetivo: provar que a figura do corpo de Cristo continua visível nesse tecido de linho. Deixo meu apelo ao leitor: se tal milagre de fato tivesse sido operado, o evangelista deixaria de dizer algo a respeito, ele que é tão cuidadoso em narrar os fatos que eram de muito menos importância? Fiquemos satisfeitos com esta simples avaliação da matéria: que Cristo, pondo de lado os emblemas de sua morte, quis testificar que ele se vestira com uma vida bem-aventurada e imortal.

---

2 "L'appelant le sainct suaire."
3 "Comme pourroit estre un couvre-chef."

8. E ele viu, e creu. A exposição que alguns fazem destas palavras é por demais pobre, ou, seja: que João *creu* no que ouvira Maria contar, isto é, que o corpo de Cristo fora levado embora; pois não existe sequer uma passagem em que o verbo *crer* comporte tal significado, especialmente quando é usado simples e sem qualquer adição. Tampouco é isso inconsistente com o fato de que *Pedro e João* regressam ao lar enquanto continuam em dúvida e perplexidade; pois em algumas passagens João tinha empregado esta fraseologia, quando pretendia descrever o crescimento da fé. Além disso, Lucas [24.12] relata que *Pedro maravilhou-se* ao ver o sepulcro em tão boa ordem; com isso significando que Pedro pensou em algo maior e mais sublime do que o que Maria lhe contara.

9. Porque, como ainda não conheciam a Escritura, que ele ressuscitaria dentre os mortos. Com frequência tinham ouvido dos lábios de Cristo o que agora viam com seus próprios olhos, mas isso fluiu de seus corações. Sendo agora advertidos pela visão de um estranho espetáculo, começam a pensar em Cristo como possuindo algo divino, mesmo que estejam ainda longe de ter um claro e acurado conhecimento dele. João, pois, se acusa, quando reconhece que a primeira vez que ele creu foi quando visualizou as provas da ressurreição de Cristo.

Além disso, ele representa sua culpa pessoal, bem como a de seus irmãos, de uma forma ainda mais forte, acrescentando que não só tinham esquecido as palavras de Cristo, mas que não criam *nas Escrituras*; pois a essa ignorância ele atribui a deficiência de sua fé. Daí também podermos extrair uma instrução útil, a saber: que devemos atribuir a nossa displicência ao fato de sermos ignorantes do que devíamos saber sobre Cristo, porque não tiramos o devido proveito *das Escrituras*, as quais claramente revelam a excelência de Cristo.

Para não ir mais longe de um exemplo como este, pode-se imaginar que a ressurreição de Cristo lhes é ensinada de uma forma obscura, e meramente sob figuras; mas a tentativa do leitor descobrirá testemunhos abundantemente claros. Paulo prova [At 13.34] que Cristo tinha de ressurgir dos mortos, porque Deus declara por boca do profeta Isaías [55.3] que, sob seu reinado, *a misericórdia prometida a Davi será infalível*. Uma pessoa inábil poderia imaginar que o que Paulo cita não tem propósito algum; mas os que creem nos princípios da fé, e estão bem familiarizados com *as Escrituras*, não encontram dificuldade em perceber a força deste argumento; porque, para que Cristo pudesse assegurar-nos a perene graça de Deus, Cristo mesmo tinha que viver para sempre.

Há muitas passagens do mesmo tipo, as quais agora não precisam ser coligidas. Portanto, descansemos satisfeitos com as três seguintes: Está escrito: *Não permitirás que teu Santo veja corrupção* [Sl 16.10]. Pedro e Paulo explicam esta predição como uma referência a Cristo [At 2.27; 13.35], e com razão; pois não há um entre todos os filhos de Adão que não seja em seu íntimo cônscio de ser passível de corrupção. Consequentemente, a imortalidade de Cristo é ali declarada. É também além de toda dúvida que a seguinte passagem se refere a Cristo: *Disse o Senhor a meu Senhor: Assenta-te a minha mão direita, até que eu ponha teus inimigos por estrado de teus pés* [Sl 110.1]. Ora, a morte não será destruída enquanto não chegar o último dia. O reino é então dado a Cristo até o fim do mundo, e este reino não pode existir sem sua vida. Isaías, porém, fala mais claramente que todos os outros, quando, depois de ter predito a morte de Cristo, ele imediatamente adiciona ser *impossível declarar sua idade* [Is 53.8]. Em suma, devemos crer que a doutrina da Escritura está tão saturada e completa em cada aspecto, que tudo quanto é defectivo em nossa fé deve com justiça ser atribuído à [nossa] ignorância *das Escrituras*.

[20.10-15]

Então os discípulos regressaram para suas casas. Maria, porém, permaneceu fora do sepulcro chorando; e enquanto chorava, ela abaixou-se para o sepulcro e viu dois anjos com vestes brancas assentados, um à cabeceira e o outro aos pés, onde o corpo de Jesus jazia. E lhe dizem: Mulher, por que choras? Ela lhes disse: Porque levaram meu Senhor, e não sei onde o puseram. Tendo dito isso, ela voltou as costas e vê Jesus em pé, mas não sabia que era Jesus. Disse-lhe Jesus: Mulher, por que choras? Pensando ela ser ele o jardineiro, disse-lhe: Senhor, se o levaste daqui, diz-me onde o puseste, e eu o levarei.

10. Então os discípulos regressaram para suas casas. É possível que suas mentes estivessem ainda em estado de dúvida e incerteza, enquanto regressavam para casa; porque, ainda que João diga que *criam*, contudo sua fé não era forte, mas era apenas algumas confusas reminiscências do milagre e assemelhava-se a transe, até que ela fosse mais plenamente confirmada; e de fato uma fé forte não poderia ser produzida meramente pela visão que tiveram. Além disso, Cristo não se apresentou à visão deles até que estivessem mais plenamente fortalecidos de sua estupidez carnal. De fato, tinham dado uma digna demonstração de seu zelo, correndo ao sepulcro; contudo Cristo se ocultara deles, porque o buscavam com superstição demasiadamente grande.

11. Maria, porém, permaneceu fora do sepulcro. O evangelista agora começa a descrever a maneira na qual Cristo apareceu às mulheres e aos discípulos para testificar sua ressurreição. Ainda que mencione apenas uma mulher, *Maria*, no entanto penso ser possível que as outras mulheres estivessem também com ela; pois não faz sentido presumir, como fazem alguns, que as mulheres desmaiaram de medo. Esses escritores procuram evitar uma contradição, porém eu já demonstrei que tal contradição não existe.

Quanto à questão de as mulheres permanecerem *no sepulcro*, enquanto os discípulos regressavam à cidade, elas não recebem o direito de uma boa acomodação por essa conta; pois os discípulos levam consigo consolação e alegria, porém as mulheres se atormentam pelo *pranto* infundado e inútil. Em suma, é tão-somente a superstição, acompanhada de sentimentos carnais, que as mantém *perto do sepulcro*.

12. E vê dois anjos. Que espantosa paciência nosso Senhor demonstrou, tolerando tantas faltas em Maria e suas companheiras! Pois é uma honra não pequena que ele lhes confere, enviando seus *anjos* e, por fim, fazendo-se reconhecer por elas, o que ele não fez aos apóstolos. Ainda que os apóstolos e as mulheres fossem afligidos com a mesma enfermidade, contudo a estupidez dos apóstolos era menos justificável, porque tiraram mui pouco proveito da valiosa e criteriosa instrução que haviam recebido. Certamente que um dos propósitos que Cristo tinha em vista, ao selecionar as mulheres, para fazer-lhes a primeira manifestação, era encher de vergonha os apóstolos.

De vestes brancas. É incerto se *Maria* sabia que eram *anjos*, ou pensou que fossem homens. Sabemos que *vestes brancas* eram um emblema da glória celestial; pois lemos que Cristo estava vestido com *vestes brancas* quando se transfigurou no monte e revelou sua gloriosa majestade a seus três apóstolos [Mt 17.2]. Lucas relata que o anjo que apareceu a Cornélio "ficou em pé diante dele *com vestes resplandecentes*" [At 10.31]. Tampouco nego que as vestes de linho eram comumente usadas pelos habitantes dos países orientais; mas pela roupa dos *anjos* Deus punha em relevo algo extraordinário e incomum, e os faz destacar, por assim dizer, para que se distinguissem dos homens. Além disso, Mateus [28.3] compara o semblante do anjo que conversava com as mulheres ao relâmpago. Contudo é possível que seu medo fosse oriundo tão-só de suas próprias mentes abaladas pela admiração, pois lemos que ficaram atônitas.

Além do mais, sempre que lemos que os *anjos* apareciam na forma visível de seres humanos e vestidos com *roupas humanas*, isso se dava por causa da ignorância humana. Em minha opinião, não tenho dúvida de que às vezes se manifestavam com corpos reais; porém se esses *dois anjos* tinham ou não mera aparência de corpos [humanos], seria inútil inquirir, e por isso deixo a questão sem definição. A mim basta que o Senhor lhes deu forma humana para que as mulheres pudessem vê-los e ouvi-los, enquanto a roupa magnificente e incomum que usavam os distinguiam da categoria ordinária dos homens e realçavam algo divino e celestial.

Um à cabeceira, e o outro aos pés. Mateus [28.2] só menciona um anjo. Entretanto, isso não contradiz a narrativa de João; pois ambos os anjos não se dirigiram a Maria ao mesmo tempo, mas apenas um deles tinha a incumbência de falar. Não existe base sólida para a alegoria de Agostinho, de que a posição dos anjos – *um à cabeceira, e o outro aos pés* – destaca que o evangelho seria pregado desde o oriente até o ocidente. É mais digno de observação que Cristo, por meio de arranjos preparatórios dessa natureza, apresentou um enaltecimento da glória de seu reino; porque, pela honra que os anjos prestaram ao sepulcro, não só é tirada a ignomínia da cruz, mas também resplandece a majestade celestial de Cristo.

13. Mulher, por que choras? À luz das afirmações dos evangelistas, pode-se facilmente concluir que o anjo manteve um longo diálogo; João, porém, faz um breve sumário do que foi falado, porque isso era suficiente para provar a ressurreição de Cristo. O diálogo consiste de censura entremeada com conforto. O anjo reprova Maria por seu *pranto* excessivo, mas, ao mesmo tempo, combina alegria, ao dizer que não há razão para pranto, já que Cristo ressuscitou.

14. E vê Jesus em pé. Pode-se perguntar donde provém esse equívoco de Maria em não reconhecer Jesus com quem teria tão intimamente familiar? Há quem pense que apareceu em uma forma diferente, porém creio que a falha jaz, antes, nos olhos das mulheres, como Lucas [24.16] diz dos dois discípulos: *seus olhos foram impedidos de reconhecê-lo*. Não diríamos, pois, que Cristo estava continuamente assumindo novas formas, como *Proteus*,[4] mas que está no poder de

---

4   *Proteus* (Πρωτεύς), rei egípcio, é mencionado por Heródoto, o qual conta que em Memphis, sua região natal, um magnificente templo foi erigido em honra dele. O historiador cita como suas autoridades os sacerdotes egípcios com quem mantinha diálogo e que lhe contaram com detalhes as mais memoráveis transações desse reinado, conectado com a ida de Helena ao Egito. E ele produz passagens da Ilíada e da Odisséia para provar que Homero estava bem familiarizado com tais fatos, ainda que decidisse dissimulá-los ou paliá-los, com o fim de criar melhores figuras em sua história (Heródoto, Livro II.112-116). A chave para a presente ilustração, contudo, deve ser encontrada nos fabulosos contos de *Proteus*, como uma divindade marítima a quem Ovídio descreve como **Protea Ambiguum**, *Proteus que varia de forma* (Metamorfose, Livro II. Fábula I. v. 9), e cujo alegado hábito de frequentemente mudar sua forma passou a ser um provérbio. "Ele (diz Lempriere) recebera de Netuno o dom de profecia, e de seu conhecimento da humanidade futura recebeu os maiores serviços. Ele era de difícil acesso, e, quando consultado, se recusava a dar respostas, *assumindo imediatamente formas diferentes* e evitando que fosse apreendido caso não fosse adequadamente preso por grilhões." Referências proverbiais a essa fábula ocorrem frequentemente nos escritores antigos.

Deus, que deu olhos aos homens, reduzir sua intensidade ótica sempre que achar oportuno, "para que, vendo, não vejam". Em Maria temos um exemplo dos equívocos em que a mente humana falha. Ainda que Cristo se apresente a nossa vista, contudo imaginamos que ele assume várias formas, de modo que nossos sentidos concebem algo que longe está de ser o verdadeiro Cristo; pois nossas faculdades de entendimento não só são passíveis de ser enganadas, mas são também enfeitiçadas pelo mundo e por Satanás, para que não tenham qualquer percepção da verdade.

15. Senhor, se o levaste daqui. Ela o trata de *Senhor*, segundo o costume de sua nação; pois a mesma designação, *Senhor* (Κύριε[5]), é empregada pelos hebreus quando operários e outras pessoas de baixa posição falavam aos superiores. Vemos que Maria não tinha nenhuma outra visão senão do que é terreno. Ela deseja apenas obter o santo corpo de Cristo para que pudesse mantê-lo escondido no sepulcro. Ela, porém, exclui a questão mais importante: a elevação de sua mente ao divino poder de sua ressurreição. Portanto, não surpreende se uma visão tão terrena pôs um véu diante de seus olhos.

[20.16-18]
Disse-lhe Jesus: Maria! Ela, voltando-se, disse-lhe: Raboni! Que quer dizer: Mestre! Disse-lhe Jesus: Não me toques; porque eu ainda não subi para meu Pai; mas vai para meus irmãos, e diz-lhes que eu subo para meu Pai e vosso Pai, e para meu Deus e vosso Deus. Maria Madalena foi e contou aos discípulos que ela vira o Senhor, e que ele lhe dissera essas coisas.

18. Disse-lhe Jesus: Maria! Que Cristo permitira a Maria, por um breve tempo, cair em equívoco era bastante útil para a confirmação de sua fé; mas agora, com uma única palavra, ele corrige seu equívoco. Ele lhe falara previamente, mas seu discurso parecia ser o de uma

---

5 A saudação, Κύριε, era dirigida a pessoas de várias posições, e corresponde ao termo moderno, *senhor*.

pessoa desconhecida; ele agora assume a personalidade do Mestre, e se dirige a seu discípulo pelo nome, como já vimos previamente que *o bom pastor chama pelo nome a cada ovelha de seu rebanho* [Jo 10.3]. Portanto, aquela *voz do Pastor* entra no coração de Maria, abre seus olhos, aviva todos seus sentidos e a afeta de tal maneira que ela imediatamente se rende a Cristo.

E assim em Maria temos uma vívida imagem de nossa vocação; pois a única forma para sermos admitidos ao genuíno conhecimento de Cristo é quando ele primeiro nos conhece, e então familiarmente nos convida a si, não por meio daquela voz ordinária que soa indiscriminadamente nos ouvidos de todos, mas por meio daquela voz com que ele especialmente chama a ovelha que o Pai lhe deu. Assim diz Paulo: *Mas agora, conhecendo a Deus, ou, antes, sendo por Deus conhecidos* [Gl 4.9].

E disse-lhe: Raboni! A eficácia da palavra se evidencia à luz desta circunstância: que Maria imediatamente rende a Cristo a honra que lhe é devida; pois a palavra *Raboni* não é apenas respeitosa, mas envolve uma profissão de obediência. Maria, pois, declara ser ela uma discípula de Cristo, e se submete a ele como seu *Mestre*. Esta é uma secreta e maravilhosa mudança efetuada no entendimento humano, quando Deus, iluminando-a por seu Espírito, torna sua visão límpida, a qual estava antes abaixo da apreensão, e de fato totalmente cega. Além disso, o exemplo de Maria deve servir ao propósito de exortação, para que todos aqueles que Cristo convida a si possam responder-lhe sem delonga.

A palavra *Raboni* é caldaica, ainda que os caldeus a pronunciem *Ribboni*; mas é costumeiro haver mudança nas palavras quando são transferidas para um idioma estrangeiro. O significado é o mesmo que se disséssemos: *Meu Senhor!* ou: *Meu Mestre!* Mas no tempo de Cristo essa forma de expressão tinha alcançado vigência, ou, seja: o uso *Rabi* e *Raboni*, em vez de *Mestre*.

17. Não me toques. Isso parece não harmonizar-se com a narrativa de Mateus; pois ele expressamente diz que as mulheres *caíram a*

seus pés *e o adoraram* [Mt 28.9]. Ora, visto que não permitiu que fosse tocado por seus discípulos, que razão tinha ele de proibir a Maria de tocá-lo? A resposta é fácil, desde que nos lembremos de que as mulheres não foram repelidas de *tocar* Cristo, até que seu desejo de *tocá-lo* foi levado ao excesso; porque, até onde era necessário que a dúvida fosse removida, ele inquestionavelmente não lhes proíbe de *tocá-lo*; porém, percebendo que sua atenção estava demasiadamente ocupada em abraçar *seus pés*, ele restringe e corrige esse zelo imoderado. Elas fixavam sua atenção em sua presença física e não entendiam nenhum outro modo de usufruir sua sociedade senão conversando com ele sobre a terra. Devemos, pois, concluir que não foram proibidas de *tocá-lo*, até que Cristo viu que, por seu tolo e irrefletido desejo, queriam conservá-lo no mundo.

Porque eu ainda não subi para meu Pai. Devemos atentar bem para essa razão que ele acrescenta; pois com essas palavras ele concita as mulheres a que restringissem seus sentimentos até que ele fosse recebido na glória celestial. Em suma, ele põe em relevo o desígnio de sua ressurreição; não como se eles imaginassem que logo depois que ele voltasse à vida triunfaria sobre o mundo, mas, antes, que, por meio de sua *ascensão* ao céu, ele tomaria posse do reino que lhe fora prometido, e se assentaria à destra *do Pai*, governaria a Igreja pelo poder de seu Espírito. O significado das palavras, pois, é que sua condição de ressurreto não seria plena e completa enquanto não tomasse assento no céu à destra do Pai; e, portanto, que as mulheres erraram em se satisfazerem não mais que com a metade de sua ressurreição e desejarem usufruir sua presença no mundo. Esta doutrina produz dois benefícios. O primeiro consiste em que, os que são desejosos de sair em busca de Cristo devem elevar suas mentes para o alto; e o segundo consiste em que, todos quantos se empenham em ir a ele devem desvencilhar-se das afeições terrenas da carne, como Paulo nos exorta: *Portanto, se já ressuscitastes com Cristo, buscai as coisas que são de cima, onde Cristo está assentado à destra de Deus* [Cl 3.1].

Mas vai para meus irmãos. Alguns limitam a palavra irmãos aos primos e parentes[6] de Cristo; mas, em minha opinião, impropriamente. Pois, por que ele as teria enviado a eles em vez de aos discípulos? Respondem: Porque João em outra parte testifica que *seus irmãos* não criam nele [Jo 7.5]. Mas não penso ser provável que Cristo conferisse tão grande honra aos que são ali mencionados. Deve-se também admitir que Maria Madalena[7] obedeceu plenamente às injunções de Cristo. Ora, segue-se imediatamente que ela correu *para os discípulos*; do que concluímos que Cristo falava a respeito deles.[8]

Além disso, Cristo sabia que *os discípulos*, a quem aqueles homens, em sua opinião, tratam como separados, estavam reunidos em determinado lugar; e teria sido excessivamente absurdo atentasse em saber que sorte de pessoas, e desconsiderasse *os discípulos* que, estando refugiado em certo lugar, estavam sujeitos a violento conflito entre a esperança e o medo. A isso pode acrescentar-se que Cristo parece ter emprestado esta expressão do Salmo 22.22, onde achamos estas palavras: *Declararei teu nome a meus irmãos*. Pois está além de toda controvérsia que esta passagem contém o cumprimento daquela predição.

Concluo, pois, que Maria foi enviada aos discípulos em geral. E considero que isso foi feito à guisa de censura, porque eram tardos e apáticos demais para crerem. E de fato merecem ter não só *mulheres* por seus mestres, mas inclusive bois e asnos; já que o Filho de Deus gastara tanto tempo e laboriosamente se empregara na docência, contudo tinham feito tão pouco ou quase nenhum progresso. Não obstante, esse é um brando e amável castigo, quando Cristo assim envia seus discípulos à escola das mulheres, para que, por sua agência, ele os trouxesse de volta a si. Aqui visualizamos também a inconcebível bondade de Cristo ao escolher e designar *mulheres* para que fossem testemunhas de sua ressurreição aos apóstolos. Pois a comissão que

---

6 "Aux cousins et parens de Christ."
7 "Marie Magdalene."
8 "Que Christ avoit parlé de ses disciples et Apostres." – "que Cristo havia falado de seus discípulos e Apostles."

lhes é dada é o único fundamento de nossa salvação, e contém o principal ponto da sabedoria celestial.

Deve-se igualmente observar, contudo, que esta ocorrência era extraordinária, e – podemos quase dizer – acidental. Elas recebem a ordem de fazer conhecido aos apóstolos o que mais tarde, no exercício do ofício que lhes foi confiado, proclamaram ao mundo inteiro. Mas, ao executarem essa injunção, não agem como se fossem apóstolas; e por isso é errôneo elaborar uma lei desta injunção de Cristo, e permitir que mulheres realizem o ofício de batizar. Fiquemos satisfeitos em saber que Cristo exibiu nelas os infinitos tesouros de sua graça, quando uma vez as designou como mestras dos apóstolos, e contudo não pretendia que o que era feito por um singular privilégio fosse considerado um exemplo [ou padrão]. Isso é peculiarmente evidente em *Maria Madalena, que anteriormente fora possuída por sete demônios* [Mc 16.9; Lc 8.2]; pois equivale a isto: que Cristo a arrebatara do mais profundo inferno para que ele a elevasse acima do céu.

Se se objeta, dizendo que não havia razão para Cristo preferir as mulheres aos apóstolos, visto serem elas mais carnais e estúpidas, respondo que não nos pertence, senão ao supremo Juiz, avaliar a diferença entre os apóstolos e as mulheres. Mas avanço mais e digo que os apóstolos mereciam ser mais severamente censurados, porquanto não só foram melhor instruídos do que todos os demais, mas, depois de terem sido designados como os mestres do mundo inteiro, e depois de terem sido chamados *a luz do mundo* [Mt 5.14] e *o sal da terra* [Mt 5.13], apostataram de uma forma tão vil. Contudo aprouve ao Senhor, por meio desses vasos frágeis e desprezíveis, fazer uma exibição de seu poder.

Eu subo para meu Pai. Ao usar o verbo *subir*, ele confirma a doutrina que já expliquei previamente: que ele ressuscitou dentre os mortos, não com o propósito de permanecer mais tempo na terra, mas para entrar na vida celestial, e assim pudesse levar os crentes para o céu juntamente com ele. Em suma, com este termo ele proíbe os apóstolos de fixarem toda sua atenção em sua ressurreição vista simplesmente em si mesma, mas os exorta a irem em frente até que alcançassem o reino espiritual, a glória celestial, o próprio Deus. Há grande ênfase neste verbo *subir*, pois Cristo estende sua mão a seus discípulos para que não buscassem sua felicidade em algum outro lugar além do céu; *porque onde estiver vosso tesouro, ali também estará vossos coração* [Mt 6.21]. Ora, Cristo declara que ele *sobe* às alturas; e por isso devemos *subir*, caso não queiramos ser separados dele.

Ao acrescentar que ele *subiu **para Deus***, imediatamente dispersa a tristeza e a angústia que os apóstolos poderiam estar sentindo por causa de sua partida; pois sua intenção é dizer que estará sempre presente com seus discípulos pelo poder divino. Aliás, o verbo *subir* denota a distância de lugares; mas ainda que Cristo estivesse fisicamente ausente, não obstante, como ele está com Deus, seu poder, que é por toda parte sentido, claramente demonstra sua presença espiritual; pois, por que ele subiu para Deus senão a fim de estar sentado à destra[9] de Deus, para que reinasse tanto no céu quanto na terra? Em suma, com esta expressão ele pretendia imprimir nas mentes de seus discípulos o divino poder de seu reino, para que não se deixassem dominar pela tristeza por causa de sua ausência física.

Para meu Pai, e vosso Pai; e para meu Deus, e vosso Deus. O benefício e eficácia dessa união fraterna, a qual recentemente mencionei, é expressa quando Cristo declara que temos isto em comum com ele: que *aquele que é seu Deus e seu Pai é também nosso Deus e nosso Pai. Eu subo*, diz ele, *para meu Pai, que é também vosso Pai.* Em outras passagens aprendemos que nos tornamos participantes de todas as bênçãos de Cristo; mas este é o fundamento do privilégio: que ele nos comunica a própria fonte das bênçãos. Inquestionavelmente, é uma valiosa benção que os crentes possam com segurança e firmeza crer que Aquele que é o Deus de Cristo é *o Deus deles*, e que Aquele que é o Pai de Cristo é *o Pai deles*. Tampouco temos alguma razão para temer que essa confiança esteja saturada com o espírito de precipitação, já

---

9 "A sa dextre glorieuse." – "em sua gloriosa destra."

que esteja fundada em Cristo; ou que ela seja uma arrogante vanglória, já que Cristo mesmo no-la ditou com seus próprios lábios. Cristo o chama *meu Deus*, no sentido em que, ao *assumir a forma de servo, ele a si mesmo se humilhou* [Fp 2.7]. Portanto, isso é peculiar a sua natureza humana, mas se aplica a toda sua pessoa, em decorrência da unidade, porque ele é tanto Deus quanto Homem. Quanto à segunda sentença, na qual ele diz que *sobe para seu Pai, e nosso Pai*,[10] há também uma diversidade entre ele e nós; porque ele é por natureza o Filho de Deus, enquanto que nós somos os filhos de Deus por adoção; mas a graça que obtemos através dele é tão solidamente estabelecida, que não pode ser abalada por nenhum esforço do diabo, ao ponto de impedir-nos de sempre chamá-lo nosso Pai, porquanto nos adotou por intermédio de seu Filho Unigênito.

[20.19-23]
Chegada, pois, a tarde daquele dia, que era o primeiro dia do sábado,[11] e enquanto as portas estavam fechadas, onde os discípulos estavam reunidos de medo dos judeus, Jesus veio e se pôs de pé no meio deles, e disse-lhes: Paz seja convosco. E ao dizer isso, ele lhes mostrou suas mãos e seu lado. Então os discípulos, quando viram o Senhor, se regozijaram. Então lhes disse Jesus outra vez: Paz seja convosco; como o Pai me enviou a mim, eu também vos envio. E, havendo dito isso, ele soprou sobre eles, e disse-lhes: Recebei o Espírito Santo. Aqueles cujos pecados remitirdes, serão remitidos; e aqueles cujos pecados retiverdes, serão retidos.

19. Chegada, pois a tarde. O evangelista agora registra que os discípulos comprovaram a ressurreição de Cristo por meio de sua presença. Isso não aconteceu sem a providência de Deus, ou, seja:

---

10 "Ou il dit qu'il monte a son Pere et nostre Pere."
11 "Qui estroit le premier jour des Sabbaths, *ou, le premier de la septmaine*." "que era o primeiro dia dos sábados, *ou o primeiro [dia] da semana*."

que todos estavam reunidos no mesmo lugar, para que o evento fosse mais indubitável e manifesto de modo mais palpável. É digno de nota quão amavelmente Cristo se pôs no meio deles, em não mantê-los em suspenso além a tarde do mesmo dia. Além disso, ele os iluminou, trazendo o penhor de uma nova vida, enquanto as trevas transbordavam sobre o mundo.

Onde os discípulos estavam reunidos. Quanto a estarem eles reunidos, esse fato é uma indicação de fé, ou, pelo menos, de sentimentos religiosos. Quanto à circunstância de se conservarem escondidos por trás de *portas fechadas*, percebemos nela alguma prova de sua debilidade; porque, ainda que as mentes mais fortes e mais ousadas sejam às vezes assenhoreadas pelo medo, contudo pode-se facilmente inferir que os apóstolos, naquele momento, de tal maneira tremiam que a deficiência de sua fé se pôs a descoberto. Este exemplo é digno de nota; porque, ainda que fossem menos corajosos do que deviam ter sido, contudo não dão vazão a sua fraqueza. Aliás, buscam isolamento com o fim de evitar-se o perigo, porém cobram coragem enquanto permanecem juntos; do contrário, teriam sido dispersos ao léu, e ninguém teria se aventurado a olhar para seu vizinho. Dessa mesma forma devemos lutar contra a fraqueza de nossa carne e de forma alguma ceder ao medo, o qual nos tenta levar à apostasia. Cristo também bendiz seu zelo, quando lhes aparece enquanto estão reunidos. E Tomé é com justiça privado do favor outorgado a todos seus irmãos, porque, como um soldado que foge, ele se esquivava do modelo de união. Aqui, pois, está uma lição para aqueles que são excessivamente tímidos, para que se esforcem e se animem a corrigir seu medo carnal; e particularmente devem precaver-se para que não se permitam dispersar.

E enquanto as portas estavam fechadas. Esta circunstância foi expressamente adicionada por conter uma manifesta prova do poder divino de Cristo; mas isso está completamente em desacordo com a intenção do evangelista. Devemos, pois, crer que Cristo não entrou sem um ato miraculoso, com o fim de dar uma demonstração de sua Deidade, por meio do qual ele pudesse estimular a atenção de seus discípulos; e contudo estou longe de admitir a veracidade do que os papistas asseveram, a saber: que o corpo de Cristo passou através *das portas fechadas*. Sua intenção em afirmar tal coisa é com o propósito de provar não só que o corpo glorioso de Cristo se assemelhava a um espírito, mas também que ele era infinito e não podia confinar-se a um só lugar. Mas as palavras não comunicam tal sentido; pois o evangelista não diz que ele entrou através *das portas fechadas*, mas que subitamente *ficou de pé no meio* de seus discípulos, ainda que *as portas estivessem fechadas*, e não lhe foram abertas pela mão do homem. Sabemos que Pedro [At 10.10] saiu de uma prisão que estava trancada; e devemos, pois, dizer que ele passou pelo meio das pranchas e do ferro? Portanto, longe de nós tais infantilidades, as quais nada contêm de sólido e se acham entremeadas de muitos absurdos! Fiquemos satisfeitos em saber que Cristo pretendia, com esse milagre extraordinário, confirmar seus discípulos em sua convicção acerca da ressurreição.

Paz seja convosco. Esta é a forma ordinária de saudação entre os hebreus; e pela palavra paz denotam tudo o que é alegria e prosperidade que usualmente desejavam para uma vida feliz. A frase, pois, significa: "Que estejais bem e sejais prósperos!" Faço menção desse fato porque há aqueles que, ao explicarem essas palavras, passam a discussões desnecessárias sobre *paz* e harmonia, ainda que Cristo nada mais pretendesse do que desejar que seus discípulos fossem felizes e prósperos.

20. Ele lhes mostrou suas mãos e seu lado. Era necessário acrescentar esta confirmação para que por todos esses métodos pudessem assegurar-se plenamente de que Cristo de fato ressuscitou. Se alguém acha estranho e inconsistente com a glória de Cristo que porte ele as marcas de suas feridas mesmo depois de sua ressurreição, que o mesmo considere, em primeiro lugar, que Cristo não ressuscitou tanto por sua causa, mas pela nossa; e, em segundo lugar, que tudo quanto contribua para nossa salvação é glorioso a Cristo; porque, quando ele se humilhou por certo tempo, isso não subtraiu nada de sua majestade, e agora, visto que essas *feridas*, das quais estamos falando, servem para confirmar a convicção deles em sua ressurreição, elas em nada diminuem sua glória. Mas se alguém inferir desse fato que Cristo ainda tem seu *lado* ferido e suas *mãos*, traspassadas, isso seria um absurdo; pois é indubitável que o uso das *feridas* era temporário, até que os apóstolos estivessem plenamente convencidos de que ele de fato ressuscitara dentre os mortos.

Então os discípulos se encheram de alegria quando viram o Senhor. Isso significa que toda a tristeza que lhes fora ocasionada pela morte de Cristo se dispersou por sua nova vida.

21. Disse-lhes Jesus outra vez: Paz seja convosco. Esta segunda saudação me parece não ter outro objetivo além do Senhor querer receber aquele grau de atenção que merecia a grandeza e importância dos temas sobre os quais estava para falar.

Como o Pai me enviou. Com estas palavras Cristo, por assim dizer, os instala no ofício para o qual previamente os designara. Aliás, já tinham sido enviados por toda a Judeia, mas apenas como arautos, a emitir um mandamento, a saber, que o supremo Mestre devia ser ouvido, e não como apóstolos a executar um perpétuo ofício docente. Mas agora o Senhor lhes ordena que sejam seus embaixadores a estabelecer seu reino no mundo. Portanto, que seja defendida por nós como uma verdade averiguada que os apóstolos foram agora, pela primeira vez, designados a serem os ministros ordinários do evangelho.

Suas palavras equivalem a uma declaração de que até aqui ele cumpriu o ofício de Mestre, e que, havendo concluído seu curso, ele agora lhes confere o mesmo ofício; pois ele quer dizer que o Pai o designara para ser Mestre sob esta condição: que ele se ocupasse, por algum tempo, em apontar o caminho a outros, mais tarde poria essas pessoas em seu lugar para que suprissem sua ausência. Por essa razão Paulo diz que ele deu uns para apóstolos, outros para evangelistas, outros para pastores, a fim de governar a Igreja até o fim do mundo [Ef 4.11]. Cristo, pois, testifica, em primeiro lugar, que, a despeito de haver cumprido temporariamente o ofício docente, não obstante a pregação do evangelho não seria por um breve tempo, mas perpetuamente.

Além do mais, para que sua doutrina não tivesse menos autoridade nos lábios dos apóstolos, ele os incumbe a sucedê-lo naquele ofício que havia recebido *de seu Pai*, os coloca em seu lugar e lhes outorga a mesma autoridade; e era próprio que seu ministério fosse ratificado dessa forma, pois eles eram pessoas desconhecidas e de humilde condição. Além disso, ainda que tivessem o mais elevado esplendor e dignidade, contudo sabemos que tudo aquilo que pertence aos homens não chega nem perto da excelência da fé.

Não é sem razão, pois, que Cristo comunica a seus apóstolos a autoridade que ele mesmo recebera *do Pai*, para que assim pudesse declarar que a pregação do evangelho lhe fora confiada, não por autoridade humana, mas pelo mandamento divino. Ele, porém, não os põe em seu lugar de tal maneira que renunciasse a suprema autoridade de Mestre em favor deles, a qual o Pai quis que só ele possuísse. Ele, pois, continua e continuará eternamente sendo o único Mestre da Igreja. Mas existe esta única diferença: que ele falou com seus lábios durante o tempo em que habitou na terra, mas agora fala pelos lábios dos apóstolos. Portanto, a sucessão ou substituição[12] é de uma natureza tal que nada subtrai de Cristo, senão que sua autoridade permanece plena e inteira, e sua honra, intata; pois aquele decreto por meio do qual se nos ordena que ouçamos a ele, e não a outros, não pode ser anulado: *Este é o meu Filho amado, em quem tenho todo prazer, a ele ouvi* [Mt 17.5]. Em suma, Cristo pretendia, aqui, adornar a doutrina do evangelho, e não os homens.

É preciso igualmente observar que o único tema que é compendiado nesta passagem é a pregação do evangelho; pois Cristo não envia seus apóstolos a expiar os pecados, e a assegurar a justificação, *como ele fora enviado pelo Pai*. Consequentemente, ele não faz alusão, nesta passagem, a algo que lhe seja peculiar, mas apenas designa ministros e pastores para o governo da Igreja; e sob esta condição, que somente ele detém a posse do poder plenário, enquanto eles nada reivindicam para si além do ministério.

---

12 "La sucession ou subrogation."

22. E soprou sobre eles. Nenhum dos filhos dos homens é qualificado para desempenhar um ofício tão difícil, e por isso Cristo prepara os apóstolos para o mesmo pela graça de seu Espírito. E de fato governar a Igreja de Deus, levar a embaixada da salvação eterna, erigir o reino de Deus na terra e elevar seres humanos até o céu é uma tarefa que está além da capacidade humana. Portanto, não devemos ficar surpresos se jamais se achou um homem qualificado, se o mesmo não for inspirado pelo Espírito Santo; pois ninguém pode falar sequer uma palavra concernente a Cristo, a menos que o Espírito guie sua língua [1Co 12.3]; o fato é que não existe ninguém que seja competente para desempenhar fiel e honestamente todos os deveres de tão excelente ofício. Além do mais, é tão-somente a glória de Cristo que forma aqueles a quem ele designa para serem mestres de sua Igreja; pois a razão pela qual a plenitude do Espírito foi derramada sobre ele é para que pudesse outorgá-la a cada um segundo determinada medida.

Recebei o Espírito Santo. Ainda que continue sendo o Pastor de sua Igreja, ele necessariamente deve demonstrar o poder de seu Espírito nos ministros cuja agência ele emprega; e isso também ele testificou pelo símbolo externo, quando *soprou sobre* os apóstolos; pois isso não seria aplicável se o Espírito não procedesse dele. Tanto mais detestável é o sacrilégio dos papistas que se apoderam e reivindicam para si a honra que pertence ao Filho de Deus; pois seus bispos mitrados, quando ordenam sacerdotes, têm a desfaçatez de gabar-se de que sopram sobre eles o Espírito Santo. Mas o fato claramente mostra quão diferente é seu fedorento sopro do divino *sopro* de Cristo; pois que outra coisa eles fazem senão transformar cavalos em asnos? Além disso, Cristo não só comunica a seus discípulos *o Espírito* que ele mesmo recebera, porém outorga o que é propriamente seu, como o Espírito que ele tinha em comum com o Pai. Consequentemente, todos os que se vangloriam de conceder *o Espírito* por intermédio do *sopro* reivindicam a glória da Deidade.

Deve-se observar que, aqueles a quem Cristo chama para o ofício pastoral ele igualmente adorna com os dons necessários para que sejam qualificados para o desempenho de seu ofício, ou, pelo menos, não venha a ser algo vazio e impreciso. E se isso é verdade, não há dificuldade alguma em refutar a tola vanglória dos papistas que, enquanto empregam termos sublimes de encômio em enaltecimento de sua hierarquia, não podem demonstrar uma única fagulha do Espírito Santo em seus bispos. Querem que creiamos que são os legítimos pastores da Igreja, e igualmente que são os apóstolos e vigários de Cristo, embora seja evidente que são totalmente destituídos da graça do Espírito Santo. Um critério infalível é aqui determinado para julgar a vocação dos que governam a Igreja de Deus; e esse critério é se percebemos que de fato têm *recebido o Espírito Santo*.

Entretanto, o que Cristo primordialmente pretendia com isso era sustentar a dignidade da posição dos apóstolos; pois era sem sentido que aqueles que tinham sido escolhidos para serem os primeiros e os mais eminentes arautos do evangelho possuíssem autoridade incomum. Mas se Cristo, naquele tempo, outorgou o Espírito aos apóstolos através do *sopro*, pode-se concluir que era supérfluo enviar o Espírito Santo mais tarde. Minha resposta é que o Espírito foi dado aos apóstolos nesta ocasião de uma maneira tal que só foram aspergidos por sua graça, porém não foram cheios com a plenitude de poder, pois quando o Espírito apareceu sobre eles em *línguas de fogo* [At 2.3], eles foram totalmente renovados. E de fato ele não os designou para serem os arautos de seu evangelho, ao ponto de enviá-los imediatamente à obra, mas lhes ordenou que repousassem, como lemos em outro lugar: *Permanecei na cidade de Jerusalém até que do alto sejais revestidos de poder* [Lc 24.49]. E se levarmos tudo devidamente em consideração, concluiremos não que ele lhes mune com os dons necessários para o presente uso, mas que os designa para que fossem os órgãos de seu Espírito para o futuro; e por isso esse *sopro* deve ser entendido como uma referência principalmente àquele magnificente ato de enviar o Espírito, o qual tinha com frequência prometido.

Embora Cristo houvesse outorgado graça a seus apóstolos por uma inspiração secreta, ele decidiu acrescentar um *sopro* visível a fim de confirmá-los mais plenamente. Cristo tomou esse emblema externo da forma ordinária de falar nas Escrituras, a qual mui frequentemente compara o Espírito ao *vento*; comparação essa que explicamos em termos breves na exposição do capítulo 3 deste Evangelho. Mas que o leitor observe que com o sinal visível e externo a palavra está também associada; pois esta é a fonte da qual os sacramentos derivam sua eficácia; não que a eficácia do Espírito Santo esteja contida na palavra que soa em nossos ouvidos, mas porque o efeito de todas aquelas coisas que os crentes recebem dos sacramentos depende do testemunho da palavra. Cristo *sopra* sobre os apóstolos; eles recebem não só *o sopro*, mas também *o Espírito*. E por que, senão porque Cristo lhes promete?

Da mesma forma, no batismo *em Cristo* [Gl 3.27], somos *lavados por seu sangue* [Ap 1.5], *nosso velho homem é crucificado* [Rm 6.6], a fim de que a justiça de Deus reinasse em nós. Na Santa Ceia somos espiritualmente alimentados com a carne e o sangue de Cristo. Donde derivamos tão grande eficácia senão da promessa de Cristo, que faz e realiza por meio de seu Espírito Santo o que ele declara por sua palavra? Portanto, aprendamos que todos os sacramentos que os homens têm inventado nada mais são que absolutas zombarias ou divertimentos frívolos, porque os sinais não podem conter veracidade a menos que sejam acompanhados pela palavra do Senhor. Ora, visto que nunca nos divertimos com as coisas sagradas sem impiamente derramar desprezo sobre Deus e destruir as almas, devemos ser muito cuidadosos em nos guardamos contra tais estratagemas de Satanás.

Se alguém objetar dizendo que não devemos culpar os bispos papistas quando por seu *sopro* consagram seus sacerdotes, porque nesses casos a palavra de Cristo acompanha o sinal, a resposta é óbvia. Em primeiro lugar, Cristo não falou aos apóstolos com o intuito de instituir um perpétuo sacramento na Igreja, mas pretendia declarar uma vez o que dissemos há pouco, a saber: que o Espírito procede de nenhum outro, senão unicamente dele. Em segundo lugar, ele nunca designa homens para um ofício sem ao mesmo tempo comunicar força a seus ministros e muni-los com habilidade. Não menciono que no papado os sacerdotes são ordenados com um propósito totalmente diferente, ou, melhor, com um propósito contrário; a saber, para assassinar Cristo diariamente, enquanto os discípulos foram feitos apóstolos a fim de matar os homens pela espada do evangelho. Contudo devemos também crer que é tão-somente Cristo que concede todas as bênçãos que ele representa e promete por meio de sinais externos; pois ele convida os apóstolos a *receberem o Espírito Santo* proveniente não do *sopro*, mas dele mesmo.

23. A todos cujos pecados remitirdes. Aqui, inquestionavelmente, nosso Senhor abrangeu, em poucas palavras, a suma do evangelho; pois não separar este poder de perdoar pecados do ofício docente, com o qual ele está estreitamente conectado nesta passagem. Cristo dissera um pouco antes: *Como o Pai que vive me enviou, assim eu também vos envio.*[13] Ele agora faz uma declaração do que é pretendido e do que é significado por essa embaixada, só que ele entrelaçou com essa declaração o que era necessário, para que lhes desse seu Espírito a fim de que não tivessem nada de si mesmos.

O principal desígnio da proclamação do evangelho é para que os homens sejam reconciliados com Deus, e isso é concretizado pelo perdão incondicional dos pecados; como Paulo também nos informa, quando denomina o evangelho, por essa conta, *o ministério da reconciliação* [2Co 5.18]. Sem dúvida, muitas outras coisas estão contidas no evangelho, mas o principal objetivo que Deus se propõe a realizar por meio dele é receber os homens em seu favor, não lhes imputando seus pecados. Se, pois, desejamos mostrar que somos fiéis ministros do evangelho, devemos prestar nossa máxima atenção a este tema; pois o principal ponto de diferença entre o evangelho e a filosofia pagã está no perdão dos pecados através da livre graça. Esta é a fonte das

---

13 Nosso autor aqui parece entrelaçar duas passagens, João 6.57: "Como o Pai **que vive** me enviou, e eu vivo pelo Pai", com João 20.21: "Como o Pai me enviou, assim eu também vos envio."

demais bênçãos que Deus outorga, por exemplo, que Deus nos ilumina e nos regenera por seu Espírito, para que ele nos forme de novo a sua imagem, para que nos arme com inabalável firmeza contra o mundo e Satanás. Assim toda a doutrina da piedade e a edificação espiritual da Igreja repousam neste fundamento: que Deus, tendo nos absolvido de todos os pecados, nos adota para sermos seus filhos por livre graça.

Enquanto Cristo prescreve aos apóstolos que *perdoem pecados*, ele não lhes comunica o que lhe é peculiar. Pertence-lhe *perdoar pecados*. Esta honra, enquanto pertence-lhe peculiarmente, ele não cede aos apóstolos, mas lhes prescreve, em seu nome, proclamar o perdão dos pecados, para que, por sua agência, ele reconcilie os homens com Deus. Em suma, propriamente falando, é tão-somente ele quem *perdoa pecados* através de seus apóstolos e ministros.[14]

Mas alguém poderia perguntar: Visto que ele os designa para que fossem apenas suas testemunhas ou arautos desta bênção, e não os autores dela, por que ele enaltece o poder deles em termos tão sublimes? Respondo que ele assim fez para confirmar a fé deles. Nada nos é de mais importância do que sermos capazes de crer firmemente, para que nossos pecados não sejam lembrados diante de Deus. Zacarias, em seu cântico, o chama *o conhecimento da salvação* [Lc 1.77]; e visto que Deus emprega o testemunho dos homens para prová-lo, as consciências nunca se renderão a ele, a menos que percebam Deus mesmo falando em sua pessoa. Paulo, consequentemente, diz: *Exortamo-vos que vos reconcilieis com Deus, como se Cristo vos rogasse por nosso intermédio* [2Co 5.20].

Agora vemos a razão por que Cristo emprega termos tão magnificentes com o intuito de enaltecer e adornar aquele ministério que ele outorga e prescreve aos apóstolos. É para que os crentes sejam plenamente convictos de que o que ouvem concernente ao perdão de pecados é ratificado e não pode valorizar menos sublimemente a reconciliação que é oferecida pela voz dos homens do que se Deus

---

14 "Par ses apostres et ministres."

mesmo estendesse sua mão do céu. E a Igreja diariamente recebe mui abundante benefício desta doutrina, quando ela percebe que seus pastores são divinamente ordenados para que sejam fiadores da salvação eterna, e que não se deve ir muito longe em busca do perdão de pecados, pois esse perdão é confiado a sua guarda.

Tampouco devemos estimar em grau menos elevado este valioso tesouro, porque ele é exibido em vasos de barro; mas temos motivo de agradecer a Deus por haver conferido aos homens uma honra tão elevada, ao ponto de fazer com que fossem embaixadores e deputados de Deus e de seu Filho, declarando o perdão dos pecados. Há fanáticos que desprezam essa embaixada; porém saibamos nós que, ao agirem assim, tripudiam o sangue de Cristo.

Em contrapartida, horrível absurdo é o que os papistas praticam, adulterando esta passagem em abono de suas absolvições mágicas. Se alguém não confessar seus pecados ao ouvido do sacerdote, esse não tem direito, em sua opinião, de esperar perdão; pois Cristo pretendia que os pecados fossem perdoados através dos apóstolos e eles não podem absolvê-los sem detido exame do assunto; por isso se faz necessário a confissão. Esse é seu belo argumento![15] Mas caem em um estranho erro crasso quando passam por alto o ponto mais importante da questão, isto é, que esse direito foi concedido aos apóstolos a fim de manterem o crédito do evangelho, para cuja pregação haviam sido comissionados. Pois Cristo não designa aqui *confessores* para inquirirem minuciosamente cada pecado por meio de sussurros, mas *pregadores* de seu evangelho que usarão suas vozes para que sejam ouvidos, e que selarão nos corações dos crentes a graça da expiação obtida através de Cristo. Devemos, pois, conservar o modo de *perdoar pecados* para sabermos qual é esse poder que foi outorgado aos apóstolos.

E aqueles cujos pecados retiverdes. Cristo adiciona esta segunda sentença a fim de terrificar os que desprezam seu evangelho, para que saibam que não escaparão ao castigo em razão dessa soberba.

---

15 "Voila leur bel argument."

Como a embaixada da salvação e da vida eterna foi confiada aos apóstolos, assim, em contrapartida, foram armados com *vingança* contra todos os ímpios que rejeitam a salvação que lhes é oferecida, como preceitua Paulo [2Co 10.6]. Mas isso é posto em último lugar, porque era próprio que o desígnio real e verdadeiro de pregar o evangelho fosse primeiramente exibido. Que somos reconciliados com Deus perante à natureza do evangelho; que os crentes são ordenados para a vida eterna pode-se dizer estar acidentalmente conectado a ele.[16] Por essa razão Paulo, na passagem que previamente citei, quando ameaça vingança contra os incrédulos, imediatamente acrescenta: *quando for cumprida vossa obediência* [2Co 10.6]. Pois ele tem em mente que pertence peculiarmente ao evangelho convidar todos à salvação, porém que lhe é acidental trazer destruição ao alguns.

Deve-se observar, contudo, que cada um que ouve a voz do evangelho, se não abraçar o perdão dos pecados que lhe é prometido, é passível de condenação eterna; porque, como ele é um *perfume gerador de vida* para os filhos de Deus, assim aos que perecem ele é o perfume de morte para a morte [2Co 2.16]. Não que a pregação do evangelho seja necessária para condenar os réprobos, porque inerentemente estão todos perdidos; e, além da maldição hereditária, cada um atrai sobre si causas adicionais de morte, mas porque a obstinação dos que intencional e voluntariamente desprezam o Filho de Deus merece muito mais severo castigo.

[20.24-29]

Tomé, porém, um dos doze, também chamado Dídimo,[17] não estava com eles quando Jesus veio. Os outros discípulos, pois, lhe disseram: Vimos o Senhor. Ele, porém, lhes disse: Se eu não vir em suas mãos a marca dos cravos,[18] e não puser meu dedo nas marcas dos cravos,[19] e não puser minha mão em seu lado,

---
16 "Cela luy est comme un accident."
17 "Qui est appelé Gemeau." – "que é chamado Gêmeo."
18 *"Ou, le lieu, ou, les enseignes."* – *"Ou, o lugar, ou, as marcas."*
19 "Et si je ne mets mon doigt ou estoyent les cloux." – "E se eu não puser meu dedo onde

não crerei. E oito dias depois, seus discípulos estavam outra vez dentro, e com eles Tomé. Então Jesus veio, enquanto as portas estavam fechadas, e se pôs no meio, e disse: Paz seja convosco. Então disse a Tomé: Põe aqui teu dedo, e vê minhas mãos; e estende tua mão e põe-na em meu lado; e não sejas incrédulo, mas crente. Respondeu Tomé, e disse-lhe: Meu Senhor e meu Deus! Disse-lhe Jesus: Porque me viste, Tomé, tu crês; bem-aventurados são os que não viram, e creram.

24. Tomé, porém, um dos doze. Aqui se relata a incredulidade de *Tomé*, para que por meio dela a fé dos santos seja mais plenamente confirmada. Ele era não só moroso e relutante em crer, mas inclusive obstinado. Sua obtusidade em compreender foi a razão pela qual Cristo uma vez mais lhes permitiu vê-lo e senti-lo, da mesma forma que antes. E assim uma vez mais foi dada nova adição de prova da ressurreição de Cristo, não só a *Tomé*, mas também a nós. Além disso, a obstinação de Tomé é um exemplo para mostrar que essa impiedade é quase natural em todos os homens, para que refreiem esse ímpeto natural quando se lhes abrir o acesso à fé.

25. Se eu não vir em suas mãos a marca dos cravos. Isso aponta para a fonte do vício de que ninguém deseja ser sábio em seu próprio entendimento, e se gaba além da medida. *Se eu não vir*, diz ele, "e se eu não tocar, *não crerei*".[20] Estas palavras não têm acesso à fé, mas são o que se poderia chamar um juízo sensual, que se fundamenta na percepção dos sentidos.[21] O mesmo se dá com todos quantos se devotam a si mesmos,[22] e que não deixam à palavra de Deus qualquer espaço. E é sem qualquer importância se lermos *o lugar* ou *a configuração* ou *o ponto dos cravos*; pois os amanuenses podem ter mudado τύπον (*marca*) para τόπον (*lugar*) ou τόπον (*lugar*) para τύπον (*marca*); porém o

---
os cravos estavam."
20 "Si je ne voy point, dit il, et si je ne touche, je ne croirai point."
21 "C'est à dire qui est fondé sur l'apprehension des sens."
22 "Qui sont tellement adonnez à leur propre sens."

significado não é alterado por essa conta. Portanto, que o leitor decida qual dos termos terá sua preferência.[23]

26. Põe aqui teu dedo. Já falamos uma vez sobre a entrada de Cristo e a forma da salvação que ele empregou. Quando Cristo tão prontamente aquiesce à inoportuna solicitação de Tomé,[24] e de sua própria iniciativa o convida *a sentir suas mãos e tocar a ferida de seu lado*, aprendemos disso quão avidamente desejoso ele [Cristo] estava em promover nossa fé e a de Tomé. Pois ele velava não é somente sobre Tomé, mas também sobre nós, para que nada do que fosse necessário para a confirmação de nossa fé viesse a faltar.

A estupidez de Tomé era assustadora e monstruosa; porque não ficou satisfeito com meramente contemplar a Cristo, mas queria ter também suas mãos como testemunhas da ressurreição de Cristo. Assim ele se mostrou não só obstinado, mas também soberbo e desdenhoso em seu tratamento com Cristo. Pelo menos agora, quando vê Cristo, deveria ter se sentido esmagado pela vergonha e pelo espanto; mas, ao contrário, ele ousada e destemidamente estende sua mão, como se não estivesse cônscio de qualquer culpa; pois é possível inferir-se das palavras do evangelista que ele não se arrependeu antes que se convencesse pelo toque. Assim sucede que, quando atribuímos à palavra de Deus menos honra do que ela merece, então, sem que o percebamos, nos invade uma crescente obstinação, a qual traz em sua companhia o desdém pela palavra de Deus e nos leva a perder toda reverência por ela. Tanto mais solicitamente deveríamos labutar para restringir a malícia de nossa mente, para que nenhum de nós, favorecendo impropriamente a contradição, e extinguindo, por assim dizer, o senso de piedade, obstruíssimos contra nós mesmos o portão da fé.

Meu Senhor, e meu Deus! Tomé por fim acorda, ainda que tardasse, e como alguém que mentalmente desconcertado cai em si, exclama,

---

23 "Car les deux mots Grecs ne sont point differens qu'en une lettre, et il est aise de prendre l'un pour l'autre." – "Pois as duas palavras gregas só diferem em uma única letra, e uma delas pode facilmente ser tomada pela outra."
24 "Ce qu'il avoit demandé par l'obstination et l'opiniastreté." – "O que ele pedira movido por obstinação e tenacidade."

atônito: *Meu Senhor, e meu Deus!* Pois a forma abrupta da linguagem revela grande veemência; não se pode duvidar de que a vergonha o compelira a prorromper-se nesta expressão com o intuito de condenar sua própria estupidez. Além disso, Uma exclamação tão súbita revela que a fé não fora totalmente extinta dele, ainda que estivesse abalada; pois no lado e nas mãos de Cristo ele não manuseia a divindade de Cristo, mas desses sinais ele deduz muito mais do que exibiam. Donde isso provém senão do fato de que, depois de displicência e profundo sono, ele de repente cai em si? Isso mostra, pois, a veracidade do eu disse um pouco antes: que a fé que parecia estar destruída estava, por assim dizer, velada e sepultada em seu coração.

O mesmo às vezes sucede a muitas pessoas. Pois sua malícia por algum tempo progride como se tivessem lançado de si todo o temor de Deus, ao ponto de a fé nelas não mais existir; mas tão logo Deus as tenha disciplinado com a vara, a rebelião de sua carne é subjugada e voltam a seu bom senso. É indubitável que a doença, em si mesma, não é suficiente para ensinar a piedade; e desse fato inferimos que, quando as obstruções forem removidas, brota a boa semente, a qual estivera oculta e pisoteada. Temos um notável exemplo disso em Davi; pois, durante o tempo em que ele permitiu que sua luxúria fosse gratificada, vemos como ele se refestelou sem restrição. Cada pessoa imaginaria que, naquele tempo, a fé tinha sido totalmente banida de sua mente; e, no entanto, a uma breve exortação do profeta, de repente ele recuperou a vida, podendo facilmente inferir-se que alguma fagulha dela, ainda que bruxuleante, contudo estava ali em sua mente e rapidamente faz subir sua chama. No tocante aos homens em si mesmos, são tão culpados quanto se tivessem renunciado a fé e toda a graça do Espírito Santo; mas a bondade infinita de Pai previne os eleitos de sua queda ser tão radical que se alienem totalmente de Deus. Devemos, pois, ser mais zelosos em nos guardarmos de apostatar da fé; e ainda, devemos crer que Deus restringe seus eleitos por meio de um freio secreto, para que se desvencilhem de sua destruição e ele sempre alimente miraculosamente em seus corações algumas fagulhas da fé, a qual mais tarde, no tempo próprio, ele acenda de novo pelo sopro de seu Espírito.

Há duas sentenças nesta confissão. Tomé reconhece que Cristo é seu Senhor; e, então, na segunda sentença,[25] ele sobe mais alto e o chama também *meu Deus*. Sabemos em que sentido a Escritura dá a Cristo o título *Senhor*. A razão é porque o Pai o designara para o ofício de supremo governante, para que ele mantivesse todas as coisas sob seu domínio: *para que todo joelho se dobre diante dele* [Fp 2.10]; e, em suma, para que ele fosse o vice-regente do Pai no governo do mundo. Assim o título *Senhor* propriamente lhe pertence no que tange a ser ele o Mediador manifestado na carne e a Cabeça da Igreja. *Tomé*, porém, tendo reconhecido ser ele *Senhor*, imediatamente sobe às alturas e contempla sua eterna Deidade, e com toda razão; pois o motivo pelo qual Cristo desceu a nós, primeiramente se humilhando e depois assentando à destra do Pai, e obteve domínio no céu e na terra, foi para que nos elevasse até sua própria glória divina e à glória do Pai. Para que nossa fé possa chegar à eterna Deidade de Cristo, devemos começar com aquele conhecimento que está mais próximo e é mais facilmente adquirido. Assim alguns afirmaram com muita razão que por meio do Cristo Homem somos conduzidos ao Cristo Deus, porque nossa fé faz um progresso tão gradual que, percebendo Cristo na terra, nascido num estábulo e pendente de uma cruz, ele sobe para a glória de sua ressurreição e, continuando a subir, por fim chega a sua vida e poder eternos, os quais sua divina Majestade se exibe gloriosamente.

Não obstante, devemos crer que não podemos conhecer a Cristo como *nosso Senhor*, de uma forma apropriada, sem imediatamente obtermos também o conhecimento de sua Deidade. Tampouco há lugar para dúvida de que esta deva ser a confissão comum de todos os crentes, quando percebemos que ela é aprovada por Cristo. Ele certamente jamais teria tolerado que o Pai fosse lesado na honra que lhe é devida, e que essa honra fosse falsa e infundadamente comunicada a Cristo.

---

25 "Au second membre."

Mas claramente ratifica o que disse Tomé; e, portanto, esta passagem é sobejamente suficiente para refutar a demência dos arianos; pois não é lícito imaginar dois deuses. Aqui também se declara a unidade de pessoa em Cristo; pois o mesmo Jesus Cristo[26] é chamado *Deus* e *Senhor*. Enfaticamente, ele também o chama duas vezes *meu*: *Meu Senhor* e *Meu Deus*!, declarando que ele fala com sinceridade e com um vívido sentimento de fé.

29. Porque me vistes, Tomé. Cristo não culpa Tomé em nada, senão que ele foi moroso demais em crer, que ele necessitava de ser violentamente atraído à fé pela experiência dos sentidos; o que está totalmente em discordância com a natureza da fé. Se alguém objetar, dizendo que nada é mais impróprio do que dizer que *a fé* é uma convicção obtida do *tato* e da *visão*, a resposta pode ser facilmente obtida do que eu já disse; pois não foi por mero *tato* nem *visão* que Tomé foi levado a crer que Cristo é Deus, mas, sendo despertado do torpor, ele recobra a memória da doutrina que anteriormente quase veio a esquecer. A fé não pode fluir de um conhecimento meramente experimental de eventos, porém deve sua origem da palavra de Deus. Cristo, pois, acusa Tomé por render menos honra à palavra de Deus do que deveria ter feito e por haver considerado a fé – que emana do ouvir e deve estar totalmente fixada na palavra – como circunscrita aos demais sentidos.

Bem-aventurados os que não viram, e creram. Aqui Cristo enaltece a fé com base neste fato: que ela aquiesce na mera palavra, e não depende dos conceitos ou da razão humana.[27] Ele, pois, inclui, em uma breve definição, o poder e a natureza da fé; isto é, que ela não repousa satisfeita com o exercício imediato da visão, mas penetra inclusive o próprio céu, ao ponto de crer naquelas coisas que estão ocultas dos sentidos humanos. E de fato devemos dar a Deus esta honra: que devemos visualizar sua verdade como (αὐτόπιστος[28]) estando além de toda

---

26 "Un mesme Jesus Christ."
27 "Du sens charnel, ne de la raison humaine."
28 aujtovpisto", *aquilo que é digno de ser crido por sua causa.*

e qualquer dúvida sem qualquer outra prova.[29] A fé tem, assim, sua própria *visão*, porém uma visão que não confina em ver o mundo e os objetos terrenos. Por essa razão, ela é chamada *uma demonstração de coisas invisíveis*, ou não vistas [Hb 11.1]; e Paulo a contrasta com a *visão* [2Co 5.7], significando que ela não repousa satisfeita em contemplar a condição dos objetos presentes, e não põe seus olhos em todas as direções *naquelas coisas do mundo que são visíveis*, mas depende da boca de Deus e, confiando em sua palavra, se eleva acima do mundo inteiro, de modo a fixar solidamente sua âncora no céu. Equivale a isso que a fé não será correta, se não se fundamentar na palavra de Deus, se não elevar-se ao reino invisível de Deus, avançando para além de toda a capacidade humana.

Se alguém objetar-se, dizendo que esta declaração de Cristo é inconsistente com outra de suas afirmações, na qual ele declara que *bem-aventurados são os olhos que o contemplam hoje* [Mt 13.16], minha resposta é que Cristo ali não fala meramente da visão física, como o faz nesta passagem, mas da revelação que é comum a todos os crentes, visto que ele se manifestava ao mundo como Redentor. Ele traça uma comparação entre os apóstolos e *os santos reis e profetas* [Mt 13.17], os quais foram conservados sob as sombras escuras da lei mosaica. Diz ele que agora a condição dos crentes é muito mais desejável, porque uma luz mais fulgurante brilha em torno deles, ou, melhor, porque a substância e veracidade das figuras vieram a ser-lhes conhecidas. Muitos incrédulos, naquele tempo, *viram* Cristo com *os olhos* da carne, porém não eram mais bem-aventurados por essa razão; nós, porém, que jamais contemplamos a Cristo com *os olhos* [da carne], desfrutamos daquela *bem-aventurança* da qual Cristo fala com enaltecimento. Daí se segue que ele declara como sendo *bem-aventurados* aqueles olhos que o contemplam espiritualmente, e que tal visão é celestial e divina. Porque agora contemplamos a Cristo no evangelho da mesma forma como se ele estivesse visivelmente diante de nós. Neste sentido

---

29 "Que sa verité nous soit indubitable sans autre probation."

diz Paulo aos Gálatas [3.1] que *Cristo foi crucificado diante de nossos olhos*; e por isso se quisermos ver em Cristo o que pode fazer-nos *felizes* e *bem-aventurados*, então aprendamos a *crer* enquanto ele *não é visto*. Estas palavras de Cristo correspondem àquela que é expressa em outra passagem, na qual o apóstolo recomenda aos crentes que, ao qual, não o havendo visto, amais; *no qual, não o vendo agora, porém crendo, vos alegrais com alegria inefável e gloriosa* [1Pe 1.8]. A forma como os papistas adulteram estas palavras para provarem sua doutrina da transubstanciação é excessivamente absurda. Para que sejamos *bem-aventurados*, eles nos concitam a crer que Cristo está presente sob a aparência do pão. Nós, porém, sabemos que nada estava mais distante da intenção de Cristo do que sujeitar a fé às invenções dos homens; e assim que ela ultrapasse, ainda que um mínimo grau, dos limites da palavra, então cessa de ser fé. Se temos de crer sem reserva em tudo o que não vemos, então todo monstro que os homens desejem formar, toda fábula que porventura inventem manterá nossa fé em servidão. Para que este dito de Cristo se aplique ao caso em mãos, devemos primeiramente provar, pela palavra de Deus, o mesmo ponto em questão. Aliás, eles apresentam a palavra de Deus em abono de sua doutrina da transubstanciação, mas quando a palavra é explicada com propriedade, sua tola noção fica completamente desmascarada.

[20.30, 31]
Muitos outros sinais fez também Jesus na presença dos discípulos, os quais não se acham escritos neste livro. Estes, porém, são escritos para que creiais que Jesus é o Cristo, o Filho de Deus; e para que, crendo, tenhais vida em seu nome.

30. Muitos outros sinais fez também Jesus. Se o evangelista não tivesse acautelado seus leitores com esta observação, poderiam ter presumido que ele não deixara fora nenhum dos milagres que Cristo realizara, e que fizera um relato pleno e completo de tudo o que acontecera. João, pois, testifica, em primeiro lugar, que só registrou algumas coisas de um grande volume delas. Não que as outras fossem indignas de serem registradas, mas porque estas eram suficientes para a edificação da fé. E não obstante não se conclui que foram realizadas sem qualquer proveito, pois foram proveitosas naquela época. Em segundo lugar, ainda que em nossos dias não tenhamos um mínimo conhecimento delas, contudo não devemos presumir ser de pouca importância para nós sabermos que o evangelho foi selado por meio de um vasto número de milagres.

31. Estas, porém, são escritas para que creiais. Com estas palavras ele quis dizer que recebera a incumbência de escrever o que nos seria satisfatório, porque isso é sobejamente suficiente para confirmar nossa fé; pois ele pretendia reprimir a vã curiosidade dos homens, a qual é insaciável e se entrega a excessivo deleite. Além disso, João estava bem ciente do que os demais evangelistas haviam escrito; e, como nada estava mais distante de sua intenção do que descartar seus escritos, ele inquestionavelmente não divorcia sua narrativa da deles.

Entretanto, pode parecer estranho que a fé seja fundada em milagres, enquanto ela deve repousar exclusivamente nas promessas e na palavra de Deus. Minha resposta é que nenhum outro uso é aqui designado aos milagres senão o de serem eles auxílios e suportes da fé; pois servem para preparar as mentes dos homens para que nutram mais profunda reverência pela palavra de Deus, e para que saibamos quão indiferente e morosa é nossa atenção, se não formos estimulados por algo mais. Além disso, adiciona não pouca autoridade à doutrina já recebida quando, com o propósito de servir-lhe de suporte, ele estende do céu sua poderosa mão; como diz Marcos que os apóstolos ensinavam: *cooperando com eles o Senhor, e confirmando a palavra com os sinais que se seguiram* [Mc 16.20]. Portanto, embora estritamente falando que a fé repousa na palavra de Deus, e visa à palavra como seu único fim, contudo a adição dos milagres não é supérflua, desde que sejam também vistos como relacionados com a palavra e a direcionar a fé para ele. Já explicamos por que os milagres são chamados *sinais*.

É porque, por meio deles, o Senhor desperta os homens para que contemplem seu poder, quando ele exibe algo inusitado e incomum.

Que Jesus é o Cristo. Ele quer dizer *o Cristo* tal como fora prometido na Lei e nos Profetas, como o Mediador entre Deus e os homens, o Supremo Embaixador do Pai, o único Restaurador do mundo e o Autor da perfeita felicidade. Pois João não tomou um título vazio e sem sentido para adornar o Filho de Deus, senão que incluiu, sob o título *Cristo*, todos os ofícios que os Profetas lhe atribuem. Devemos, pois, contemplá-lo tal como ele é ali descrito. Isso mostra mui plenamente o que foi expresso um pouco antes: que a fé não confina aos milagres sua visão, porém nos conduz diretamente à palavra; pois é como se João dissesse que, o que os Profetas outrora ensinaram por meio da palavra foi provado pelos milagres. E vemos que os próprios evangelistas não ocuparam toda sua atenção em relatar os milagres, porém insistiram mais amplamente na doutrina, porque os milagres por si mesmos nada produzem senão uma admiração confusa. Portanto, o significado das palavras consiste em que *estas coisas foram escritas para que creiais*, até onde a fé pode ser auxiliada pelos *sinais*.

O Filho de Deus. O evangelista adiciona isso porque não se podia encontrar nenhuma das condições ordinárias dos homens que fosse competente para a execução de grandes empreendimentos; ou, seja, para reconciliar o Pai conosco, para expiar os pecados do mundo, para abolir a morte, para destruir o reino de Satanás, para trazer-nos a verdadeira justiça e salvação. Além disso, como o título *Filho de Deus* pertence unicamente a Cristo, não por adoção, mas por natureza, por isso, sob este título, está compreendida a eterna Deidade de Cristo. E aquele que depois de haver recebido essas notáveis provas, as quais só podem ser encontradas no evangelho, não percebe que Cristo é Deus não merece nem mesmo olhar para o sol e para a terra, pois não passa de um cego em meio ao esplendor do meio-dia.

Para que, crendo, tenhais vida. Foi acrescentado também este efeito da fé para restringir as tolas aspirações dos homens, para que não queiram saber nada mais senão o que é suficiente para a obtenção da *vida*. Pois que obstinação, não ficar alguém satisfeito com a salvação eterna e querer avançar além dos limites do reino celestial? Aqui João reitera o ponto mais importante de sua doutrina, a saber: que obtemos a *vida* eterna por intermédio da *fé*, porque, enquanto estamos fora de Cristo, estamos mortos e só somos restaurados por sua graça. Sobre este tema já falamos com suficiente amplitude em nossa exposição dos capítulos 3 e 5 deste Evangelho.

Em seu nome. Quanto a sua expressão, *no nome de Cristo*, em vez de *em Cristo*, a razão dessa forma de expressão foi assinalada por nós em nossa exposição do versículo 11 do primeiro capítulo deste Evangelho. O leitor pode consultar essa passagem, se entender ser oportuno, para que eu não tenha o trabalho de reiterar as mesmas coisas com frequência.[30]

---

30 Veja-se página ......

Capítulo 21

[21.1-14]
Depois dessas coisas manifestou-se Jesus outra vez aos discípulos junto ao mar da Galileia; e foi assim que ele se manifestou. Estavam juntos Simão Pedro e Tomé, também chamado Dídimo,[1] e Natanael, que era de Caná da Galileia, e os filhos de Zebedeu e outros dois de seus discípulos. Disse-lhes Simão Pedro: Estou indo pescar; disseram-lhe: Nós também vamos contigo. E saíram e imediatamente entraram em um barco; e aquela noite nada pescaram. E quando era de manhã, Jesus estava em pé na praia; e os discípulos não reconheceram que era Jesus. Disse-lhes Jesus: Filhos, tendes alguma coisa para comer?[2] Responderam-lhe: Não. Ele, porém, lhes disse: Lançai a rede ao lado direito do barco, e achareis. Lançaram-na, pois, e já não podiam arrastá-la, pela multidão de peixes. Por isso o discípulo a quem Jesus amava disse a Pedro: É o Senhor. Quando, pois, Simão Pedro ouviu que era o Senhor, cingiu-se com a túnica (porque ele estava nu) e lançou-se ao mar. E os outros discípulos vieram no barco (porque não estavam distantes da terra, senão quase duzentos côvados), arrastando a rede com peixes. Logo que desceram para terra, viram ali brasas, e um peixe posto em cima, e pão. Disse-lhes Jesus: Trazei dos peixes

---

1 "Qui est dit Gemeau." – "Que é chamado *Gêmeo*."
2 "Avez-vous quelque petit poisson à manger?" – "Tendes algum pequeno peixe para comer?"

que acabais de pescar. Simão Pedro, pois, subiu e puxou a rede para terra, cheia de cento e cinquenta e três grandes peixes, e, sendo tantos, a rede não se rompeu. Disse-lhes Jesus: Vinde e comei. E nenhum dos discípulos ousava perguntar-lhe: Quem és? Sabendo que era o Senhor. Jesus, pois, veio e tomou o pão e lhes deu, e igualmente o peixe. E já era a terceira vez que Jesus se manifestava a seus discípulos, depois de haver ressuscitado dentre os mortos.

1. Depois dessas coisas manifestou-se Jesus outra vez. O evangelista ainda procura provar a ressurreição de Cristo e registra que ele apareceu a sete discípulos, entre os quais faz menção de *Tomé*, não por respeito a ele, mas porque seu testemunho deveria ser mais prontamente crido em proporção à obstinação de incredulidade. O evangelista entra em detalhes suficientes, pois cuidadosamente reúne todas as circunstâncias que contribuíam para provar a veracidade da história. Anteriormente já fizemos menção do *Lago de Tiberíades*, segundo o costume hebreu, como também denominado *Mar de Tiberíades*.

3. Estou indo pescar. O fato de Pedro voltar sua atenção para a *pesca* não deve ser considerado como sendo inconsistente com seu ofício. Ao *soprar* sobre ele, Jesus o ordenara para ser apóstolo, como já vimos um pouco antes, mas se abstivera do exercício do apostolado por um breve tempo até que fosse revestido com novo poder. Pois ainda não fora exigido dele que comparecesse em público para o desempenho de seu ofício docente, mas simplesmente foi lembrado de sua futura vocação, para que ele e os outros pudessem entender que não fora em vão que foram escolhidos desde o princípio. Todavia, eles fazem o que lhes era costumeiro fazer e o que pertencia aos homens em sua vida particular. É verdade que Paulo, em meio a seu empreendimento como pregador, granjeara o sustento para sua vida com suas próprias mãos, porém isso foi por uma razão distinta, pois seu tempo era tão bem sincronizado, que os labores de suas mãos não o impediam de seu ofício docente. Pedro e seus companheiros, em contrapartida, se entregam inteiramente à *pesca*, porque não são impedidos de agir assim por algum empreendimento público. **E naquela noite nada apanharam.** Deus permitiu que trabalhassem duramente toda a *noite* sem nenhum proveito, a fim de provar a veracidade do milagre; pois se tivessem *apanhado algo*,³ o que veio imediatamente em seguida não teria manifestado tão claramente o poder de Cristo; mas quando, depois de lutar sem resultado durante toda a noite, são de repente favorecidos com uma grande quantidade de peixes, têm boas razões para reconhecer a bondade do Senhor. Da mesma forma também Deus às vezes prova os crentes para os levar a valorizarem mais detidamente sua bênção. Se fôssemos sempre prósperos, sempre que puséssemos nossa mão no trabalho, raramente uma pessoa atribuiria à bênção divina o êxito de suas atividades, todos se vangloriariam em sua indústria e osculariam suas próprias mãos. Mas quando às vezes trabalham e se atormentam sem qualquer vantagem, se sucede depois de ter melhor êxito. Se veem constrangidos a reconhecer algo fora do curso ordinário e a consequência é que começam a atribuir à bondade divina o louvor de sua prosperidade e sucesso.

6. Lançai a rede ao lado direito do barco. Cristo não ordena com autoridade e poder na qualidade de *Mestre* e *Senhor*, porém ministra conselho como um dentre o povo e os discípulos, não tendo nada a perder, prontamente o obedecem, ainda que não soubessem quem ele era. Se antes do primeiro *lanço da rede* algo desse gênero lhes fosse dito, não teriam obedecido tão prontamente. Menciono isso para que ninguém se maravilhe de que fossem tão submissos, pois já haviam se acostumado a um trabalho longo e inútil. Não obstante, não era uma pequena prova de paciência e perseverança que, embora tivessem trabalhado sem qualquer sucesso durante toda a noite, continuam seu trabalho da volta da alva. E se quisermos permitir uma oportunidade para a bênção de Deus descer sobre nós, devemos constantemente esperar por ela; pois nada pode ser mais sem sentido do que largar a

---

3 "S'ils eussent fait quelquer primse de poissons." – "Se tivessem pescado alguns peixes."

mão imediatamente do trabalho, se ele não anuncia nenhuma promessa de sucesso.

O fato de *Simão Pedro estar nu* é uma prova de que os discípulos tinham trabalhado com empenho, contudo não hesitam em lançar a rede novamente para um novo teste, para que não negligenciem qualquer chance. Sua obediência à ordem de Cristo não pode ser atribuída à fé, pois o ouviram falar como uma pessoa que lhes era meramente desconhecida. Ora, se nos desgostarmos de nossa vocação, só porque o trabalho que empreendemos parece ser improdutivo, não obstante, quando o Senhor nos exorta à firmeza e perseverança, devemos tomar alento; no fim obteremos o feliz resultado, porém será no tempo próprio.

E já não podiam arrastá-la.[4] Cristo aqui exibiu duas provas de seu poder divino. A primeira consistiu em haver eles pescado tão grande quantidade de peixes e a segunda foi quando, por seu poder oculto, ele preservou toda *a rede*, a qual do contrário se teria inevitavelmente rompido em pedaços. Outras circunstâncias são mencionadas, isto é, que os discípulos encontram carvões acesos na praia, que os peixes são expostos sobre as brasas e que o pão é também preparado. Quanto ao número *de peixes*, não devemos entrar em raciocínios engenhosos sobre a afirmação do número e dizer que ele denota a lei e o evangelho; mas se examinarmos criteriosamente a matéria, descobriremos que isso não passa de um palavrório pueril.

7. Por isso o discípulo a quem Jesus amava disse a Pedro. O evangelista mostra, por meio de seu exemplo, que é nosso dever elevar nossos corações a Deus, sempre que tivermos êxito em alguma coisa além de nossa expectativa; porque devemos nos lembrar imediatamente que esse ato de bondade fluiu do favor daquele que é o Autor de toda bênção. Esse santo reconhecimento da graça de Deus, a qual habitava o coração de João, o levou também ao conhecimento de

---

4 No original latino dos comentários, a ilustração desta sentença vem antes daquela do versículo 7; porém tenho consultado a conveniência do leitor, seguindo a versão francesa, a qual, neste respeito, pode-se supor dar-nos os pensamentos mais recentes do autor, e na qual esta sentença é restaurada a sua ordem natural.

Cristo, pois ele não percebe Cristo com sua visão ótica, porém se convencendo de que o grande número de peixes lhe foi trazido pela mão divina, conclui que fora Cristo quem o guiara pela mão. Mas, como João toma a dianteira de Pedro em fé, assim Pedro mais tarde o excede em zelo, quando, desconsiderando o perigo pessoal, se precipita no lago. Os demais seguem no barco. Aliás, por fim todos se chegam a Cristo; Pedro, porém, se vê impelido por um zelo peculiar em comparação aos demais. É incerto se ele cruzou a praia caminhando ou nadando; fiquemos satisfeitos, porém, em saber que o ato de deixar o barco e ir até a praia não foi o resultado de estultícia e temeridade, senão que ele toma a dianteira dos demais em proporção a seu zelo.

10. Trazei alguns dos peixes que acabais de apanhar. Ainda que a rede de repente estivesse cheia, sem qualquer esforço excessivo da parte deles, contudo a pesca deles não é atribuída por Cristo aos discípulos. Assim, denominamos o pão que diariamente comemos de *nosso pão*, e, todavia, ao pedirmos que ele nos seja dado, reconhecemos que ele procede da bênção divina [Mt 6.11].

12. E nenhum de seus discípulos ousava perguntar-lhe. É possível que alguém pergunte: O que os constrangia? Vergonha oriunda da reverência, ou era algo mais? Mas se Cristo percebeu que estavam em estado de incerteza, ele deveria remover sua dúvida, como havia feito em muitas outras ocasiões. Respondo que não existiu nenhuma outra razão para o constrangimento, senão que não estavam suficientemente certos de que ele de fato era o Cristo, pois não é natural em nós inquirirmos sobre questões que sejam duvidosas e obscuras. Portanto, a intenção do evangelista é dizer que os discípulos *não fizeram perguntas* a Cristo porque receavam cometer erro; assim os sinais pelos quais ele se lhes fizera conhecido eram claros e manifestos.

14. A terceira vez. O número *três* se refere à distância de tempo. Cristo já havia aparecido aos discípulos mais de *sete* vezes, mas tudo o que se deu em um só dia está incluído em uma só manifestação. O evangelista, pois, tem em mente que Cristo foi visto pelos discípulos em intervalos, a fim de confirmar a fé deles em sua ressurreição.

[21.15-19]

E, depois de terem jantado, disse Jesus a Simão Pedro: Simão [filho] de João,[5] amas-me mais do que estes? Disse-lhe ele: Sim, Senhor, tu sabes que eu te amo. Disse-lhe ele: Alimenta meus cordeiros. Tornou a dizer-lhe segunda vez: Simão [filho] de João, tu me amas? Disse-lhe ele: Sim, Senhor, tu sabes que eu te amo. Disse-lhe ele: Alimenta minhas ovelhas. Disse-lhe terceira vez: Simão [filho] de João, tu me amas? Pedro entristeceu-se porque ele lhe disse terceira vez: Tu me amas? E disse-lhe: Senhor, tu sabes todas as coisas; sabes que eu te amo. Disse-lhe Jesus: Alimenta minhas ovelhas. Em verdade, em verdade eu te digo: Quando eras mais jovem, cingias-te a ti mesmo, e andava por onde querias; mas quando fores velho, estenderás tuas mãos e outro te cingirá, e te guiará por onde não queres. E isso ele disse significando por que gênero de morte ele glorificaria a Deus; e ao falar isso, ele disse: Segue-me.

15. E, depois de terem jantado. O evangelista então registra de que forma Pedro foi restaurado à posição de honra que havia perdido. Aquela pérfida negação anteriormente descrita, indubitavelmente o tornara indigno para o apostolado; pois como poderia ele estar qualificado para instruir outros na fé, quando tão perfidamente a renegara? Ele fora feito apóstolo, porém juntamente com Judas, e desde quando abandonara seu posto,[6] igualmente se privou da honra do apostolado. Agora, pois, a liberdade, tanto quanto a autoridade de ensinar, lhe são restauradas, ambas as quais havia perdido em decorrência de seu erro. E para que a desdita de sua apostasia não barrasse seu caminho, Cristo apaga e destrói a memória dela. Tal restauração se fazia necessária, tanto para Pedro quanto para seus ouvintes; quanto a Pedro, para que mais ousadamente executasse seu ofício, sendo assegurado

---

5 "Simon (fils) de Jona." – "Simão [filho] de Jonas."
6 "Depuis qu'il avoit este lache et desloyal." – "Desde que agiu no papel de covarde e traidor."

da vocação com que Cristo novamente o investia; quanto a seus ouvintes, para que a mancha que atingira sua pessoa não desse ocasião de desprezarem o evangelho. Também para nós, em nossa própria época, é de mui grande importância que Pedro se nos apresente como um novo homem, de quem fosse removida a desdita que poderia ter diminuído sua autoridade.

Simão [filho] de João,[7] *amas-me?* Com estas palavras Cristo tem em mente que ninguém pode fielmente servir a Igreja e tomar sobre si o empreendimento de *alimentar* o rebanho, se não tiver uma visão que alcance além dos homens. Primeiro, o ofício de *alimentar*[8] é em si mesmo laborioso e espinhoso; já que nada é mais difícil do que manter os homens sob o jugo de Deus, entre os quais há muitos que são fracos, outros que são libertinos e instáveis, outros que são obtusos e indolentes, e ainda outros que são morosos e não se deixam educar. Satanás então apresenta tantas causas de escândalos quanto pode, a fim de destruir ou debilitar o ânimo de um bom pastor.[9] Além de tudo isso, devemos levar em conta a ingratidão de muitos e outras causas de desgosto. Portanto, ninguém prontamente perseverará no cumprimento deste ofício, a menos que o amor de Cristo reine em seu coração, de uma maneira tal que, esquecido de si mesmo e devotando-se totalmente a Cristo, ele vença cada obstáculo. Assim Paulo declara que esse tinha sido o estado de seus próprios sentimentos, quando afirma: *O amor de Cristo nos constrange, julgando nós assim: que, se um morreu por todos, logo todos morreram* [2Co 5.14]. Pois ainda que sua intenção seja dizer que o *amor* com que Cristo nos *amou*, e do qual ele nos deu uma prova através de sua morte, contudo associa a nós aquele *amor* mútuo que flui da convicção de haver recebido tão grande bênção. Os mestres ímpios e falsos, em contrapartida, são apontados por ele, em outra passagem, através desta marca: que *não amam ao Senhor Jesus* [1Co 16.22].

---

7 "Simon (fils) de Jona." – "Simão [filho] de Jonas."
8 "La charge du Pasteur." – "O ofício de Ministro ou *Pastor*."
9 "De tous bons pasteurs." – "De todos os bons pastores."

Os que são chamados a governar a Igreja devem, pois, lembrar que, caso desejem desempenhar seu ofício com propriedade e fielmente, devem começar com o amor de Cristo. Entrementes, Cristo publicamente testifica quão sumamente ele valoriza nossa salvação, quando emprega linguagem veemente e sublime ao recomendá-la aos *Pastores*, e quando ele declara que, se a salvação de seu rebanho for o objeto da profunda solicitude deles, ele a considerará uma prova do ardor do amor deles por ele. E de fato, nada poderia ter sido expresso que fosse mais oportuno para encorajar os ministros do evangelho do que informando-os que nenhum serviço pode ser mais aceitável a Cristo do que aquele dedicado à *nutrição de seu rebanho*. Todos os crentes devem extrair disto uma consolação não ordinária, a saber: quando são instruídos que são mui queridos e preciosos à vista do Filho de Deus; que ele os substitui, por assim dizer, assumindo seu lugar. Mas a mesma doutrina deve deixar profundamente alarmados os falsos mestres, os quais corrompem e subvertem o governo da Igreja. Porquanto Cristo, declarando que é insultado pelos mesmos, aplicar-lhes-á um castigo inexorável.

Alimenta meus cordeiros. O verbo *alimentar* é metaforicamente aplicado pela Escritura a qualquer gênero de governo, mas como o presente tema aponta para o governo espiritual da Igreja, é de muita importância observar quais são as partes das quais consiste o ofício de *ministro* ou *pastor*. Aqui não se descreve nenhuma posição ociosa para nós, tampouco Cristo outorga a um homem mortal o exercício de qualquer governo de uma forma confusa e a seu bel-prazer. Na exposição do capítulo 10, vimos que Cristo é o único *Pastor* da Igreja. Já vimos também porque ele assume para si esse título. É porque ele *alimenta*, isto é, ele *governa* suas ovelhas; é porque ele é o único e verdadeiro alimento da alma. Mas visto que ele emprega a agência dos homens na ministração da doutrina, ele lhes comunica igualmente seu próprio título, ou, pelo menos, o partilha com eles. Portanto, esses homens são considerados, à vista de Deus, *Pastores*, que governam a Igreja pelo ministério da palavra à sombra de Cristo, que é a Cabeça deles. Daí podemos facilmente inferir qual é o fardo que Cristo põe nos ombros de Pedro, e sob que condição ele o designa a governar seu rebanho.

Isso claramente nos capacita a refutar os perversos adeptos da igreja romana, a qual adultera esta passagem em abono da tirania de seu papado. "A Pedro", eles nos dizem, "em preferência aos demais, se ordena: *Alimenta minhas ovelhas.*" Já explanamos a razão porque isso foi dito a ele e não aos demais; ou, seja, que sendo isento de toda e qualquer desditosa mácula, ele ousadamente pregasse o evangelho. E a razão por que três vezes o designa como pastor, a saber: para que as três negações, por meio das quais Pedro atraíra sobre si eterna ignomínia, fossem desfeitas e assim nenhuma barreira viesse se formar contra seu apostolado, como judiciosamente observou Crisóstomo, Agostinho e Cirilo, bem como a maioria dos comentaristas. Além disso, com estas palavras nada se deu a Pedro que também não fosse igualmente dado a todos os ministros do evangelho.

Portanto, é inútil os papistas afirmarem que ele recebeu uma posição suprema, porque o Senhor se dirigiu unicamente a ele e, admitindo que alguma honra especial lhe foi conferida, como, pergunto, provarão com isso que ele foi elevado à preeminência? Ainda que fosse o principal entre os apóstolos, disso não se segue que fosse o bispo universal de todo o mundo. A isso se deve acrescentar que tudo o que Pedro recebeu não pertence ao papa nada mais que a Maomé; pois sobre que base reivindica ser o herdeiro de Pedro, e que homem de são entendimento admitirá que Cristo aqui lhe outorgue qualquer direito hereditário? Não obstante, ele deseja ser reputado sucessor de Pedro – quanto desejo que ele de fato o fosse! Nenhum de nós o impede de *amar* a Cristo e de preocupar-se em *alimentar* seu rebanho. Mas, não se preocupar em *amar* a Cristo e desvencilhar de si o ofício de *alimentar*, e então vangloriar-se de ser sucessor de Pedro, é excessivamente néscio e absurdo. Ora, como Cristo, ao designar a Pedro o dever da docência, não pretendia erigir um trono para um ídolo ou para um assassino de almas, para que por meio dele miseravelmente oprimisse a Igreja, assim ele declarou em poucas palavras qual gênero de governo da Igreja ele aprova. Isso remove a máscara de todos os bispos mitrados, os quais, satisfeitos com uma mera exibição teatral e título vazio, reivindicam para si a autoridade de bispos.

16. Alimenta minhas ovelhas. Cristo não dá a Pedro e aos demais o ofício de *alimentar* toda sorte de pessoas, mas tão-somente suas *ovelhas* e seus *cordeiros*. Em outro lugar ele descreve quais são aqueles que ele julga pertencer a seu rebanho. *Minhas ovelhas, diz ele, ouvem minha voz e me seguem; elas não ouvem a voz de estranhos* [Jo 10.5, 27]. Aliás, os mestres fiéis devem envidar todo esforço para congregar todos a Cristo; e como não podem distinguir entre *ovelhas* e bestas selvagens, por isso devem tentar por todos os métodos que puderem domesticar os que assemelham mais a lobos do que a *ovelhas*. Mas depois de terem tentado seus máximos esforços, seu trabalho será de cuidar de ninguém mais além de suas *ovelhas* eleitas, pois a docilidade e a fé provêm disto: que o Pai celestial entrega a seu Filho, para que o obedeçam, aqueles a quem ele elegeu antes da criação do mundo. Além do mais, somos ensinados por esta passagem que ninguém pode ser *alimentado* para a salvação por meio da doutrina do evangelho senão aqueles que são dóceis e passíveis de instrução. Pois não é sem razão que Cristo compara seus discípulos a *cordeiros* e *ovelhas*, mas é preciso observar ainda que o Espírito de Deus domestica os que por natureza eram ursos ou leões.

17. Pedro entristeceu-se. Indubitavelmente, Pedro não percebia qual era o objetivo que Cristo tinha em vista, ao formular a mesma pergunta várias vezes. E por isso ele crê estar sendo indiretamente acusado, como se sua resposta não fosse sincera. Mas já demonstramos que a repetição não foi supérflua. Além disso, Pedro ainda não estava suficientemente consciente de quão profundamente o amor de Cristo deve estar incrustado nos corações daqueles que têm de lutar contra dificuldades tão numerosas. Ele mais tarde aprendeu da própria experiência que essa prova não fora feita em vão. Os que assumirão a responsabilidade de governar a Igreja são também ensinados, em sua pessoa, a não se examinarem superficialmente, mas a fazerem um escrutínio profundo do seu próprio zelo pessoal, para que não se esquivem nem desmaiem no meio de seu curso. Somos igualmente ensinados que devemos paciente e docilmente submeter-nos, se em algum momento o Senhor nos sujeitar a alguma dura prova; porque ele tem boas razões para agir assim, ainda que tais razões geralmente nos sejam desconhecidas.

18. Em verdade, em verdade eu te digo. Depois de haver exortado Pedro a *alimentar suas ovelhas*, Cristo também o arma para enfrentar a guerra que se aproximava. E assim ele demanda dele não só fidelidade e diligência, mas coragem invencível em meio aos perigos e firmeza na condução da cruz. Em suma, ele o concita a estar preparado para enfrentar a morte sempre que se fizer necessário. Ora, ainda que a condição de todos os pastores não seja igual, contudo esta admoestação, em algum grau, se aplica a todos. O Senhor poupa muitos, e se abstém de derramar seu sangue, satisfeito apenas com isto: que se lhe devotem sincera e irrestritamente ao longo de sua vida. Mas como Satanás continuamente faz novos e vários ataques, todos quantos desempenham o ofício de *alimentar* devem estar preparados para a morte. Conquanto certamente não tem a ver somente com *ovelhas*, mas também com lobos. Até onde se relaciona a Pedro, Cristo pretendia preveni-lo de sua morte, para que ele ponderasse sempre sobre a doutrina da qual ele era ministro, a qual por fim ele ratificaria com seu próprio sangue. Tudo indica, porém, que nestas palavras Cristo não fala visando a Pedro somente, mas que ele o adornava com o honroso título de Mártir na presença dos demais, como se quisesse dizer que Pedro seria um tipo bem diferente de colega daquele que anteriormente demonstrara ser.

Quando eras mais jovem. Os idosos parecem ser relegados a uma vida tranquila e repousante; e, consequentemente, os idosos geralmente são poupados dos empreendimentos públicos, e os soldados são aposentados do serviço. Portanto, Pedro poderia ter prometido a si mesmo, nesse período, uma vida pacífica. Cristo declara, em contrapartida, que a ordem da natureza será invertida, de modo que aquele que viveu tranquilamente quando era jovem será governado pela vontade de outrem quando for velho, e inclusive suportará violenta sujeição.

Em Pedro temos um notável espelho de nossa condição ordinária. Muitos vivem uma vida fácil e agradável antes que Cristo os chame, mas tão logo tenham feito a profissão de seu nome, e tenham sido recebidos como seus discípulos, ou, pelo menos algum tempo depois, são levados a lutas estressantes, a uma vida atribulada, a grandes perigos e às vezes à própria morte. Contudo o Senhor modera a cruz por meio da qual ele aprouve provar seus servos, para assim poupá-los por breve tempo, até que sua força chegue à maturação. Pois ele bem conhece suas fraquezas e não os oprime além de sua medida própria. Assim ele fez com Pedro, enquanto via ser ele ainda inexperiente e fraco. Portanto, aprendamos a devotar-nos a ele até nosso último fôlego, contanto que ele nos supra com energia.

Neste aspecto, vemos em muitas pessoas uma ingratidão abjeta; pois quanto mais gentilmente o Senhor nos trata, mais plenamente nos habituamos à boa vida e mordomias. Assim raramente achamos uma pessoa em cem que não murmure se, depois de haver experimentado longa indulgência, passa a ser tratada com alguma medida de severidade. Mas devemos, antes, considerar a bondade de Deus quando nos poupa por algum tempo. Assim Cristo diz que, enquanto habitava na terra, ele dialogava jovialmente com seus discípulos, como se ele estivesse presente numa festa de núpcias, mas que depois os aguardava jejum e lágrimas[10] [Mt 9.15].

Outro te cingirá. Muitos acreditam que esta expressão denota a forma da morte que Pedro iria enfrentar,[11] significando que ele ficaria

---

10 "Mais qu'il faloit puis apres qu'ils se preparassent à pleurer et jeuner." – "Mas que depois seriam preparados para chorar e jejuar."
11 "De laquelle Pierre devoit mourir."

pendente com seus braços estendidos. Eu, porém, considero a palavra *cingir* simplesmente como denotando todas as ações externas pelas quais uma pessoa regula a si mesmo e toda sua vida. **Tu a ti mesmo te cingias**; isto é, "costumavas a usar o vestuário que bem querias, mas essa liberdade de escolher que roupa vestir te será tirada." Quanto à maneira como Pedro iria morrer, melhor seria ignorá-la, do que depositar sua confiança em fábulas duvidosas. **E te levarão para onde não queres.** Isso significa que Pedro não morreria de uma morte natural e sim, com violência e à espada. Parece estranho que Cristo diga que a morte de Pedro não seria voluntária, pois quando alguém involuntariamente se apressa para a morte, não há firmeza e nenhum louvor no martírio. Mas no caso de Pedro deve-se entender como uma referência à disputa entre a carne e o Espírito, a qual os crentes também sentem em seu íntimo; pois nunca obedecemos a Deus de uma maneira tão espontânea e irrestrita quando somos arrastados, por assim dizer, com cordas, em direção oposta, pelo mundo e pela carne. Daí aquela queixa de Paulo: "O bem que quero, esse eu não faço; mas o mal que não quero, esse eu faço" [Rm 7.19]. Além disso, é preciso observar ainda que o terror da morte é naturalmente implantado em nós, pois querer separar-se do corpo equivale a revoltar-se contra a natureza. Por conseguinte, Cristo, mesmo estando preparado para obedecer a Deus de todo seu coração, ora para que seja poupado da morte. Além do mais, Pedro temia a cruz por causa da crueldade dos homens e por isso não devemos admirar-nos se, na mesma medida, ele recuasse da morte. Mas isso mostra ainda mais claramente a obediência que ele rendia a Deus, ou, seja: que espontaneamente teria evitado a morte por essa conta, e, contudo, a enfrentou voluntariamente, porque sabia que essa era a vontade de Deus; pois se não houvesse nenhuma luta da mente, não teria havido nenhuma necessidade de paciência.

O conhecimento desta doutrina é sumamente importante, pois ela nos impele à oração, porque nunca seríamos capazes, sem uma extraordinária assistência de Deus, de vencer o medo da morte. E por isso nada nos resta senão apresentar-nos humildemente a Deus e submeter-nos a seu governo. Ela serve igualmente para sustentar nossa mente para que não desmaiemos totalmente se acontecer, em algum tempo, que as perseguições nos façam tremer. Quem imagina que os mártires não se deixam mover por qualquer medo, fazem com que seu próprio medo crie neles motivo de desespero. Mas não há razão pela qual nossa fraqueza nos detenha de seguirmos seu exemplo, já que experimentaram um medo semelhante ao nosso, de modo que não pudéssemos conquistar triunfo sobre os inimigos da verdade senão por contenderem consigo mesmos.

19. Significando com que tipo de morte ele glorificaria a Deus. Esta circunlocução é sumamente enfática; pois ainda que o fim proposto para todos os crentes deva ser glorificar a Deus através de sua vida e de sua morte, contudo João tencionava empregar um notável enaltecimento para adornar a morte dos que, por meio de seu sangue, selam o evangelho de Cristo e glorificam seu nome, como Paulo nos ensina [Fp 1.20]. Nosso dever agora é cumular os frutos que a morte de Pedro produziu, pois deve ser imputado a nossa indolência se nossa fé não for confirmada por ela, e se não mantivermos o mesmo objetivo em vista, para que a glória de Deus seja exibida por nosso intermédio. Se os papistas tivessem considerado este fim na morte dos mártires, aquela sacrílega e detestável invenção jamais teria tido ingresso em sua mente, a saber: que a morte deles contribui para apaziguar a ira de Deus e pagar o resgate por nossos pecados.

E quando ele disse isso. Cristo aqui explica qual foi o desígnio daquela predição de uma morte violenta. Foi para que Pedro fosse preparado para suportá-la; como se quisesse dizer: "Visto que deves suportar a morte em decorrência de meu exemplo, siga teu Líder." Além do mais, para que Pedro ainda mais espontaneamente obedecesse a Deus, que o chama para a cruz, Cristo se oferece como Líder; pois esta não é uma exortação geral por meio da qual ele o convida a imitá-lo, porém só fala do gênero de morte. Ora, esta singular consideração suaviza grandemente toda a amargura que jaz na morte, quando o Filho de Deus se apresenta ante nossos olhos com sua ditosa ressurreição, a qual é nosso triunfo sobre a morte.

[21.20-25]
E Pedro, voltando-se, viu que o seguia aquele discípulo a quem Jesus amava, e que também na ceia se recostara em seu peito, e disse: Senhor, quem é que há de te trair? Quando, pois, Pedro o viu, perguntou a Jesus: Senhor, o que será dele? Disse-lhe Jesus: Se eu quero que ele fique até que eu venha, o que isso te importa? Segue-me tu. Então este dito se divulgou entre os irmãos, que aquele discípulo não morreria. Não obstante, Jesus não disse que ele não morreria, mas: Se eu quero que ele fique até que eu venha, o que isso te importa? Este é o discípulo que testifica dessas coisas e as escreveu; e sabemos que seu testemunho é verdadeiro. Há também muitas outras coisas que Jesus fez, as quais, se fossem escritas uma a uma, creio que nem ainda o mundo conteria os livros que seriam escritos.

20. E Pedro, voltando-se. Temos em Pedro um exemplo de nossa curiosidade, a qual é, não só supérflua, mas inclusive nociva. Quando somos levados, desviados de nosso dever, olhando demais para outros, pois nos é quase natural fazermos detido exame de como vivem outras pessoas, em vez de examinarmos a nós próprios e fixarmos demais nossa atenção para achar nelas escusas fúteis. De bom grado nos enganamos com essa semelhança de apologia de que outras pessoas não são melhores que nós, como se sua indolência nos isentasse de culpa. Raramente uma pessoa em cem considera a importância daquelas palavras de Paulo: *Cada um levará sua própria carga* [Gl 6.5]. Na pessoa de um só homem, pois, há uma censura geral contra todos quantos olham ao redor de si, em todas as direções, com o intuito de ver como as outras pessoas agem, e não prestam atenção nos deveres que Deus lhes incumbiu. Acima de tudo, dolorosamente se equivocam neste aspecto: que negligenciam e passam por alto o que é exigido mediante a vocação especial de cada pessoa. De dez pessoas pode suceder que Deus escolha uma, para que a prove com calamidades pesadas ou por grande volume de trabalho, e que ele permita que as outras nove permaneçam no ócio, ou, pelo menos, as prove levemente. Além disso, Deus não trata todos da mesma maneira, mas prova a cada um segundo vê ser conveniente. Como há vários tipos de luta cristã, que cada pessoa aprenda a conservar-se em sua própria condição e que não façamos inquirições como fofoqueiros sobre esta ou aquela pessoa, quando o Capitão celestial fala a cada de um nós, a cuja autoridade devemos estar tão submissos que nos esqueçamos de tudo mais.

A quem Jesus amava. Esta circunlocução foi inserida a fim de informar-nos porque Pedro se viu induzido a suscitar a questão que é aqui narrada; pois ele cria ser estranho que somente ele fosse chamado, e João,, a quem Cristo sempre revelou um amor tão fraterno, ignorado. Pedro, pois, tinha certa razão aparentemente plausível para perguntar por que não faz nenhuma menção a João, como se a disposição de Cristo para com ele estivesse para passar por uma mudança. Cristo, não obstante, decepa sua curiosidade, dizendo-lhe que o que lhe cumpria era obedecer à vocação divina e que não tinha nenhum direito de inquirir sobre o que outra pessoa faz.

22. Se eu quero que ele fique. Tornou-se costumeiro tomar esta sentença como solta ou isolada, e então ler a sentença anterior afirmativamente: *Eu quero que ele fique até que eu venha.* Mas isso foi feito em decorrência da ignorância dos amanuenses, não do equívoco do tradutor, pois ele não poderia ter-se equivocado quanto à palavra grega, porém uma única letra poderia facilmente penetrar sorrateiramente na versão latina, ao ponto de alterar todo o significado.[12] Portanto, a

---

12 Calvino aqui suscita uma conjetura, que a sentença que estava originalmente na Vulgata, *Si eum volo maniere*, e que, pela adição de "uma única letra" à primeira palavra da sentença, algum amanuense ignorante alterou para *Sic eum volo manere*. Ele declara ser impossível que a palavra *Sic* tivesse achado seu ingresso no versículo de alguma outra forma, porque o tradutor não poderia ter equivocado o significado de "a palavra grega" ἐάν.

sentença toda é uma pergunta, e deve ser lida em conexão imediata, pois Cristo pretendia pôr sua mão sobre seu discípulo a fim de mantê-lo dentro dos limites de sua vocação. "Isso não te diz respeito", diz ele, "e não tens o direito de inquirir sobre a sorte de teu companheiro; deixa isso comigo; pensa somente em ti mesmo, e prepara-te para seguir-me por onde fores chamado." Não que toda ansiedade por causa dos irmãos seja impertinente, senão que deve ter algum limite, de modo que o que ocupe nossa atenção seja ansiedade, não curiosidade. Portanto, que cada um de nós olhe para seu próximo com o único intuito de conduzi-lo a Cristo, e que as ofensas dos outros não retarde seu próprio progresso.

23. Então este dito se divulgou. O evangelista relata que do mal-entendido das palavras de Cristo suscitou-se um erro entre os discípulos de que João *jamais morreria*. Ele quer dizer os que estavam presentes àquele diálogo, isto é, os apóstolos; não que o título *irmãos* pertença exclusivamente a eles, mas que eram as primícias, por assim dizer, daquela santa união. É também possível que, além dos onze, ele se referisse a outros que naquele tempo estavam na companhia deles e pela expressão, *se divulgou*, ele queira dizer que esse erro tenha se espalhado em todas as direções; mas provavelmente não foi de longa duração, mas subsistiu em seu meio até que, sendo iluminados pelo Espírito Santo, formaram conceitos mais puros e mais corretos sobre o reino de Cristo, havendo descartado as imaginações carnais e pueris.[13]

O que João relata sobre os apóstolos sucede todos os dias, e não devemos ficar surpresos com isso. Os os discípulos de Cristo, que pertenciam a sua família e estavam intimamente familiarizados com ele, estavam tão assustadoramente equivocados, como se não tivessem sido instruídos na escola de Cristo. Mas observemos também donde provém essa falta. O ensino de Cristo é útil e é para a edificação; isto é, ele é inteligível; nós, porém, obscurecemos a luz com nossas próprias invenções, as quais lhe introduzimos mediante nossos próprios

---

13 "Toutes imaginations charnelles et extravagantes rejettees."

conceitos. Cristo não pretendia pronunciar alguma coisa dúbia ou indefinida sobre João, mas apenas afirmar que ele, Cristo, tinha pleno poder para decidir sobre sua vida e morte; de modo que a doutrina é simples e proveitosa em si mesma, mas os discípulos imaginaram e inventaram mais do que lhes fora dito. Consequentemente, a fim de podermos estar seguros desse risco, aprendamos a ser sábios e a pensar sobriamente. Mas tal é a dissolução do entendimento humano, que se precipita com toda sua energia à futilidade. A consequência foi que esse mesmo erro, contra o qual o evangelista expressamente os advertira a se porem em guarda, continuava a despeito de granjear vigência no mundo; pois inventou-se uma fábula de que ele ordenara que uma cova lhe fosse cavada, e que desceu nela, e que no dia seguinte ela foi encontrada vazia. Vemos, pois, que nunca cessaremos de errar, a menos que recebamos irrestritamente o que o Senhor nos ensinou e rejeitemos todas as invenções dos homens.

24. Este é aquele discípulo. Tendo até aqui mencionado a si mesmo na terceira pessoa, João agora declara que fala de si mesmo; para que maior peso fosse anexado às afirmações de alguém que fora uma testemunha ocular e que tinha plenamente conhecido tudo o que ele mesmo relata.

25. Há também muitas outras coisas que Jesus fez. Para que ninguém veja sua narrativa com suspeita, como se fosse escrita com parcialidade, só porque Jesus o amava, ele antecipa esta objeção, dizendo que ele passara por alto mais do que havia escrito. Ele não fala das ações de Cristo de todo gênero, mas daquelas que se relaciona com seu ofício público; tampouco devemos pensar que a hipérbole seja absurda, quando tomamos muitas figuras de linguagem do mesmo tipo nos autores pagãos. Não só devemos levar em conta o número das obras de Cristo, mas devemos também considerar sua importância e magnitude. A majestade de Cristo, que por sua infinitude devora, se assim podemos nos expressar, não só os sentidos humanos, mas o céu e a terra, fez uma miraculosa exibição de seu próprio esplendor naquelas obras. Se o evangelista, lançando seus olhos sobre aquele esplendor, exclama atônito que mesmo o mundo inteiro não poderia conter uma narrativa completa, devemos maravilhar-nos disso? Tampouco deve ele ser culpado de empregar uma figura de linguagem frequente e ordinária para enaltecer a excelência das obras de Cristo. Pois sabemos como Deus se acomoda à forma ordinária de linguagem, em decorrência de nossa ignorância, e às vezes inclusive balbucia, se me for permitido usar a expressão.

Não obstante, devemos lembrar o que previamente declaramos, a saber, que o sumário que os evangelistas usaram para escrever é suficiente tanto para regular a fé quanto para obter a salvação. Que o homem que devidamente tira proveito de tais mestres seja realmente sábio. E visto que foram designados por Deus como testemunhas a nós, quando fielmente desempenham seu dever, assim é nosso dever, em contrapartida, depender totalmente de seu testemunho e nada mais desejar senão o que eles nos entregaram; especialmente porque sua pena foi guiada pela providência infalível de Deus, para que não sejamos esmagados por uma massa ilimitada de narrativas, e ainda que tenha sido feita uma seleção, nos fosse conhecido tudo quanto Deus sabia ser-nos necessário, o qual é o único sábio e a única fonte de sabedoria; a quem seja o louvor e a glória para sempre. Amém.

SÉRIE
COMENTÁRIOS
BÍBLICOS

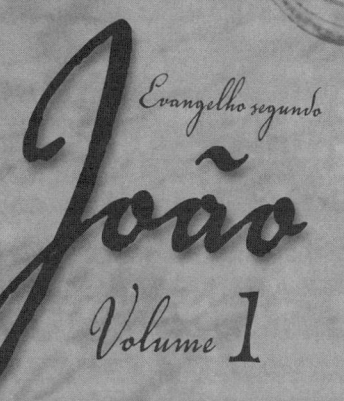

Evangelho segundo
João
Volume 1

JOÃO CALVINO

FIEL
MINISTÉRIO

O Ministério Fiel tem como propósito servir a Deus através do serviço ao povo de Deus, a Igreja.

Em nosso site, na internet, disponibilizamos centenas de recursos gratuitos, como vídeos de pregações e conferências, artigos, e-books, livros em áudio, blog e muito mais.

Oferecemos ao nosso leitor materiais que, cremos, serão de grande proveito para sua edificação, instrução e crescimento espiritual.

Assine também nosso informativo e faça parte da comunidade Fiel.

Através do informativo, você terá acesso a vários materiais gratuitos e promoções especiais exclusivos para quem faz parte de nossa comunidade.

Visite nosso website

www.ministeriofiel.com.br

e faça parte da comunidade Fiel